공민사회의 동과 서
개념의 뿌리

나남
nanam

나남신서 1440

공민사회의 동과 서
개념의 뿌리

2009년 12월 25일 발행
2009년 12월 25일 1쇄

지은이_ 조혜인
발행자_ 趙相浩
발행처_ (주) 나남
주소_ 413-756 경기도 파주시 교하읍
출판도시 518-4
전화_ (031) 955-4600 (代)
FAX_ (031) 955-4555
등록_ 제 1-71호(79. 5. 12)
홈페이지_ http://www. nanam. net
전자우편_ post@nanam. net

ISBN 978-89-300-8440-6
ISBN 978-89-300-8001-9 (세트)
책값은 뒤표지에 있습니다.

나남신서 · 1440

공민사회의 동과 서

개념의 뿌리

조혜인 지음

나남
nanam

Civil Society, East and West
The Root of the concept

by

Cho, Hein

nanam

•머리말•

이 책은 공민사회 개념의 정확한 의미와 틀을 그것이 발전해온 역사를 처음부터 지금까지 추적하는 속에서 자세히 밝히고 있다. 우리사회에서 흔히 "시민사회"라는 부적절한 번역이 사용되는, 영어로 civil society인 이 개념이 고대 그리스 로마에서 사용된 맥락부터 시작하여, 영국의 사회계약론자들이 이것을 자연상태와 civil society로 대비시킴으로써 국가와의 관계에서 분화된 맥락 속에서 사용한 뒤에, 헤겔이 그러한 근대적 용례를 체계적으로 규정하면서 확립한 맥락과, 이후의 학자들이 헤겔의 국가우선주의와 결부된 과도한 통합지향성을 교정하려한 시도들, 그리고 서구가 현대로 들어온 후 공민사회 개념에 부착된 공익지향을 다시 불러내려는 최근의 노력들을 모두 조감하였다.

서구에서 근래에 공민사회에 대한 논의가 활성화되고 있는 것에 비해 공민사회 개념의 역사적 발전을 죽 세밀하게 추적해 놓은 글은 드물다. 현실로서의 공민사회에 관한 역사적 고찰을 하고 있는 글은 있어도 공민사회라는 개념이 생성되고 발전해온 역사를 충분히 상세하게 조감하고 있는 글은 찾기 쉽지 않은 것이다. 필자는 10여 년 전에 조선시대에 있었던 공민사회의 틀을 언명하는 발표를 한 적이 있는데 이후 그것을 수용하는 논평들과 수용을 거부하거나 유보하는 논평들이 같이 있어왔다. 처음에는 이 책에서 공민사회라는 뜻을 명확히 하고 조선시대의 우리 사회에 대해 공민사회의 존재를 언명하는 것이 개념에 부합하는 일이라는 점만을 논하려고 하였으나 공민사회의 명확한 뜻을 제대로 전달하기 위해서는 그렇듯 개념의 전반적인 역사적 발전과정을 보여줄 필요가 있다는 것을 깨닫게 되었고 서구에서조차 그를 위해 준거할 수 있는 한 권의 책이 마땅하게 존재하지 않는 상황에서 필자 자신이 그러한 시야를 포함하는 책을 쓰게 되었다.

근대 공민사회 개념을 확립한 헤겔은 세계의 역사에서 공민사회가 서구에서 발전해온 대척점에 놓여 있는 중국에서는 그러한 방향으로의 역사적 발전이 전혀 이루어지지 못한 채 그 혼자만이 진정한 자유인인 군주가 자의적인 명령을 내리면 그것을 집행하는 수족으로서의 국가의 압제하에 모든 백성이 꼼짝없이 구속되어 있다는 이른바 "동방전제론"을 편 사람이기도 하였다. 이 책에서는 헤겔의 그러한 주장을 사실에 기반하여 뒤집으면 중국에도 그가 규정한 것에 부합하는 공민사회가 있었음을 보여주는 효과적인 방법이 된다는 점을 역시 상세히 논하였다. 그러한 작업을 수행한 한 가지 목적은 헤겔의 공민사회 개념이 동서를 가로질러 적용될 수 있는 일반적인 개념으로서의 가치를 오히려 그만큼 더 지니고 있다는 것을 보여주려는 것이었다. 공민사회의 발전을 품을 수 있는 유교라는 "공민종교"를 우리에 앞서 가지고 있었던 중국의 사례를 그렇게 헤겔을 역이용하여 논함으로써 공민사회의 본격적인 동서비교의 전 단계 작업으로 삼고자 하였다.

공민사회 개념의 명확한 용례를 아는 것은 그렇듯 사회간 비교연구를 위해서도 좋은 기반이 될 수 있지만 공민사회 개념이 사용되는 실천적 논의에도 그 자체만으로 많은 도움을 줄 수 있다. 현금 우리사회에는

"시민사회"라는 부적절한 번역을 사용하여 그러한 실천적 담론이 광범위하게 이루어지고 있으나 그 개념의 정확한 용례를 알게 된다면 그동안 부딪쳐온 적지 않은 암초와 소용돌이를 피해가는 데 하나의 길잡이 노릇을 할 수 있을 것이다. "시민사회"라는 부적절한 번역을 사용하게 된 것부터가 그 개념이 역사적으로 발전해오며 형성된 정확한 용례를 간과한 것의 한 증상이라고 할 수 있을 것이다.

이 책이 공민사회에 대한 논의가 효율적으로 이루어지는 데 도움이 될 수 있기를 희망한다. 학문적 발전을 뒷받침하는 출판이라는 사명감을 가지고 이 책의 출판도 흔쾌히 수락해준 조상호 사장님과 책의 편집과 발간을 위해 노고를 아끼지 않은 나남 가족 여러분들께 깊은 감사의 말씀을 드린다.

2010년의 새날을 기다리며,

조 혜 인

나남신서 1440

공민사회의 동과 서
개념의 뿌리

차
례

• 제 1 장 •

공민사회 개념의 형성

1. 공민사회 개념에 대한 정확한 인식의 중요성

이 글의 목적은 공민사회 개념의 정확한 뜻과 구도를 그 말이 형성되고 정립되고 사용되어온 과정 속에서 드러내 보이는 것이다. 공민사회 개념의 뜻에 대한 명확한 인식의 결여는 여러 가지 문제를 야기할 수 있다. 그 한 가지는 공민사회의 역사적 비교연구에 큰 걸림돌이 된다는 것이다. 필자가 10여 년 전에 조선시대의 공민사회에 대해 발표한 이후 그에 대해 반대나 유보적 의견을 표명한 분들은 적지 않은 경우 공민사회 개념의 뜻을 자세히 들여다볼 여유가 없는 상태에서 그러한 반응을 보였던 것이라고 할 수 있다. 조선시대에 대한 지식이 상당한 분들이 "조선시대가 어느 정도 그랬었다고 하더라도 그것이 '공민사회'는 아니지 않는가?"라고 회의하는 것이 반론의 주된 맥락이었던 것이다. 그러한 맥락의 반론을 접할 때마다 실감했던 점은 오늘날 사람들이 "공민사회", 영어로 했을 때 civil society라는 말을 자주 사용하는 만큼 그 정확한 말뜻을 점검하고 나서 사용하는 경우가 많지 않다는 것이었다. 그것이 이 글을 쓰게 된 가장 큰 동기라고 할 수 있다. 그리고 공민사회의 정확한 말뜻을 알게 되면 우리 역사뿐 아니라 중국의 역사 속에도 그러한 사회가 있었음을 분명히 할 수 있게 되고 그것이 역으로 공민사회 개념의 정확한 인식이 갖는 의의를 부각시켜 주기 때문에 그 작업을 이 글에서 같이하였다.

이 장 및 다음 장에서는 공민사회 개념의 즉각적인 의미 자체를 명확히 해두려고 한다. 서구인들이 사용하는 공민사회 개념의 즉각적인 의미조차 오해하면서 사용하는 경우가 우리 사회에는 많다. 그리하여 이 글에서는 서구에서 확립되어 있으면서 우리 사회에서 많이 오해되고 있는 공민사회 개념의 즉각적인 의미부터 분명히 해두려는 것이다. 좀더 명료한 작업이 되게 하기 위하여 공민사회 개념의 고대 유럽에서의 어원과 근대 서구에서 사용되고 체계화되고 비평되어 온 과정을 상술할 것이다. 그러는 과정에서 그 배경으로서 유럽에 있었던 역사적 변화도 어느 정도 같이 다루어질 것이다. 서구인들이 늘 그 모든 것을 잘 인지한 상태에서 공민사회 개념을 사용하는 것은 아니다. 대체적인 줄거리를 "체득"한 상태에서 그 뜻을 당연시하면서 사용하는 경우가 많다. 그리하여 서구인이라도 막상 명시적으로 표현할 때에는 부분적으로 착오를 일으키는 경우가 전혀 없는 것은 아니다. 그러한 경우에 대해서는 이러한 작업이 그들이 체득하고 있는 것을 명시적으로 서술해줌으로써 불필요한 착오를 막아주는 데 도움을 줄 수도 있을 것이다.

먼저 이 제 1 장에서는 공민사회라는 말이 고대 유럽에서 사용되었던 맥락을 살피고 근대 영국에서 사회계약론을 발전시킨 정치사상가들로서의 홉스와 로크가 어떻게 공민사회 개념을 근대적인 맥락 속에서 차례로 발전시키며 사용해 나갔는지를 보고 이어서 퍼거슨이 그것을 널리 보급시키는 역할을 하면서 공익 강조를 심화시킨 모습까지를 살펴볼 것이다. 그리고 나서 제 2 장에서는 독일의 철학자 헤겔이 영국에서 그렇게 용례가 발전되어 온 근대 공민사회 개념을 명확히 규정하면서 체계적으로 도식화까지 시킨 내용을 상세히 살펴볼 것이다. 그리고 그 이후에 맑스가 그것을 어떻게 풍자적으로 전도시키려고 했는지를 추적하고 나서 헤겔의 도식이 내포한 과도한 통합성과 국가 우선주의에 대해 베버가 근본적인 비판과 교정 노력을 전개한 것을 파악해 볼 것이다. 그리고 20세기 들어와 하버마스를 비롯한 몇몇 서구학자들이 공민사회 개념을 다시 활성화시키면서 어떻게 공민사회 개념의 핵심적 요소로서의 공익 지향을 지키려는 이론적 노력을 기울였는지 살펴볼 것이다.

2. 고대 유럽에서의 어원적 의미

1) 고대 유럽에서의 "공민적 사회"

공민사회(civil society)란 한마디로 국민이 자율성을 향유하는 사회를 가리킨다. 자율적인 국민으로서의 "공민"(citizen)이 이루는 사회를 가리키는 것이다. 그런데 서구에서 이 말은 그 어원이 고대 유럽에서 비롯되었다. 그 어원에 있어 civil society는 라틴어 *societas civilis*를 그대로 영어로 바꾸어 놓은 말인 것이다. 로마의 철학자 키케로가 이 말을 사용하였었다. 거기서 *civilis*는 명사 *civitas*의 형용사가 되는 단어이다. 라틴어 *civitas*는 국민(*civis*, 복수 형태는 *cives*)을 총체적으로 부르는 말이었다. 스미스의 《그리스 로마 고대 사전》에 의하면 "*civitas*는 *cives*, 즉 어떤 주어진 국가의 구성원들의, 총체를 의미한다."(Smith, 1875: 291) 이 말은 그들이 이루는 국가라는 의미도 같이 지니고 있었는데 이는 오늘날 영어에서 nation이라는 말에 전체로서의 국민이라는 의미와 그들이 이루는 국가라는 의미가 함께 들어 있는 것과 같다. 오늘날 영어에서 전체로서의 국민을 가리키는 말로는 nation말고도 좀더 평이한 단어로서의 people이 있고 국가를 가리키는 말로는 state가 있는데, people은 국가를 가리킬 수 없고 state는 국민을 가리킬 수 없다. 그리하여 전체로서의 국민을 가리키는 말로서는 영어에서 nation이나 people을 사용한다. 하지만 nation도 people도 국민 개개인을 가리킬 수는 없는데 영어 어휘체계에서 이렇게 개인으로서의 국민을 가리키는 말이 바로 citizen이며 이 말의 궁극적 어원이 고대 로마의 용례에 있었던 것이다. 그런데 *civitas*가 단순히 국민을 가리키는 이상으로 자율성을 향유하는 국민을 가리키는 맥락을 띠고 있을 경우에 공민이라는 번역이 적합한 것이다. 키케로가 *societas civilis*, 즉 직역해서 "*civitas*적 사회"라는 말을 사용했을 때는 공민적 덕성(civil virtue)을 지닌 사람들이 이루는 격조 높은 사회라는 맥락에서 사용한 것이었다(Edwards, 2004: 6).

그러한 언어사용은 고대 그리스에 그 터를 두고 있었다. 고대 그리스인들은 폴리스(*polis*)라는 국가적 조직 속에서 살았었다. 아테네가 최대로 구현해 낸 것처럼 그것은 국민이 스스로 통치하는 국가적 조직이었다. 그리고 그렇게 조직된 국가 자체도 폴리스라는 말로 부르고 있었다. 그런데 그 국가들은 각지의 한 도시를 중심으로 한 좁은 영토로 이루어졌기 때문에 흔히 도시국가(city-state)라고 번역된다. 그렇게 풀어서 하는 말은 무엇보다도 그만큼 작은 국가라는 뜻인 것이다. 그러나 도시는 폴리스에 포함된 본원적 의미가 아니었고 폴리스의 본원적 의미는 그렇게 조직된 국가 및 국민이었다. 사실 그 국가는 넓지는 않지만 도시보다는 훨씬 넓은 농촌지역도 그 영토로서 일반적인 국가처럼 포함하고 있었다. 아테네의 경우 그 국가의 정확한 이름은 아티카(Attica)였다. 아테네는 말하자면 그 수도였던 것이다. 그 국가에는 아테네 외에도 아주 작긴 하지만 작은 도시들이 여럿 더 있었다. 그리하여 도시를 가리키는 아스튀(*asty*)라는 말이 따로 있었던 것이다. 이렇듯 그리스 각 도시국가는 영토가 작긴 하지만 도시와 농촌을 아우르는 정상적인 국가였고 그리스인들 자신도 그렇게 여기고 있었다(Finley, 1982: 5).

폴리스라는 말은 또한 국가를 이루는 성원으로서의 국민 전체를 의미하기도 하였다. 그리고 한 사람 한 사람의 국민은 폴리테스(*polites*)라고 불렸다. 그리스인들이 자부하던 국가 조직적 특성을 향유하는 자율적 국민이라는 의식을 담아서 폴리스라는 말을 사용하는 경우를 우리는 "공민"이라고 번역하게 되는 것이다. 그런데 아테네의 철학자들은 그러한 공민이 그 자율성에 상응하는 공동체적 덕성을 발휘하는 것을 윤리적 당위로 간주하였다. 그들에게 *polis*란 자율성과 함께 그러한 도덕성을 당위적으로 지니는 국가 조직이기도 하였다. 그러한 맥락에서 *politike*, 즉 "*polis*적"이라는 형용사는 정치적이라는 뜻이자 도덕적이라는 뜻이기도 하였다. 그리하여 *polis*적인 활동인 정치(politics)는 곧 윤리(ethics)이기도 하였다. 아리스토텔레스가 그리스어로 *koinonia politike*, 즉 "폴리스(*polis*) 적 공동체"라는 말을 사용할 때에는 그러한 뜻이 담겨 있었다.

로마에서 그에 상응하는 개념으로 키케로가 사용한 말이 곧 *societas civilis*, 즉 "*civitas*적 사회"였던 것이다(Rowley, 1998: 402). 라틴어 *civitas*는 그리스어 *polis*에 상응하는 로마인들의 용어였다. 즉, 그것은 "국가"라는 말이며 국가를 이루는 국민을 총체적으로 가리키는 말이기도 하였다. 그리스의 민주정에 상응하는 국가체제를 공화국이라는 이름으로 갖추고 있던 로마인들이 이 말로 로마를 가리킬 때에는 "국가"라는 일반적 의미에 더하여 자기 국가가 지닌 그러한 특성적 성격을 흔히 연상하며 사용하였다. 일반적으로는 "국민"이라는 의미의 *civis*도 그러한 민주적 특성에의 의식이 포함되어 있을 때는 우리말로 "공민"이라고 다르게 번역하는 것이 효과적이다. 그러한 특성적 성격에다 당위적인 차원까지 포함시킨다면 *civitas*란 그러한 국가체제를 갖추고 공동체적 덕성을 지향하는 공민들의 집합체를 가리키는 말이 되는 것이다. 그리하여 라틴어 *civilis*, 즉 "*civitas*"적 이라는 형용사는 아리스토텔레스에게 "*polis*적"이라는 형용사가 지니는 의미를 그대로 지니게 되는 것이었다. 민주적 국가와 함께 그에 상응하는 공동체적 덕성을 갖춘 공민으로 이루어진 사회가 곧 키케로가 말하는 "*civitas*적 사회"였던 것이다. *civilis*의 추상명사 *civilitas*는 영어로 civility가 되는데 그러한 사회적 삶의 모습을 가리키는 말로서 우리말 "예모" 정도로 번역될 수 있는 말이다. 그리고 그러한 수준의 사회적 삶에 도달한 민족의 상태를 영어로 했을 때 civilization("문명")이라고 부르고 그렇지 못한 상태를 barbarism("야만")이라고 부르게 된 것이다.

고대 로마 역시 처음에는 작은 "도시국가"로부터 시작했는데 그때에는 "*civitas*"라는 말에 비본원적이긴 하지만 그러한 공간적 상황이 연계되어 있었다고 할 수 있다. 그러한 상황이 남아 있는 맥락을 담아 나중에 영어에 들어와 사용된 말이 주로 도시를 의미하는 city이다. 하지만 고대 로마 자체에서는 *civitas*에 연계되어 있던 그러한 공간적 상황은 빠르게 사라지게 되었다. 애초에 라틴어에서도 도시 자체는 *urbs*라고 별도로 부르는 데다가 로마는 그리스에서와는 또 다르게 도시국가로 머물러 있지 않고 이태리 반도로 확대된 공화국으로 그리고 더욱 광활한 영토와 국민을 다스리는 제국으로 빠르게 성장해갔던 것이다. 그리하여 로마라는 거대 국가 안에서 각 지방의 크고 작은 도시들이 차지하던 비중과는 상관없이 "도시국가"라고 말할 수 있는 것은 완전히 사라지고 없었다. 이후 국가 안의 사회집단으로서의 각 도시 및 그 주민집합을 가리킬 때는 *municipium*이라는 단어가 사용되었다(Greenough, 1902: 135). 아리스토텔레스의 *koinonia politike*, 즉 "*polis*적 공동체"를 키케로가 *societas civilis*, 즉 "*civitas*적 사회"로 번역할 때, 그리스어 *polis*와 라틴어 *civitas*는 당연히 둘 다 정확히 국가 또는 국민 내지 "공민"을 의미하는 말로서 대응시켜졌던 것이다. 그리고 *civitas*가 그렇듯 로마의 "공민"을 총체적으로 가리키는 말이었던 비해 *civis*는 그 각 개인을 가리키는 말이었고 그에 대응시켜진 말로 영어에서 사용되고 있는 말이 citizen인 것이다. 그리하여 영어 citizen은 비록 형태상으로는 영어 city의 파생어이지만 의미상으로는 라틴어 *civitas*의 본원적 의미에 연계되어 있는 것이다. city를 로마에서 *civitas*가 처음 출범했을 때의 공간적 상황에 연계시킨 의미로 사용하는 반면, citizen은 *civitas*의 본원적 의미가 발현된 맥락을 이어받아 사용하고 있는 것이다.

2) 일반적으로 옳게 번역된 유사 어군

고대 유럽에서의 그러한 언어 사용을 인식하였다면 우리 사회에서 영어 civil society에 대해 “시민사회”라는 번역을 사용하지 않았을 것이다. 물론 그런 역사적 인식도 필요 없이 영어에서 그 단어가 사용되는 맥락을 정확히 알고 있다면 그런 번역은 사용되지 않았을 것이다. civil society에 대해 “시민사회”라는 부적절한 번역을 사용하는 것은 또한 citizen에 대해 “시민”이라는 흔히 부적절한 번역을 우리 사회에서 사용하는 오류와 나란히 묶여 있다. 앞서 설명한 대로 고대 로마에서 citizen은 제국의 공민을 전반적으로 가리키는 말이었다. 마찬가지로 현대 서구에서 citizen은 주로 한 국가와 관련하여 그 “공민”을 지칭하는 의미로 쓰이고 있다. 예컨대 미국 citizen 및 citizenship이라고 할 때에는 미국 “공민” 및 “공민권”을 의미한다. 한 도시가 아니라 미국이라는 한 나라에 붙여 사용하고 있음에도 현재 우리 사회에서는 그 경우 “시민”이라는 번역을 아무런 괴리감 없이 사용하고 있는 것이다. 현실적으로도 그것이 특정 도시에 거주한다거나 또는 농촌 지역 거주자가 아니라는 뜻이 전혀 아닌 것은 말할 것도 없다.

물론 city라는 말만은 일반적으로 도시를 가리키기 때문에 citizen이 그와 연결된다는 것을 의식하면서 말하면 citizen이 그 경우는 “시민”이라는 특수한 의미로 사용되는 것이 되겠지만, 위에서 말한 것처럼 국민이라는 관념이 citizen이 일반적으로 사용되는 의미인 것이다. 특히 citizenship은 그러한 인위적인 의미설정의 가능성조차 배제된 채 한 국가의 공민권을 가리킨다. citizen이 그렇듯 일반적으로 국민을 가리키는 의미로 사용되기 때문에, 예컨대 미국의 뉴욕에 사는 사람을 가리키는 데는 뉴욕주민(resident of New York)이라는 표현을 쓰거나, 혹은 더 전형적으로 뉴욕인(New Yorker)이라는 말이 사용된다. citizen of New York이라고 표현한다 하더라도 위에서 말한 인위적인 맥락에서의 시민이라는 뜻으로 의식하면서 하는 것이 아니라면 뉴욕에 사는 (미국) 국민이라는 의미가 되는 것이다. New Yorker같이 파생적 고유명사를 사용하는 방법의 경우는 고대 유럽에서 예컨대 아테네 등의 주민을 같은 방식으로 부르는 용례가 발전해 있었다. 실은 city라는 말조차 도시와는 상관없이 국가를 가리키는 경우도 현대 서구에 있다. 예컨대 저명한 고대 기독교 신학자 아우구스티누스의 저서인 *City of God*의 영어 제목에서 city는 그런 의미를 갖는 것이다. 그것은 라틴어 원제 *De Civitate Dei*에서 *civitas*(*civitate*는 그 탈격 형태)를 그대로 번역해 놓은 말이다. 따라서 이 책에 대해 《신국》이라는 번역을 사용한 것은 완전히 적절한 일이다. 앞에서 언급한 것처럼 공민집합체를 가리키는 말인 *civitas*는 그것이 이루고 있는 국가라는 차원도 같이 지칭하기 때문이다.

같은 어원을 갖는 많은 다른 단어들에 대해서도 적절한 번역이 이루어져 있다. civilization은 문명으로 civil law는 민법으로 civilian은 민간인으로 civil war는 내전으로 잘 번역하고 있다. civil society와 citizen만 적절하게 번역하지 못하고 있는 것이다. 라틴어에서 유래한 단어들뿐 아니라 그 더 궁극적인 연원인 그리스어에서 유래한 많은 단어들에 대해서도 적절한 번역이 우리말에서 이루어지고 있다. 그리스어 폴리스(*polis*)에서 유래하는 현대 서구어의 많은 단어들도 정치(politics), 정책(policy), 경찰(police) 그리고 예의바른(polite) 들 같이 정확히 번역하고 있다. "예의바른"의 polite는 앞서 설명한 공민적 덕성이라는 관념에서 유래한 형용사이다. 단지 대도시(metropolis) 같이 도시적인 상황에 연계시킨 경우에만 "도시"라는 말 내지 뜻을 넣어 역시 적절하게 번역하고 있는 것이다.

여기서 이미 "시민"과 "시민사회"라는 번역이 사용되고 있는 만큼, 그 말을 그대로 사용하되 도시의 의미를 배제한 뜻으로 새겨서 사용하면 되지 않을까 하는 생각도 해볼 수 있다. 실은 "시민사회"가 압도적으로 많이 사용되고 있는 현실에서 필자도 설명할 계제가 안 될 때는 그 말을 쓸 수밖에 없는 경우가 있었다. 유럽에서는 비본원적이긴 하지만 처음에는 도시와 관련된 상황이 연결되어 있다가 연계조차 완전히 사라진 것이었는데, 그것과 다르게 우리말에서 한자어 "시"는 본원적으로 도시를 의미하지만 "시민"에서의 "시"의 의미를 이차적으로 확대시켜서 국가를 뜻하는 것으로 명확히 설정하고 홍보해 나간다면 되지 않을까 하는 것이다. 그러나 우리말에서 "시"라는 한자어는 너무도 도시를 강하게 의미하기 때문에 그것은 아주 힘든 일이 될 수밖에 없다. 그렇기 때문에 공민이라는 번역으로 교정해 가는 것이 상책이 된다.

3) 국가와 합일의 상태에 있었던 고대 공민사회

그런데 단어는 똑같은 단어를 사용하게 되었지만 근대 이래로 서구에서 새로 사용되어진 공민사회(civil society) 개념은 고대에는 없었던 중대한 의미의 차원을 더 지니게 되었다. 다음 절에서 자세히 살펴보겠지만 "국가와의 관계에서 자율적인" 사회라는, 오늘날 우리가 알고 있는 공민사회의 의미는, 근대에 들어와 형성된 것이다. 그것은 근대 서구에서 이루어진 국가와 공민사회의 분화라는 새로운 구도와 결부되어 있었다. 고대 유럽에는 그러한 구도가 존재하지 않았었다. 여기서 "국가"라는 것은 국민 내지 공민의 총체로서의 국가 — 라틴어 *civitas*가 가리키는 — 가 아니라 광의의 "정부"(government)를 가리키는 것이다. 현대 서구의 정치체제를 갖고 말한다면 행정부 — 협의의 정부 — 만을 가리키지 않고 입법부나 사법부 등을 포함하여 간단히 말해서 한 사회의 정치적 권력을 공식적으로 행사하는 모든 기관을 가리키는 것이다. 고대 그리스에서 *polis*의 모든 공민은 그런 의미에서의 "정부"의 구성에 참여하고 있었다. 특히 아테네의 직접민주정하에서 모든 공민은 정부의 중요한 입법, 행정, 사법 활동을 일상적으로 수행하였다. 그런 맥락에서 *polis*의 모든 공민은 그대로 하나의 "국가"를 이루고 있었다. 그들이 이루는 사회는 그대로 하나의 국가이기도 하였던 것이다.

고대 그리스에서 공민이 이루는 사회, 라틴어로 했을 때 *societas civilis*는 그대로 하나의 국가이기도 하였던 것이다. 그러한 상태에서 공민은 모두 하나가 되어 표출하는 국가의 권력 행사에 여지없이 함께 구속되는 것이었다. 공민은 서로를 하나로 묶어 놓은 것이다. 이렇게 서로를 묶어 놓은 상태에서 철학자들이 "사"(the private)를 억누르는 "공"(the public)의 추구를 공민적 덕성으로 간주하던 것은 자연스러운 일었다. 그리하여 *civitas civilis*는 그러한 덕성을 갖춘 공민의 사회라는 뜻이었던 것이다. 거기서 공민은 그러한 국가의 권력 행사로부터 자유로울 수 있는 공간을 확보하지는 못하는 것이었다. 국가와 분화되지 않은 구도에서 국가로부터 자율성을 향유하는 공민사회가 될 수는 없었던 것이다. 철인 소크라테스가 사형을 당한 것은 그러한 구도하에서였다. 아테네 공민 전체가 재판하는 마당에서, 그들의 집합적인 가치에 도전했다는 데에 대한 응징으로 사형을 선고받은 그에게는 도피할 근거가 존재하지 않았던 것이다(Millett, 2005: 25 참조). 초기 공화국 시대의 로마도 기본적으로 그러한 상태로 존재했다고 할 수 있다. 그러던 것이 로마가 제국으로 커지면서 조직적인 차원에서 "국가"는 사회의 일부로서만 존재하게 되었다. 그러나 나머지 사회가 그 "국가"의 권력 바깥에 자유롭게 존재하는 것은 아니었다. 제국 정부의 절대적인 권력에 꼼짝없이 묶여 있는 것이었다. 그런 맥락에서 여전히 국가로부터 분화된 공민사회는 존재하지 않았다고 할 수 있다.

3. 근대 서구에서 "국가에 대해 자율적인" 사회로 의미 일신

1) 국가에 대해 자율적인 근대적 공민사회

라틴어 *societas civilis*를 근대 서구에서 그대로 번역하여 사용한 말이 civil society이지만 그 의미가 전혀 그대로인 것은 아니었다. 의미가 일신된 것이다. 공민사회 개념은 이제 "국가에 대해 자율적인 사회"라는 의미를 근대 서구에서 지니고 있게 되었다. 우리가 알고 있는 그대로의 공민사회 개념이 비로소 등장한 것이다. 그것은 근대 서구의 민주주의가 고대 아테네에서와 같은 직접 민주정이 아닌 대의 민주정 같은 간접 민주주의라는 차이와 결부되어 있었다. 거기서는 공민 전체가 아니라 공민 가운데서 선출된 일부가 전업적 공복(public servant) 집단으로서 광의의 "정부"를 일상적으로 운영하는 것이다. 그리하여 광의의 정부, 즉 "국가"는 사회의 전부가 아니라 그 일부를 이루고 있다.

공민 일반은 그러한 국가 바깥에서 기본적으로 사적인 개인들로서 자유로운 삶을 살아간다. 그들은 다양한 결사체를 이루고 살아가면서 그들로부터 선출되는 공복들에게 복무받되 지배받지 않을 수 있는 존재적 우월권을 지닌다. 그들은 국가에 대해 자율성을 누리는 공민인 것이다. 인원에 있어서뿐만 아니라 조직적으로도 국가기구와 민간조직은 분화되어 있다. 그리하여 허다한 민간조직들이 국가적 관심과는 별개의, "사적인" 차원을 다소간에 포함하는, 각각의 개별적인 관심을 정당하게 추구할 수 있는 것이다. 고대 아테네에서 공민은 집단적으로 스스로를 통치한다는 점에서 자율성을 누리고 있었지만 그러한 집단적 통치에 완전히 구속된다는 점에서는 자율성을 볼 수 없었다. 그들이 국가 바깥에서 향유하는 자율적 사회는 없었던 것이다. 하지만 근대의 서구인들은 자율성의 의미가 그렇게라도 내포되어 있었던 고대의 "공민사회" 용어를 빌려와 자신들이 향유하게 된 새로운 자율성의 의미를 대입하여 사용한 것이다.

그렇지만 여기서 우리는 근대적 "공민사회" 개념도 궁극적으로는 국가를 포함하는 공민집합체 전체를 지칭한다는 점을 유의해야 한다. 인원에 있어 국가담당자도 공민으로부터 나올 뿐 아니라 공민의 지위를 유지하는 것이다. 조직상에서도 국가기구는 종국적으로 공민의 통제를 어느 수준에서라도 받는다. 하지만 고대의 "공민체"는 국가와 동일집합이었던 데 반해 근대의 "공민체"는 국가가 그 부분집합이다. 그러한 의미에서 국가와 공민사회가 나누어지는 것이다. 공민사회가 그 안에서 국가라는 부분집합과 국가를 제외한 "여집합"으로 나뉘는 것이다. 그것은 말하자면 내포적 분화이다. 국가와 공민사회의 관계를 논할 때는 현실적으로 그러한 "여집합"으로서의 공민사회를 다루게 되는 셈이다. 그리하여 국가에 대하여 그 "여집합"이 자율성을 지니는 점을 말하게 되는 것이다. 그러나 공민사회는 궁극적으로 국가를 포섭하고 있는 것이기 때문에 그 자율성은 포섭적 자율성이 된다. 달리 표현했을 때 공민사회는 국가에 대하여 존재적 우선권을 지니는 자율성을 향유한다.

2) 서구의 등장과 근대로의 발전

여기서 서구(Western Europe)가 등장하여 근대로 발전해온 과정을 간략히 살펴보면, 게르만의 여러 부족들이 5세기경 서로마 제국을 멸망시키고 그 폐허 위에 새롭게 시작한 문명으로서의 서구는 거의 원시 상태에서 다시 성장하였다. 그들이 파괴하지 않은 존재는 기독교와 교회가 거의 유일하였다(Anderson, 1974). 서구 문명은 그것을 건설한 종족적 주체뿐 아니라 그것이 건설된 지리적 환경이 또한 고대 유럽과는 많이 달랐다. 고대 그리스 및 로마 문명은 지중해 연안지대를 주된 터전으로 삼았던 반면 서구 문명은 그 중심이 유럽의 보다 북쪽에 있는 내륙지대를 주된 터전으로 삼았다. 이와 결부되어 고대 그리스와 로마의 문명은 모두 작은 도시국가로부터 시작하였지만 서구 문명은 애초부터 훨씬 넓은 영토에 걸친 왕국들로 출발하였다. 하지만 소규모적 원시부족사회의 연대의식이 오랫동안 각 왕국에 남아 있어서 지방 각지에는 소규모의 영지를 차지하고 부락민 공동체 위에 세습적 지배자로 군림하는 영주들이 중앙의 왕에 대해 동격이라는 의식을 강하게 견지하면서 할거하는 지방분권적 상태가 계속되었다. "봉건제"라고 불리는 이 상태 속에서 왕은 수도 부근에 존재하는 자신의 영지에 대해서만 한 명의 영주로서 지배할 뿐 왕국 전체에 대해서는 실질적인 통치권과 그렇게 할 수 있는 정부조직을 갖추지 못하고 있었다.

한마디로 서구 왕국들의 정부는 미미한 발전 수준에 머물러 있었다

(Hodgson, 1993). 민주정이든 군주정이든, 그들이 파괴한 고대 유럽 수준의 정부를 이 새 문명은 오랫동안 갖추지 못하고 있었던 것이다. 서구 왕국들의 정부가 전체 국민을 포괄하는 통치력을 갖는 수준으로 자라나 있게 된 것은 전반적으로 15세기를 지나서의 일이었다. 그 때까지는 국민 전체를 아우르는 사회가 존재하지 않고 있었다. 이후 그러한 사회가 존재하기 시작하였다고 할 수 있지만 그것은 자율성을 향유하는 "공민"의 사회는 되지 못하고 있었다. 전제 군주의 정부가 국민을 압제하는 "절대왕정"이 존재하게 되었던 것이다. 그러다가 시간이 지나면서 민주적 정치체제가 근대 서구에 등장하기 시작하였다. 그리하여 이제 공민의 사회를 운위할 수 있게 되었는데 영국은 그러한 변화의 선두에서 있었다.

4. 홉스에 의한 공민사회 개념의 근대적 구도로의 치환

1) civil society를 국가사회의 의미로 사용

17세기 말 영국은 이른바 명예혁명을 통하여 입헌군주제를 채택함으로써 근대적인 민주정을 수립하였는데 영국의 계몽주의 정치사상가 로크(John Locke, 1632~1704)는 그에 상응하는 근대적 공민사회의 개념을 사용하기 시작하였다. 그의 근대적인 공민사회 개념은 자연상태(natural state)라는 새로이 등장한 문제의식과 연계되어 있었다. 국가가 없는 시원적 상태에서 인간은 어떤 모습으로 존재하는가 하는, "자연상태"라는 문제의식에 대해서는 그에 앞서 활동한 영국의 정치사상가 홉스(Thomas Hobbes, 1588-1679)가 다른 답안을 가지고 논한 바 있었다. 영국에서 절대왕정이 종언을 고해 가던 시대에 활동한 홉스는 주지하다시피 자연상태란 "만인의 만인에 대한 다툼"으로 형용될 수 있는 무질서한 상태라고 상정하였다. 그리고 그러한 무질서한 상태를 피하기 위하여 인민은 각자의 권력을 국가에 양도하여 그 통치에 복종하겠다는 계약을 맺은 것이라고 주장하였다. 홉스는 국민이 국가의 통치하에 그렇듯 안전하게 놓여 있게 된 상태를 공민사회라는 고대에서 가져온 말로 부르면서 자연상태에 대비시켰다. 흔히 피상적으로 이해하고 있는 것과는 달리, 홉스는 자연상태를 백안시하고 군주정을 무조건 옹호하였던 것은 아니며 그가 공민사회라는 개념을 사용한 맥락과 함께 그에 대한 좀더 세밀한 설명을 여기서 하려고 한다.

홉스는 인간이 갖는 본성적(자연적, natural) 욕구의 핵심이 자신의 생존 내지 안전을 지키려는 것이라고 말한다. 그러한 자기보존은 극히 정당한, 지상과제의 일이다. 그러나 정부가 없는 원시적 상태에서는 각자가 그것을 개별적으로 확보하려고 하는 가운데 서로 무질서하게 충돌하는 것을 피할 수 없다. 그런 상태에서는 자기보존이라는 그 목적을 결코 달성할 수가 없다. 자기보존이라는 본성적 욕구를 진실로 달성하기 위해서는 하나의 정부가 모두의 위에서 공정한 중재자로서 존재하며 통치를 해야 한다. 그러한 정부에게 권력을 양도하고 그 통치에 복종함으로써 국민은 안전을 확보하고 마음껏 행복을 추구할 수가 있다. 거기서 국민은 정부에 대하여 그렇게 자신의 안전을 지켜주는 조건으로 권력을 양도하고 그에 복종하겠다는 계약을 자발적으로 맺은 셈이라고 할 수 있다는 것이다. 그러한 정부 내지 (좁은 의미의) 국가, 라틴어로 *civitas*를 갖춘 상태 내지 사회가 civil society이다. 홉스는 그렇듯 civil society를 단순히 국가적 사회 즉 "국가를 갖춘 사회"라는 의미로 일단 사용하였다. 그러면서 인간 사회를 국가를 갖추지 못한 자연상태와 국가를 갖춘 국가사회로 대별하였던 것이다. 홉스는 그렇듯 막강한 역할과 권력을 갖춘 국가를 성서에 나오는 전설적인 바다의 거대한 괴수 리바이어던(Leviathan)에 비유하면서, 그것을 제목으로 하여 쓴 그의 책에서 말했다.

국가적 사회(civil society) 이전에는 … 화평의 계약(covenant of peace)

> 을 구현해 줄 수 있는 것은 아무 것도 없다. … 고로 국가적 권력(civil power)에 종속되어 있지 않은 상태에 있는 두 사람 사이에 할 수 있는 것이라곤 그들이 외경하는 신에게 서로를 서약케 하는 것이 전부이다(Hobbes, 1991: 99).

홉스에게는 어떤 형태로든 국가가 존재하는 사회는 civil society이다. 그는 거기서의 국가라는 것이 고대에 상정하던 대로 민주정이나 "공화정"이어야 할 필요는 없다고 말한다. 홉스는 군주정도 국가의 위상을 훌륭히 충족시켜 줄 수 있음을 강조하면서 오히려 군주정 쪽으로 중심을 가져온다. 그러나 그것이 당위적인 차원에서 홉스가 어떤 군주정이든 다 좋다고 보았다는 뜻은 아니다. 홉스는 국민의 안전과 행복을 위해 최선을 다하는 군주정을 이상으로 그리고 있었다. 그 핵심은 그러한 목적을 위해 최선의 실정법을 만들고 그 법에 따라 통치하는 데 있었다. 그러나 어느 것이 최선이냐 하는 것을 판단하고 그에 따라 법을 제정하고 그 법에 의해 통치하는 궁극적 주체는 절대적 권한을 지닌 군주여야 했다. 군주에게는 그 절대적 권한에 상응하는 그러한 사명이 주어져 있다고 홉스는 보았다.

2) 야만 대 공민사회를 자연상태 대 국가사회로 치환 군주정 옹호

홉스는 말하자면 합법적 군주정을 이상으로 제시했다고 할 수 있다. 뿐만 아니라 군주는 국민이 필요로 하는 것을 충족시켜주는 정치를 해야 한다고 본 점에서는 어느 정도는 "민주적"인 군주정을 홉스가 원했다고까지 할 수 있다. 그러나 그에게는 군주가 그러한 사명에서 최선을 다하지 않으면 어떻게 할 것인가 하는 고민은 없었다. 더더군다나 국민 자신이 스스로 원하는 것을 정치에 표출하거나 반영하는, 현대에 확대시켜 사용되는 의미로의 "민주정"에 대한 지향은 없었다. 그런데 홉스가 제시한 맥락의 합법적 군주정은 당대 영국의 군주정이 막 도달한 수준의 것이었다고 할 수 있다. 당시 영국은 찰스 1세하의 절대 군주정을 전복시킨 크롬웰의 공화국 정부의 독재에 염증을 느낀 영국 의회가 크롬웰 사후에 찰스 2세를 "의회를 존중하는" 정치를 하겠다는 약속을 받고 왕위에 옹립한 "왕정복고"가 일어나 있었다. 국민을 위해 통치하는 절대적 권력의 왕정을 계약에 의해 수립한다는 홉스의 도식은 당대 영국 현실을 상당한 정도 반영하고 있었다고 할 수 있다.

결국 홉스는 당대 영국의 군주정을 미화하는 데 고대의 공민사회 개념을 빌려와 이용하였다고 할 수 있다. 그는 고대에서 공민사회 개념을 야만에 대비시켜 사용하던 맥락을 당시의 절대왕정과 자연상태를 유추적으로 대비시키는 맥락에서 원용하려 하였던 것이다. 즉 그에게 있어 자연상태 대 절대왕정의 차이는 고대 유럽인들이 운위하던 야만 대 공민사회의 차이에 비교될 수 있다는 것이었다. 그리하여 홉스는 그가 고대 유럽에서 가져온 "공민사회"라는 말에서 "자율성" 등 고대의 민주정을 부각시킨 의미를 지워 놓았다. 그 대신 "법과 질서"를 지닌 국가라는 측면에 초점을 맞추어 그것을 당대 영국의 군주정에 부회시킨 맥락으로 바꾸어 놓았다. 홉스는 그렇게 "공민사회" 개념에서 고대 유럽의 민주정과의 관계를 끊고 당대 영국의 절대적 군주정에다 바꾸어 연결시켜 놓았는데 결과적으로 이것은 차후 근대 서구의 새로운 민주정과의 연결로 넘어가는 정지작업을 한 셈이 되었다. 그의 관점에는 국가와 관련하여 분화라는 새로운 구도가 나타나 있었기 때문이다.

3) 국가와 공민사회 분화의 밑그림

우선 홉스의 도식에서 국가는 국민에 의해 "권력을 이양 받은", 국민 일반을 근거로 하면서도 그에 대해서 별도로 존재하는 실체이다. 더욱 중요한 것은 그의 도식에서 자연상태는 무질서하긴 하지만 거기에 존재하는 자발성에 입각한 계약에 의해 각자의 권력을 이양하여 하나의 국가를 수립하는 기초라는 위상을 갖고 있었다는 점이다. 자연상태라는

“상태”는 국가의 수립에 의해 사라지지만 그러한 기초가 되는 공간이 국가를 지닌 사회 즉 civil society 속에 침전되는 것이라고 할 수 있다. 국가가 국민의 안전과 행복을 위해 통치해야 한다는 계약 위에 수립되었다는 것은 국민 일반으로 이루어진 그러한 공간이 국가에 대해 실질적 준거점으로서 계속 작용한다는 것을 의미한다. 그런 점에서 결국 홉스는 고대 유럽에서 “공민사회” 개념을 가져와 국가와의 합일성이라는 구도를 빼고 국가에 대한 분화의 구도로 바꾸어 넣었다고 할 수 있다. 그 분화의 구도에 맞추어 새로운 형태의 민주정이 자리 잡는다면 그것은 “국가에 대해 자율적인” 공민사회가 등장하는 것을 의미할 것이었다. 그런 의미에서 홉스가 야만 대 공민사회라는 고대 유럽의 대비법을 자연상태 대 국가사회라는 새로운 대비법으로 치환한 것은 고대 유럽의 특유한 민주정뿐 아니라 고대 유럽의 합일적 구도도 같이 지우는 대신에 국가와 공민사회의 분화라는 근대적 구도의 밑그림을 그린 것이 되었다고 할 수 있다. 새로 도입된 자연상태 개념은 그렇듯 고대의 공민사회 개념을 근대적인 구도로 환골탈태시키면서 고대 유럽으로부터 기원하는 또 하나의 개념인 자연법(natural law) 위에 눌러 씌워진 것이라고 할 수 있다.

그런데 홉스가 논한 자연상태에 존재하는 자발성에 적극적인 가치를 부여하면서 인식하면 그것이 바로 근대적 자유 개념이 된다고 할 수 있다. 홉스는 근대적 자유 개념 자체에 대한 지향도 역시 소극적으로나마 같이 보여 주고 있었다.

> 아테네인들과 로마인들은 자유였다. 즉 자유로운 국가들이었다(free commonwealths) : 어느 개인이 그들 자신의 정부에 대해 저항할 자유를 갖는 것이 아니고 그들 자신의 정부가 다른 국민에 대해 저항하거나 침공할 수 있는 자유를 갖는 것이었다. … 아테네인들은 그들은 자유민(freemen)이고 군주정하에 있는 모든 사람들은 노예라고 교육받았다. … [그러나 정부에 대한] 우리의 복종 행위는 의무와 자유 양자로 이루어져 있다. … 모든 인간은 똑같이 본성에 있어 자유(by nature free)이기 때문에

> 누구든 그 스스로의 어떤 행위에 기초하지 않는 의무이행이란 없는 것이다(Hobbes, 1991: 149~150).

여기서 홉스는 자유를 갖고 말한다 해도 고대 민주정에는 개인적 자유가 결여되어 있었으며 따라서 고대 민주정이 표준이 될 수는 없다는 논리로 당대 군주정을 변호하고 있다. 국가와 공민사회가 분화되어 있지 않은 고대 민주정의 합일적 구도를 개인적 자유의 부재라는 논조로서 비평하고 있는 것이다. 그런데 그렇게 비평하면서 그는 개인적 자유를 기대치로 전제하는 모습을 노정하고 있다. 그것을 적극적으로 주창하지 않고 있었을 뿐이다. 이러한 홉스의 서술은 그러한 새로운 덕목에의 지향이라는 점에서 군주정을 지닌 근대 서구가 민주정을 지녔던 고대 유럽보다 우월하다는 태도를 노정하고 있다. 홉스의 직후에 활동한 로크는 그러한 근대적 자유 개념을 적극적으로 주창하는 데에까지 나아간 것이었다.

5. 로크에 의한 근대적 공민사회 개념의 사용

1) 보다 질서 있는 자연상태

자유 개념을 적극적으로 주창하면서 홉스가 그린 분화라는 근대적 구도를 완연히 드러내며 그 분화의 구도 속에서 국가에 대해 자율적이라는 새로운 의미의 공민사회 개념을 사용한 사람이 바로 로크였다. 홉스는 영국이 왕정복고를 단행하던 시절에 활동을 했고 로크는 제임스 2세가 전제정치를 강화하자 의회가 그를 몰아내고 새로 윌리엄 3세 부처를 옹립하는 "명예혁명"을 통하여 입헌군주정을 공식적으로 수립하던 시절에 활동을 하였는데 그러한 영국 역사 속 발전적 시차가 그들의 학설에 상당한 정도 반영되어 있었다고 할 수 있다.

로크가 홉스의 잠재적인 근대적 구도를 현재화시킨 것은 홉스의 자연상태에 대한 규정을 수정함으로써 시작되고 있었다. 로크는 자연상태에서 각자가 자신의 욕구를 추구하다 보면 이해 충돌이 생길 수 있는 가능성을 인정하였다. 그러나 자연상태에서는 또한 인간이 신으로부터 받아 지니고 있는 이성이 가리키는 "자연법"에 함께 의거하여 그러한 다툼 내지 쟁송을 해결할 수 있는 가능성이 있음을 로크는 강조하였다. 그러한 해결 방법에 늘 성공하게 되는 것은 아니기 때문에 자연상태에서는 분명히 상호간에 쟁투가 존재할 수 있지만 늘 그런 것은 아님을 역설한다. 따라서 자연상태를 쟁투의 상태로 등치할 수 없다고 함으로써 홉스에 대한 이견을 노정한다. 결국 로크는 자연상태 속에서의 인간의 자유가 무질서를 낳는다기보다 상당한 정도의 자율적 질서를 이룩한다는 시사를 하고 있다.

2) 자연상태를 제대로 종결시킬 민주적 정부를 갖춘 공민사회

그러나 자연상태에서는 해결할 수 없는 이해 충돌이 존재하기 때문에 이해 당사자들을 초월하는 권위를 지닌 조정자로의 정부를 수립할 필요가 생겨난다. 그리하여 사람들은 자발적인 계약에 의하여 정부를 수립하게 되는데 이 점을 놓고 보면 로크는 홉스를 받아들이고 있다고 할 수 있다. 그러나 로크에게 있어서는 자연상태가 이미 상당한 정도의 자율적 질서를 지니고 있기 때문에 홉스가 요구하던 맥락의 절대적인 권한을 정부가 지닐 필요는 없는 것이다. 로크에 의하면 오히려 그러한 정부로는 자연상태를 종결짓지 못한다. 왜냐하면 예컨대 절대왕정은 군주의 권한에 대해서는 제약을 가하지 않는 것이기 때문에 군주에 관해서는 자연상태가 끝나지 않은 것이라 할 수 있다는 것이다. 군주와 다른 사람 사이에 발생할 수 있는 이해 충돌에 대해서는 그 모두를 초월하는 조정자가 존재하지 않는 것이 되기 때문이다. 그렇기 때문에 절대왕정 또는 전제군주제 등은 결코 자연상태가 끝나고 civil society로 옮겨 들어와 있는 것이라고 할 수 없다는 것이다. 군주를 포함하는 모두에 대해 공정한 조정을 할 수 있는 정부를 갖출 때만이 진정한 civil society 라 할 수 있다는 것이다.

> 따라서 절대왕정은, 어떤 이들은 세계에 유일한 정부로 간주하기도 하지만, 참으로 civil society와 불합치하다는 것이 분명하다. … 왜냐하면 civil society의 목적이, 각자가 자신의 사건에서의 재판관이라는 데서 필연적으로 야기되는 자연상태의 불편함을 피하고 고치려는 것이며, 그러기 위해, 받은 피해 또는 발생할 쟁의에 관해 그 사회의 모든 이가 소청할 수 있고 또한 그 사회의 모든 이가 복종해야만 하는 … 알려진 권위체를 수립하는 것이라고 할 때, … 그러한 권위체를 갖지 못하는 사람들이 사는 곳에서는, 그 사람들은 아직도 자연상태에 놓여 있는 것이다. 그리고 절대 군주는 그의 지배하에 있는 사람들과의 관계에서 그러하다(Locke, 1976: 45).

로크에 의하면 모두에 대해 공정한 조정을 할 수 있는 정부란 모두가 예외 없이 법 앞에 예속될 때 가능해진다. 홉스도 이미 법에 의한 통치를 강조하였었지만 로크는 거기서 더 나아가 그것을 보장할 수 있는 구체적 기제를 상론하였다. 로크는 법을 만드는 과정의 중요성을 논하였다. 국민의 합의에 기초한 입법부를 수립하고 국민의 위임에 의거한 법률을 제정해야 한다는 점을 역설하였다. 그렇게 제정된 법률에 군주를 포함하여 모두가 예외 없이 종속되어야 하는 것이다. 정부는 그러한 법률에 따라 국민의 안전과 행복을 위해 통치해야 한다. 그것을 확보하기 위한 효과적 기제로 입법부와 행정부의 분리와 같은 권력분립을 또한 로크는 주창하였다. 그는 정부가 국민의 합의에 기반한 법치라는 원칙을 위반했을 때 국민이 저항할 수 있는 권리를 지니고 있다는 점까지도 논하였다. 로크는 아직 민주정이라는 말을 원래 그것이 사용된 고대 유럽의 상황에 한정시켜 사용하였지만 이후 의미를 확대시켜 일반적으로 사용되게 된 표현을 사용한다면, 한마디로 "민주적" 정부를 그는 설파한 것이다.

3) 국가 개념의 상응하는 재규정

그리하여 로크는 어떤 형태든 국가를 갖추면 civil society라고 부르는 홉스와 달리 민주적인 국가를 갖추었을 때를 civil society라고 부른다. 단순히 국가적 사회 내지 국민적 사회가 아니라 민주적 사회 내지 "공민적" 사회를 의미하게 된 것이다. 그대로 옮겨 놓자면 "*civitas*적 사회"가 되는 civil society라는 말을 고대 로마에서 가져온 홉스는 이것을 단순히 "국가적 사회"라는 뜻으로 사용하였다. 그런데 로크는 근대의 분화된 구도라는 다름 속에서지만 "공민적 사회"라는 의미까지 살려내게 된 것이다. 아래에 드는 인용문에서 로크는 civil society에서 "civil"의 명사인 *civitas*의 의미를 그에 대한 역어로 적절한 영어단어를 설명하는 가운데 명확히 하고 있다.

> 내가 국가(commonwealth)라는 말로 줄곧 의미하는 것은 민주정이건 또는 어느 다른 통치형태이건 어떤 것이든 독립한 공동체(any independent community)임을 이해해주기 바라는데, 그것은 고대 로마인들이 *civitas*라는 말로써 표시하던 것이며 우리말에서 이에 가장 잘 맞는 단어가 commonwealth로서, 영어의 공동체(community)라든가 도시(city)는 적절히 표현할 수 없다. … 왜냐하면 하나의 통치체제 속에는 하위 공동체들(subordinate communities)이 존재할 수 있으며, 도시(city)는 우리 사이에서 국가(commonwealth)와는 매우 다른 뜻을 갖고 있기 때문이다(Locke, 1976: 66~67).

로크는 여기서 라틴어 *civitas*가 뜻하는 "국가"를 표현하는 데 영어의 commonwealth라는 말을 사용하고 있음을 설명하고 있다. 오늘날에는 영어에서 그런 목적으로 state라는 말이 주로 사용되고 있는데 로크가 활동했던 때에는 아직 그 말이 그러한 뜻으로 통용되지 않고 있었다. 오늘날 국가라는 말이 사용될 때는 좁은 의미로 사용될 때도 있고 넓은 의미로 사용될 때도 있다. 넓은 의미의 국가는 국민 전체를 포괄하는 영역의 인간 집단을 가리킨다. 국민과 함께 주권, 영토 등을 그것을 구성하는 요소들이라고 말할 때의 그 국가이다. 반면 좁은 의미의 국가는 입법부, 행정부 등을 구분하지 않고 말하는 정부(government)를 가리킨다. 국가와 공민사회의 분화를 말할 때의 국가는 바로 이 좁은 의미이다.

그런데 고대 그리스나 로마에서는 이 두 가지 의미의 국가가 나뉘어 있지 않았다. 앞서 자세히 설명한바, 그 때의 공민사회는 국가와 통합되어 있었다는 것이 바로 그 말이 되는 것이다. 예컨대 아테네의 직접 민주정하에서는 모든 국민 내지 공민이 그대로 정부를 구성하고도 있었던 것이다. 넓은 의미의 국가로서의 전체 국민 내지 공민의 집합과 좁은 의미의 국가로서의 정부가 그때는 하나였던 것이다. 또는 달리 말해서, 넓은 의미의 국가에 대해 그 부분집합이 될 좁은 의미의 국가가 따로 존재하지 않았다. 그리고 그것을 그리스에서는 *polis*라고 부르고 로마에서는 *civitas*라고 불렀던 것이다. 그런데 앞서 논한 바와 같이 홉스가 고대 로마로부터 civil society 즉 "*civitas*적 사회"를 가져와서 "국가적 사회"라는 의미로 "삭감하여" 사용할 때의 국가는 좁은 의미의 국가였다. 그가 자연상태를 끝내고 "정부"를 수립한 것을 "국가적 사회"라고 했을 때의 그 국가는 기본적으로 정부만을 가리키는 뜻인 것이다. 당대 영국의 경우 군주의 정부라는 일부가 나머지 국민 위에 따로 존재하는 것이었고, 이것이 앞에서 논한 바와 같이 홉스의 이론적 구도에는 잠재적인 근대적 분화가 표현되어 있었다는 것의 한 가지 측면이다.

그런데 로크는 홉스에게는 그렇듯 잠재적인 상태로 있었던 근대적 분화의 구도를 현재화시키면서도 그러한 새로운 구도 속에서 civil, 즉 "*civitas*적"이라는 형용사에 고대의 "공민적"이라는 의미를 다시 살려내고 있었다. 그리하여 그에게 *civitas*는 공민 전체를 가리키는 넓은 의미의 국가였다. 근대의 새로운 상황 속에서 그 부분집합으로서 따로 존재하게 된 좁은 의미의 국가는 정부라는 다른 말을 사용해서 지칭함으로써 필요에 응하면 될 것이다. 그는 여기서 어떤 형태의 정부만이 아니라 그 정부가 들어 있는 넓은 의미의 국가 전체를 영어로 commonwealth라고 부르는데 그것은 라틴어 *civitas*에 해당이 된다고 말하고 있는 것이다. 그는 전 국민의 집합체인 국가를 가리키는 데에, "공동체"라는 말은 국가보다 작은 집단을 일반적으로 가리킬 수 있기 때문에 사용할 수 없다고 덧붙이고 있다. 또한 city는 "우리 사이에서" 도시를 가리키는 말이기 때문에 전국적으로 존재하는 국가를 가리키는 데 쓸 수 없다는 점도 그는 말하고 있다. *civitas*를 도시와 혼동해서는 안 된다는 점은 우리가 이미 자세히 설명하였다.

그런데 로크는 그것이 민주정 — 고대의 — 같은 특정의 "통치형태" 와 결부시키지 않은 일반적인 "국가"를 의미한다고 말하고 있다. 거기서 로크의 civil society — "*civitas*적 사회" — 의 *civitas*는 고대의 "*civitas*적 사회"의 *civitas*와 달라진다. 일단 통치형태의 차원에서 일반화를 시키고 있는 것이다. 그런 다음 이미 논한 바와 같이 그는 새로운 방향으로의 제한을 가한다. 어떤 형태인지와 관계없이 중요한 것은 아무에게도 예외 없는 법치가 이루어지는 정부인지의 여부라는 것인데 그러한 정부일 때 진정한 "*civitas*적 사회"를 이루는 *civitas* — 국가 — 라는 것이다. 예컨대 공화정이라도 그러한 정부가 아닐 수 있고 군주정이라도 그러한 정부가 될 수 있다. 그것은 고대의 민주정을 넘는, 오늘날 사용되는 바와 같은 확대된 의미의 "민주적 정부"이다. 특히 유럽에서 근대 이전에는 군주정이 민주적 정부가 될 수 있다는 관념이 존재하지 않았으나 이제 군주정도 민주적 정부가 될 수 있다는 관념이 시작된 것이다. 입헌군주정과 같은 민주적 군주정을 생각할 수 있게 된 것이다. 물론 로크 자신은 민주정이라는 말을 그렇게 확대해서 사용하지 않았으나 이후 그러한 표현법이 자리 잡게 되었다. 그러한 새로운 의미의 민주적 정부를 갖춘 국가 — 그러나 고대에서처럼 넓은 의미의 — 가 로크가 규정한 civil society — "*civitas*적 사회" —의 *civitas*였던 것이다.

4) 국가에 대해 자율적인 근대적 공민사회

그러나 이제 그 넓은 의미의 국가 안에서 좁은 의미의 국가, 즉 정부가 분화되어 있는 근대적 구도가 로크에게서 드러나고 있었다. 로크는 일반적인 민주적 정부를 말하면서 동시에 그러한 근대적 구도를 표현한다. 아래의 인용문은 로크가 공민사회라는 말을 사용하는 전형적인 맥락을 담고 있다.

> 절대적 권력이 사람들의 혈성을 맑게 해주고 인간 본성의 저열함을 교정해 준다고 믿는 사람들은 사실이 그 반대임을 알기 위하여 이 시대나 다른 어느 시대의 역사를 읽어 보면 될 것이다. … 그러한 상태에서 절대 권력자의 횡포와 압제에 대항하여 어떤 안전, 어떤 보호벽이 존재하느냐고 물으려고 한다면, 그러한 질문 자체가 용납될 수 없을 것이다. 안전을 요구했다는 것이 죽임을 당할 충분한 이유가 된다고 그들은 바로 말해 줄 것이다. … 신민과 신민 사이에는 그들 상호간의 평화와 안전을 위한 방도와 법률과 판사가 있어야 한다고 그들은 시인할 것이다. 하지만 통치자에 관해서는 그의 권력은 절대적이어야 한다고 할 것이다. … 〔국민은〕 결코 안전할 수도 편안할 수도 없을 것이며 자신들이 공민사회(civil society) 속에 있다고 생각할 수 없을 것인데, 입법부가 사람들의 집합체로, 그것을 원로원(senate)으로 부르든 의회(parliament)로 부르든 또는 아무려나 원하는 대로 부르든, 자리를 잡기 전에는 그러한 것이다. … 입법부를 통하여 … 한 번 만들어지면 그 법률의 힘을 아무도 자신의 권위를 갖고 피할 수도 없고 우월성을 내세워 면제를 구해 그 자신이나 등속의 비행을 방종할 수도 없는 것이다. 공민사회에서는 어느 한 사람도 그것의 법률들로부터 면제될 수가 없는 것이다(Locke, 1976: 46~48).

로크는 여기서 "공민사회"란 모두가 법 앞에 예외 없이 복종할 때 성립된다는 점을 다시 강조하면서 절대왕정을 비판하고 있다. 그런데 법 앞에서 예외가 없다는 점에서는 고대의 공민사회도 다르지 않다. 여기서 고대 로마의 원로원을 당대 영국의 의회와 함께 차례로 예시하는 것은 그러한 맥락을 깔고 있다. 실은 고대의 공민사회를 확대해서 당대 영국의 경우를 같이 말하는 것이라고 할 수 있다. 그렇지만 확대시킨 종착지는 당대 영국이다. 그리하여 "군주도 면제되지 않는" 법 앞의 평등을 역설하고 있는 것인데 그것은 법 앞의 평등이 "모든 공민 사이에" 당연시된 고대에서와는 구도가 다르다. 인용문의 앞부분에서 로크는 국민 일반이 군주와 같은 통치자에 "대하여" 안전과 보호벽을 갖추고 있느냐 하는 것이 관건임을 분명히 선언하고 있다. 결국 권력자 내지 그 정부를 입법기관을 통하여 통제함으로써 법 앞에서 예외 없는 "공민사회"를 구현할 수 있다고 강조함으로써 "국가에 대하여 자율적인 공민사회"라는 근대적인 의미를 드러내고 있는 것이다.

로크는 이렇게 "공민사회"라는 용어를 국가에 대한 자율성의 확보라는 맥락 속에 사용함으로써 그 말에 근대적인 의미를 부여하고 있다. 역사적으로 그것은 직전에 존재했던 절대왕정에 대한 반작용으로서 근대적 공민사회가 영국에서 발전했고 그에 대해 논의하는 과정에서 고대와 다른 그 역사적 상황 자체가 개념 속에 반영된 것이라고 할 수 있다. 위 인용문 앞부분에서 로크가 던진 예의 선언적 문제제기를 원문 그대로 옮겨 놓는다면, "절대 권력자의 횡포와 압제에 대항하여 어떤 안전, 어떤 보호벽이 존재하느냐"인데 이는 그러한 역사적 맥락을 잘 표출하고 있다. 여기서와 같은 로크의 서술은 당위적 일반론이라는 의의뿐만 아니라 그가 이 글을 쓰기 얼마 전에 일어났던 명예혁명 후에 자리 잡기 시작한 입헌군주정하에서의 상태를 그 전에 존재했던 절대왕정이나 크롬웰의 독재적 공화정에 대항해서 "공민사회"를 현실 속에 구현했다는 자긍의 뜻이 함께 담겨 있다고 할 수 있는 것이다. 고대와 달랐던 그 역사적 발전의 상황이 그가 사용한 "공민사회" 개념 속에 반영되어 있었던 것이다.

5) 자유 개념을 갖춘 민주주의

국가에 대해 자율적인 근대 공민사회의 구도를 더욱 적극적으로 표현한 것이 자유 개념이었다. 로크는 근대적인 이념적 덕목으로서의 자유를 적극적으로 주창한 사람이었다. 그는 인간이 자연상태로부터 자발적인 계약에 의하여 정부를 수립하는 것은 자유를 억압하기 위해서가 아니라 자유를 보장하기 위해서라고 역설한다. 그리하여 정부는 불필요하게 개인들의 삶에 제약을 가해서는 안 된다고 주장한다. 그러면 여기서 자유에 대한 로크의 전형적인 규정을 살펴보자.

> 〔공민〕사회에서의 인간의 자유는 국가(commonwealth) 안에서 합의에 의해 수립된 입법권 외에는 종속되지 아니하고, 그러한 입법자가 그렇게 부여받은 위임에 의거하여 제정하는 의사 내지 법률 외에는 그 밑에 구속되거나 제약받지 아니한다. … 정부하에서의 인간의 자유란 그 사회의 모든 이가 공통으로 준수하게끔 그 사회 안에 수립된 입법권에 의해 만들어진 현존적 규칙(standing rule)을 갖는 것이다. 그러한 규칙이 규정하지 않는 한 모든 일에서 내 자신의 의사를 따를 수 있고, 다른 사람의 변덕스럽고, 불확실하고, 알 수 없고, 자의적인, 의사에 종속되지 아니할 수 있는 자유인 것이다. 자연〔상태〕의 자유가 자연법 외에는 어떤 것에도 구속되지 않는 것과 마찬가지로(Locke, 1976: 13).

자유에 대한 이러한 로크의 선언적 규정은 우선 자유라는 개념의 당위성을 강하게 전제하고 있다. 그러면서 로크는 자유란 국민의 합의에 기초하여 수립된 입법부에 의해 국민의 위임에 의거하여 제정된 법률 외에는 구속받지 않고 각자가 매사에 자신의 의사에 따라 행동할 수 있는 권리를 뜻한다고 규정하고 있다. 그는 그러한 개인의 자유가 정부로부터 보호받아야 할 중대한 가치임을 설파하고 있는 것이다. 로크는 자유 개념을 갖춘 민주주의 즉 자유 민주주의, 다시 말해 근대적 민주주의의 이념을 정립하였다고 할 수 있다. 그리고 그는 자유를 보장해줄 장치로서 행정권으로부터의 입법권의 독립 같은 권력분립의 기제를 중시해야 한다고 역설하였다.

6) 국가에 대한 공민사회의 자율성으로 침전된 자연상태

앞의 인용문에서 서술되듯, 인간이 그러한 자유를 "정부하에서" 갖는다는 것은 국가 — 인용문에서의 국가가 아닌 정부에 해당하는 좁은 의미 — 에 대해 자율성을 갖는 근대적 공민사회의 위상을 불가피하게 표현하고 있는 것이다. 로크가 이 인용문에서 현존적 규칙(standing rule)이라고 말한 것은 실정법(positive law)의 풀어쓴 표현임은 그 뒤에 오는 대구에서 자연법과 비교하는 데에서 분명히 알 수 있다. 로크는 그렇듯 진정한 공민사회에서 제정된 실정법에 구속받는 것이 자연상태에서 자연법에 구속받던 것의 연장선상에 있다고 말하고 있다. 그런데 그 둘을 이어주는 것이 바로 자유라는 것이다. 그것은 자연상태를 특징짓는 자유가 공민사회 속에서도 존재를 계속한다는 말이 된다. 자연상태를 특징짓는 자유가 자연상태를 종결지으면서 자리 잡은 공민사회에서 국가에 대한 자율성의 모습으로 나타나는 것이다.

근대에 도입된 자연상태 대 공민사회라는 시간적 대비에서 이제 사라진 자연상태는 공민사회 속에서 국가에 대한 공민사회의 자율성으로 완연히 침전되어 있는 것이다. 홉스가 보여 주던 자연상태 대 "국가사회"의 새로운 대비법이 지니는 근대적 함의가 완전히 구현된 것이다. 이 대비법이 지니는 이러한 이론적 의의를 일반화하자면 고대 유럽의 공민사회에 대해서도 거슬러 올라가 적용이 되어야 할 것이다. 그러나 이러한 대비법이 근대에 도입된 것은 근대의 특수한 상황을 그러한 새로운 대비적 구도를 통하여 반영하게 된 결과이기 때문에 실제로는 고대 유럽에 거슬러 올라가서는 적용되지 않는 제한적인 이론적 의의를 지닌다는 점을 주의할 필요가 있다.

7) 포섭적 자율성

그런데 앞서 인용문을 이용하여 설명한 것과 같은 고대 공민사회를 포함하는 공민사회의 공통적 성격과 근대 공민사회의 분화적 구도의 새로운 성격의 중첩성을 다른 각도에서 말한다면 전에 우리가 언급한 바 있는 근대 공민사회의 포섭적 자율성이 된다. 앞에서 로크가 강조한 것을 가지고 말한다면, 근대 공민사회도 궁극적으로 정부를 포함하는 사회의 모두가 함께 법치에 예속된다. 그리고 그 점에서 근대공민사회는 고대 공민사회와 마찬가지이다. 앞서 논한 바와 같이 고대의 civil society 즉 "*civitas*적 사회"와 로크의 civil society에서 공민 전체를 포괄하는 *civitas*의 의미는 그대로인 것이다.

그러나 고대의 공민사회는 국가와 동일집합이었던 데 반해 근대의 공민사회는 국가가 그 부분집합이다. 그리하여 국가라는 부분집합과의 관계를 논할 때는 공민사회가 국가를 제외한 "여집합"으로서 다루어지는 것이 된다. 국가와 공민사회의 분화를 말하는 것은 그러한 맥락을 지닌다. 그리하여 국가에 대하여 공민사회가 자율성을 지닌다는 것은 그 "여집합"이 자율성을 지니는 것을 말한다. 그러나 국가는 궁극적으로 공민사회에 포섭되는 것이기 때문에 그 자율성은 포섭적 자율성이 된다. 이것을 공민사회가 국가에 대하여 존재적 우선권을 지니는 자율성이라고 말할 수도 있는 것이다.

8) 공동체적 통합성

하지만 로크에게 근대의 개인적 자유는 고대적인 공동체적 통합성과 공존하는 것이었다. 그리고 이 점에 있어서 그의 관점은 영국에서 이후에 생겨나 상당한 세력으로 부상하게 된 이른바 자유주의(liberalism)라는 이념적 전통과는 거리가 있었다. 그는 자유 민주주의자였지 자유주의자는 아니었던 것이다.

> 모든 사람은 하나의 정부하에 하나의 정치적 집합체(one body politic)를 구성하는 데 타인들과 동의함으로써, 다수의 결정에 복종하고 구속되는 의무를 그 사회의 모든 사람에 대하여 자신에게 부과하는 것이다. … 왜냐하면 다수의 동의가 이성에 따라 전체의 행동으로 받아들여지고 모든 개인을 구속하지 않는다면, 모든 개인의 동의가 있어야 전체의 행동으로 될 수 있다면, 그러한 동의란 거의 불가능하다. … 인간의 모든 집단들에서 불가피하게 발생하는, 의견의 다양성과 이익의 상반성 〔때문에〕 그러한 조건 위에서 사회를 형성하는 것은, 마치 카토(Cato)가 극장에 나타나는 것처럼, 다시 소멸시키는 일이 될 뿐이다. 그러한 국헌(constitution)은 막강한 리바이어던(Leviathan)에게조차도 가장 미약한 생물보다 더 짧은 생을 부여하게, 그것이 태어난 바로 그 날을 넘기지 못하게, 할 것이다. … 다수가 나머지를 구속하지 못한다면, 사람들이 하나의 집합체로서 행동하지 못하여 결과적으로 즉시 다시 해체될 것이기 때문이다. 그러므로 자연상태로부터 나와 공동체로 통합하는 사람은 누구든 그들이 사회로 통합하는 그 목적에 대해, 다수보다 더 많은 수로써 명시적으로 동의한 것이 아닌 한, 공동체의 다수에 대해 필요한 모든 권력을 포기하는 것으로 양해되어야 한다(Locke, 1976: 49~50).

로크는 사회가 공동체적 통합성을 유지해야 함을 여러 가지 표현들을 사용해가며 누누이 강조하고 있다. 그리고 그는 그 방법으로 절대적인 다수결의 원칙을 역설하고 있다. 말하자면 소수에 대한 배려는 배제되어 있다. 다원주의 내지 자유주의는 그의 관점이 아니었던 것이다. 다양한 소수의 견해나 생활방식을 존중해야 한다는 것이 다원주의라면 자유주의에서는 한 발 더 나아가 각 개인이 자신의 견해나 생활방식을 선택할 수 있는, 기본적으로 무한한 자유를 지닌다고 주장한다. 타인 내지 전체 사회는 각 개인의 그러한 자유를 침해해서는 안 된다. 그것은 사회 전체가 하나로서 결정하는 것을 최대로 피해야 한다는 것을 불가피하게 의미한다. 그렇게 되면 아예 다수결의 원칙을 적용할 필요조차 생기지 않는 것이다.

특히 국가에서 그렇게 애써 결정하는 것을 삼가야 한다. 국가가 국민 각자의 삶에 간섭하는 것을 최소화하여야 하는 것이다. 그리하여 국민 개개인이 자신이 선택한 다양한 가치와 생활방식 속에서 각자 살아가도록 최대로 방임해야 한다는 것이다. 로크는 여기서 소수의 다양한 선택을 그렇게 방임한다면 사회는 해체될 수밖에 없다고 말하고 있다. 그에게 있어서 공민사회는 공동체적 통합성을 불가분의 속성으로 지니고 있었기 때문에 통합성의 상실은 곧 공민사회의 해체를 의미하는 것이었다. 그는 여기서 공민사회 해체의 위험성을 피력하는 데 있어서, 로마 철학자 카토의 일화를 비유에 동원하고 있는데, 공동체적 통합성을 강조한다는 점에서는 로크의 공민사회 개념은 고대 그리스-로마의 공민사회 개념과 다르지 않았다. 그가 여기서 사용한 정치적 집합체(body politic)라는 표현은 그리스어 *polis*를 두 단어의 영어로 늘려서 풀어 놓은 것이라 할 수 있다.

로크는 여기서 또한 홉스가 국가의 비유로 사용하면서 책의 제목으로 삼았던 바다의 전설적 거수 리바이어던을 새삼 거명하고 있다. 그렇게 함으로써 그는 통합성을 기반으로 한 강한 권력을 지니는 국가를 당위로 삼았던 홉스의 명제를 계승하고 있음을 분명히 드러내고 있다. 다만 홉스에게는 국가의 강한 권력이 군주의 전제를 통하여 표출되는 데 반하여 로크에게는 국민의 다수결을 통하여 표출되는 차이가 있었던 것이다. 보다 구체적으로, 의회에서 다수를 점하는 입장에 따라 국가가 하나로 통합된 행동을 보여야 한다는 것이 로크의 주장이었던 것이다. 이렇듯 로크에게는 다수에 따르는 의회정의 원칙이 공민사회의 통합성을 보장하는 방법이었다.

9) 명시적 개념 규정의 부재

홉스는 고대 유럽에서 civil society라는 말을 빌려와 사용하면서 고대의 민주정의 구도를 빼버리고 당대의 절대왕정으로 치환했었다. 그리하여 공민적 사회라는 의미를 국가적 사회라는 의미로 희석시켜 버렸다. 그 대신 자연상태라는 개념에 대칭시킴으로써 고대의 합일적 구도를 근대에 자리 잡기 시작한 분화적 구도로도 동시에 바꾸어 놓았다. 로크는 그 말에 다시 민주정을 연결시켜 공민적 사회라는 의미까지 살려낸 것이 되었지만 그러나 그것은 이미 근대의 분화적 구도로 치환된 속에서 현재화시킨 모습으로였다. 그리하여 그것은 국가에 대해 자율적인 공민사회라는 근대적 의미로 완연히 환골탈태되었다.

그러나 로크는 자기가 사용하고 있는 공민사회 개념의 고대와의 그러한 실제적 의미의 차이를 스스로 적극적으로 의식하지는 않고 있었다. 앞서의 인용문에서와 같이 독자에게는 분명히 드러나고 있는 의미의 차이를, 글을 쓰는 로크 자신은 적극적으로 의식하지 않고 있었던 것인데 그 점 역시 앞서의 인용문들에서 어느 정도 알 수 있다. 스스로 적극적으로 의식하지 않고 있기 때문에 그는 공민사회의 개념을 그런 식으로 새롭게 명시적으로 규정하지도 않고 있다. 사용만 그렇게 할 뿐이었다. 자신이 사용하는 공민사회 개념의 그 새로운 구도를 자신이 명시적으로 규정하지는 않고 있었던 것이다. 그렇기 때문에 로크는 근대적 공민사회 개념을 본격적으로 처음 사용했다는 의의만을 갖는다. 그것을 처음 명시적으로 규정하면서 근대적 공민사회 개념을 일단 정립해 낸 사람은, 로크와 같은 사람들의 영향을 독일에서 받은 한 세기 후의 헤겔이었으며 이에 관해서는 다음 장에서 살펴보기로 하겠다.

10) 중국의 "공민적 삶"에 대한 언급

로크는 또한 중국에 대한 그의 아주 소략한 취급 속에서 중국의 "공민적 삶"을 언급해 놓고 있었다. 로크는 서구인들이, 마르코 폴로의 시대 이래로 수백 년 동안 중국이라는 크고 번영하는 나라의 발달된 문물들에 대해 경이로운 마음으로 바라보고 살아오던 끝 무렵에 살고 있었다. 로크의 시대에는 중국에 대한 서구인들의 그러한 예찬이 막 식어가기 시작하는 조짐들이 나타나고 있었다. 그것을 촉발시킨 한 가지 중요한 계기는 중국에서 중국인 자신의 왕조였던 명조가 북방의 유목민이었던 만주족에 의해 정복되는 일대 사건이 벌어진 것이었다. 중국 "문명"이 "야만족"에 의해 사뭇 유린당하는 일이 발생한 것이다. 로크는 그 일에 관해 다음과 같이 서술하고 있다.

> 〔중국인들은〕 그들 적의 수중으로 그들의 아내, 가족, 자유, 부, 그리고 한마디로 성스럽고 속된 모든 것을 포기했다. 그러나 그들이 나라의 풍습으로 머리 위에 틀어 온 상투를 자르라는 명령을 받았을 때, 다시 무기를 들고 다 죽을 때까지 맹렬하게 싸웠다. 이 사람들은 그들의 모든 공민적 존재(civil existence)가 그들의 적에 의한 노예 상태로 삭감되는 것을 받아들일 준비가 되어 있었지만 선조의 풍습에 따라 튼 그들의 머리를, 사물 중 가장 사소한 것으로서 아무 의의도 없는 것을, 단지 몸에서 자라난 것을, 하지만 전반적인 존경심과 그들 민족의 풍습에 의해 신성불가침에 가까운 것을, 그들의 적이 조금만 간섭하려하는 것도 용납할 수 없었고, 삶 그 자체와 자연의 확실한 혜택들보다 우선시하였던 것이다(Locke, 1997: 59~60).

로크는 여기서 만주족이 중국을 정복하고 청나라를 세운 후에 중국 문화를 전반적으로 존중하는 태도를 취했으면서도, 머리양식에 관해서는 중국인의 오랜 풍습인 상투를 자르고 자신들의 풍습인 변발을 하도록 강요했을 때, 일부 중국인들이 이를 거부한 채 죽음을 불사하고 항거한 사건을 논하고 있다. 중국인들이 외부인에게는 사소해 보이는, 상투라는 민족적 풍습을 지키는 것을, 공민적 삶은 말할 것도 없고 삶 그 자체 및 삶을 통해 누릴 수 있는 자연의 혜택보다 우선시하고 있는 일견 비합리적인 태도를 풍자하고 있는데, 그것은 기독교와 관련된 서구에서의 비슷한 문제를 해설하기 위해서였다.

그는 여기서 먼저 공민적 존재 내지 삶이라는 말을 노예 상태라는 표현과 직접 대비시킴으로써 그것이 구체적으로 자유의 상태를 의미한다는 것을 분명히 해주고 있다. 만주족이 중국인을 실제로 노예라는 부자유계층으로 만든 것은 아니므로 어디까지나 비유적으로 사용하고 있는 노예 상태라는 말은, 중국인이 피지배민족이 되었다는 적극적인 의미도 있겠지만, 그 이전에 만주족이 중국의 국가를 점거함으로써 중국의 정치체제가 자동으로 소실된 상태를 의미한다고 하면 공민적 삶이라는 표현을 여기서 그에 대비시켜 사용한 이유가 명확해진다. 물론 인용문 서두에서 가족 다음으로 자유 및 부를 거론하는 것에서 그것이 그가 서구에 대해 말한 공민사회의 삶과 같은 차원임이 이미 먼저 시사되어 있다. 로크가 또한 결과적으로 공민적 삶에 대비시키고 있는 것은 맨 끝에서 말하고 있는 삶 그 자체와 자연의 혜택이다. 이것은 자연상태라는 말을 풀어서 하는 변형적 표현에 해당된다고 할 수 있다. 앞에서 살펴본 것처럼 로크에게 있어서 자연상태로부터 더 완전한 상태를 지향하며 창출된 것이 공민사회라고 할 때, 그는 중국인들이 공민사회의 삶보다는 못하지만, "야만족"인 만주족의 비교적 원시적인 정부하에서도 향유는 할 수 있는 자연상태에 가까운 삶과 비교할 때 객관적으로 거의 별 가치가 없는 것 같은 상투 하나를 지키기 위하여 죽음을 택하는 것을 비합리적인 태도로 풍자하고 있는 것이다. 결국 중국에 관한 이 소략한 언급 속에서 로크는 만주족에게 정복당하기 이전인 명 왕조하의 중국에 대해 그가 말한 공민사회의 존재를 실제로 전제하고 있는 셈이 된다.

로크는 여기서 세메도(Alvarez Semmedo)가 쓴 《저 위대하고 명성 높은 중국 군주정의 역사》(*History of That Great and Renowned Monarchy of China*)라는 책 등에 실린 중국에 관한 정보를 참고한 것으로 추정되고 있다(Locke, 1997: 60, n. 1). 서구인들이 이런 글들을 통해 여러 가지 구체적 문물을 열거하며 예찬해 오던 중국의 체제를 로크는 그가 말한 공민사회라는 거시적 개념에 연결시켜 생각해보고 있었다고 할 수 있는데 안타깝게도 그가 그 이상의 자세한 서술을 하지 않은 것에서 중국예찬에 대한 반작용의 기미를 어느 정도 느낄 수 있는 것이다. 이후 근대적 공민사회 개념을 더 발전시켜 나간 서구 학자들을 따라 중국에 대한 그러한 반작용은 오히려 더 심화되는 경향이 있게 되었다. 소략하게나마 공민사회 개념의 연장선상에서 중국을 언급하던 것으로부터 중국에 대해 공민사회의 부재를 논하는 쪽으로 변해가고 있었던 것이다.

6. 퍼거슨이 극력 강조한 공민사회 개념의 공익지향

1) 근대적 공민사회 개념의 보급

로크 이후에 영국에서는 로크의 공민사회 개념을 계승하여 널리 유포시키면서 그에 대해 보강적인 의의를 지니는 내용을 담은 중요한 저술이 나오게 되었는데 유럽 전역에서 널리 읽히게 된 그 책은 후에 독일에서 헤겔이 근대적 공민사회 개념을 정립할 때 중대한 입력원으로 작용하였다(Fania, 1995). 로크가 활동하던 다음 세기에 나온 퍼거슨(Adam Ferguson, 1723~1816)의 《공민사회 역사론》이 그 책으로서 이 책은 우선 공민사회라는 말을 널리 유포시키는 일을 하였다(Ferguson, 1995). 이 책에서 퍼거슨은 공민사회의 개념을 당연시하면서 실천적 논의를 주로 하고 있다. 개념 규정의 차원에서, 그가 당연시하는 공민사회의 의미는 대체로 로크로부터 그대로 이어지는 것이었다.

그는 로크처럼 공민사회라는 말로 고대와 근대의 사례를 나란히 가리키고 있었다. 합일적인 고대 공민사회에 대한 논의와 함께 분화적인 근대 공민사회에 대한 논의가 이어지고 있었다. 또한 그는 로크처럼, 그러면서도 자기가 사는 사회로서의 근대 공민사회에 실천적 목표를 두고 있었다. 그가 그 책에서 행한 실천적 논의의 궁극적 목표는 어떻게 하면 당대 자기의 사회를 지키고 번영케 할 수 있느냐 하는 것이었다. 그는 민주적 정부를 갖추고 자유를 향유하는, 국가로부터 자율성을 지니는 공민사회를 자신의 사회로 "당연시"하면서 그러한 공민사회를 지키고 번영케 하는 것을 당위로 삼고 있었던 것이다.

2) 국가에 대해 자율적인 근대적 공민사회의 취약성

로크는 근대적인 이념적 덕목으로서의 자유를 적극적으로 주창하고 있었는데 이제 퍼거슨은 자유와 그에 기반을 둔 경제적 번영을 어떻게 지킬 것인가 하는 문제로 나아가 있었던 것이다. 그런데 퍼거슨은 바로 그 자유로부터 파생되는 약점을 당대의 공민사회가 지닌다고 보았다. 각 개인이 자신의 사적인 이익 추구에만 관심을 두는 위험한 경향이 나타날 수 있기 때문이다. 그는 영국을 위시하여 당대 유럽의 여러 나라들이 그러한 경향을 보여주고 있으며 그 점에서 고대의 공민사회와 상반된다는 것을 강조하였다.

> 고대 그리스인 또는 로마인에게 개인은 아무것도 아니었고 공(the public)이 전부였다. 근대인에게는, 유럽의 너무도 많은 국가에서, 개인이 전부이고 공은 아무것도 아니다. 국가는 단지, 일의 대가로 배려, 부, 귀, 권세가 제공되는 제 부문들의 결합일 뿐이다. 각 개인에게 정해진 지위와 위세를 부여하여 스스로 유지케 하는 것이 근대적 정부의 … 속성이다. … 그리하여 모든 수지 맞추는 기술을 습득하도록 되어 있는 상업이라는 것이 국가들의 거대 목적이고 인간들의 주된 연구대상이다(Ferguson, 1995: 57~58).

퍼거슨은 당대 사회가 오로지 각자의 사적 이익만 좇는 것을 대표하는 현상이 상업에의 몰두라고 보았다. 퍼거슨은 그것을 그 자신도 소중하게 생각하는 경제적 번영에 오히려 해로운 것으로 간주하고 있었다. 그리고 그는 자신이 살고 있는 당대 사회의 그러한 문제점을 부각시키기 위하여, 전체를 위하여 단결하려는 지향을 가지고 있던 고대 공민사회에 여기서처럼 강조적으로 대비시키고 있었다.

이것은 고대와 근대 공민사회의 차이를 명시적으로 논한 것으로서 그 점에서 로크가 미처 하지 않았던 일을 퍼거슨은 한 것이 되었다. 다만 그것을 가지고 그것이 근대의 새로운 공민사회라는 식의 규정은 그도

하지 않았으며 그 점에서는 로크와 달라지지 않았다. 실은 그렇게 차이를 강조적으로 대비시켰음에도 불구하고 그가 두 가지를 서로 다른 종류 내지 범주의 공민사회라고 적극적으로 의식하였던 것 같지도 않다. 그리하여 그도 명시적 개념 구분 없이 고대와 근대의 두 개의 의미층을 같이 지니는 공민사회 개념을 사용하였지만 적어도 그 둘의 차이를 드러내 놓고 논했다는 점에서 로크에 보태는 일을 하였던 것이다.

3) 전제정부를 불러들일 사적 이익에의 몰두에 대한 경고

각자 뿔뿔이 흩어져 자기 이익만 추구하면 그 사회는 파탄이 날 것이라는 논리는 고래로 당연시되어 온 것이라고 할 수 있을 것이다. 퍼거슨은 그 점에서 동시대인이자 동향인인 애덤 스미스가 한 것과 같은 "역설적인" 착상을 하는 길은 걷지 않았다. 각자 자신의 이익을 키우도록 허용하면 각자의 그렇게 더 커진 이익이 모여서 더 큰 전체의 부를 이루게 된다는 논리는 퍼거슨이 공명할 논리가 아니었던 것이다.

그런데 퍼거슨은 사적 이익의 도모가 나라와 그 부의 몰락을 낳는 이유로 그것이 전제정치를 조장하기 때문이라는 논리를 새롭게 제시하고 있다. 사적 이익에의 몰두가 사회의 몰락을 낳는 통로로 전제정치로의 변모 가능성을 든 것이다. 사람들이 이익만을 따라 행동하는 "부패한" 마음가짐을 갖게 되면 사회는 곧 자기의 기반을 늘리려는 소수의 지배자와 그들의 권력에 대하여 두려움 때문에 복종하는 다수의 사람들로 변하게 된다고 그는 말한다. 그리하여 근대적 공민사회의 경우 사적 이익을 추구할 수 있게 한 기반으로서의 자유를 그 남용을 통하여 상실하고, 점점 전제적으로 변하는 정부의 압제하에 놓이게 된다는 것이다.

〔전제적 정부는〕 (의식의) 부패 위에, 그리고 모든 공민적 덕성[1]의 억압

1) 원문에는 여기서 the civil and the political virtues라고 병렬적 어구를 사용하고 있는데 뒤에 오는 "political"은 civil과 별개의 뜻이 아니라 civil, 즉 "*civitas*적"이

> 위에 수립된다. 그것은 그 신민들이 두려움의 동기에 의해 움직이는 것을 필요로 한다. 그것은 사람들을 제물로 하여 소수의 욕망을 충족시킨다. 그리고 그것은 인간 정신의 향유, 힘, 격상이 비롯되는 유일한 원천으로 알려진 바로 그 자유와 자부심의 폐허 위에 사회의 평정을 이룩한다 (Ferguson, 1995: 260).

퍼거슨은 근대 공민사회에서 향유할 수 있는 자유의 남용이 자유 자체의 상실을 낳게 된다는 경고를 하고 있었던 것이다. 이는 근대 공민사회가 자기를 파괴하고 전제정부를 불러들일 수도 있는 위험한 잠재력을 내포하고 있다는 뜻이 된다. 퍼거슨은 그렇게 해서 자리 잡는 전제정부는 국민의 자유와 함께 부를 박탈해 가기 때문에 경제적 몰락도 피할 수 없게 된다고 말한다.

4) 고대 공민사회로부터 되살려 내려 한 "공"의 규범적 원형

따라서 퍼거슨에게는 사람들이 공을 지향하며 단결하는 것이 규범적 당위가 되는 것이었다. 그리고 그는 그 규범적 당위의 원형을 고대 그리스, 로마의 공민사회에서 찾았다. 고대 공민사회에서 "공"을 지향하며 단결하던 것이 근대 공민사회의 자유와 번영을 지켜낼 열쇠가 될 수 있다는 것이었다. 우리는 앞에서 어떻게 홉스와 로크가 고대 유럽의 공민사회 개념을 가져와 근대의 새로운 구도 속에서 사용했는지를 살펴보았다. 공민사회라는 말을 사용했던 고대 그리스, 로마의 철학자들은 자신들이 자랑하는 민주적 내지 공화적 정부형태를 전제하고 "공"에의 지향을 절대적 당위로 강조하며 그 말을 사용하였었다. 그리하여 그 말에는 그들의 사회가 야만상태와 대비되는 문명사회라는 자존적 의미가 내

라는 라틴어에 해당하는 그리스어 쪽 원본으로서의 "*polis*적"이라는 의미로 강조·부연해서 쓰고 있는 것이다. 따라서 "정치적"이라든지 하는 식으로 번역해서 덧붙이는 것은 부적절하다. 이것은 로크가 그의 글에서 자주 civil society와 political society를 병기해서 강조·부연하는 것과 전혀 같은 맥락이다.

포되어 있었다.

홉스가 그 말을 고대에서 가져와 사용했을 때에는 고대 그리스, 로마와 같은 민주정에 국한하지 않고 군주정을 포함하는 정부 일반을 갖춘 사회를 야만상태 — 새로운 개념체계에서는 "자연상태" — 에 대비되는 "문명" 사회라는 맥락을 담아 지칭함으로써 그 말의 의미제한을 크게 풀어 놓았다. 이후 로크는 군주정을 "민주적" 군주정으로 제한함으로써 고대의 의미를 근대적인 구도 속에서 그만큼 되살려 내고 있었다. 그런데 이제 퍼거슨은 "공"에의 지향이라는 요소까지를 근대적인 구도 속에서 명시적으로 더 살려내려고 하고 있었던 것이다.

물론 "공"에의 지향은 근대적 공민사회 개념에 원래 부착되어 내려오고 있었다. 퍼거슨이 한 일은 그것을 "명시적"으로 강조하였다는 데 있다. 홉스에게 있어서는 절대군주정에의 복종을 통하여 단합이 유지되는 것이었다. 고대 민주정에서 공민의 자발적인 단결을 통하여 확보되던 공이 이제 절대 군주정에 모두가 복종함으로써 확보되는 것이었다. 로크도 단합을 당연시하였다. 퍼거슨은 공민사회 개념에 이렇게 부착되어 있던 "공"에의 지향을 명시적으로 부각시키는 일을 하였던 것이다. 다만 그가 개념의 규정을 명시적으로 하지 않은 것은 이 의미의 차원도 마찬가지였다. 강조만 하고 규정은 하지 않았던 것이다. 그리하여 그 차원까지 포함하여 명시적 개념규정 작업을 미해결의 과제로 남겨 놓았다.

그런데 근대적 공민사회를 주어진 것으로 지키려 하면서 그 당위적 원형을 고대 공민사회에서 찾는 것은 서로 잘 이어지지 않는 일일 수 있었다. 국가와 분화된 자율적 공민사회를 지키려 하면서 국가와 합일된 공민사회에서 해답을 찾는다는 것은 괴리가 있을 수 있는 일이었던 것이다. 구체적인 수준에서 한 가지만 말한다면, 사적 이익의 추구는 근대 공민사회의 자유에서 본원적으로 파생되는 측면이 있다. 그런 점에서 사적 이익의 모든 강도와 맥락의 추구를 자유의 남용이라고 할 수는 없는 것이다. 사적 이익의 추구를 완전히 부정한다면 그것은 그가 당연시하면서 지키려고 하는 근대 공민사회의 존재 자체를 부정하는 것이 될 수 있는 것이다. 퍼거슨은 그러한 점에 대하여 미처 세밀한 주의를 기울이지 않았다고 할 수 있다. 그리하여 이러한 괴리를 이론적으로 해소시키는 것도 근대적 공민사회 개념을 정립하려 할 때의 중요한 과제로 남아 있게 되었다.

5) 중국을 공민사회의 교훈으로 언급

지금까지 논한 바와 같이 퍼거슨은 로크와 같이 고대 그리스 로마의 공민사회와 근대 서구의 공민사회의 이중적 의미를 담아 공민사회라는 말을 사용하면서 근대 쪽을 지키려는 실천적 목표를 당연시하였는데, 그러면서도 그 둘의 차이를 명시적으로 강조하면서 규범적 원형은 오히려 고대 쪽에 두었다. 그리하여 그는 근대 공민사회의 자유와 번영을 지키려면 공을 지향하며 단결해야 하고 만약 자유를 남용하여 사적인 이익 추구에 몰두한다면 전제정부로의 변모를 불러들임으로써 자유와 번영을 상실하게 된다고 설파하였다. 그는 근대 공민사회를 위한 그러한 교훈을 도출하는 데 고대 공민사회를 비교의 준거점으로 삼았다고 말할 수도 있다.

그런데 그는 그 책에서 세계 역사에 출현했던 몇몇 다른 문명사회들의 사례까지 비교적으로 언급하면서 그러한 교훈을 설파하는 보강자료로 삼으려 하고 있었다. 그런데 그러한 다른 역사적 사례들 가운데 그 점에서 상당히 특별한 내용이 서술되어 있는 사례가 중국이었다. 퍼거슨은 유럽인들이 자신들의 사회와 견주어 뒤지지 않을 뿐 아니라 많은 점에서 앞선 사회였다고 여겨오던 중국에서 전제정부로의 변모가 발생한 교훈적 사례를 발견하였다.

> 중국의 정치는 정부를 개선하려는 사람들이 흔히 본으로 삼는 가장 완벽한 제도의 모형이다. 이 제국의 주민들은 〔서구의〕 천박한 사상가들이

> 〔자기〕 나라들의 영화와 위대함을 의탁하려고 하는 기술들을 가장 높은 정도로 소유하고 있다. … 그들은 우리가 숭배하여 마지않는 것을 이루었다. 즉 그들은 국사를 가장 범용한 역량을 가진 사람도 처리할 수 있게 만들어 놓았다. 그들은 국사를 부문별로 나누어 각각의 부서들에 배정해 놓았다. 그들은 모든 절차에 장려한 의식과 위엄 있는 형식을 입혀 놓았다. 형식의 경외스러움이 무질서를 막지 못할 때에는 엄정하고 가차 없는 경찰이 모든 종류의 신체적 형벌을 가용수단으로 갖고 투입된다. 채찍과 곤장이 모든 지위의 사람들에게 공히 적용됨으로써… 모든 고관이 두려워하는 바가 된다. 소매치기에게 곤장을 너무 적게 때리거나 너무 많이 때렸다는 이유로 관리가 채찍질을 당한다.
>
> 국가의 모든 부서는 각각의 전문직의 목표가 되고, 관직의 모든 후보자는 정규교육을 통과해야 하며, 대학교의 졸업에서와 같이, 그의 숙달도나 평판에 의해 그가 열망하는 학위를 획득해야 한다. … 이런 모든 자원과 이런 자원들을 이용할 수 있도록 하는 이 학문적 준비 과정에도 불구하고, 그 국가는 실제로는 허약하여 우리가 설명하려고 하는 사례를 되풀이해서 제공해왔다. … 무관 학위자들과 문관 학위자들 가운데, 군사직을 위해 차출시켜 놓은 수백만 명 가운데 그들 나라가 위험에 처했을 때 마땅히 일어서거나, 투박하고 거칠기로 소문난 어느 적의 반복되는 침입에 대항하여 수비력을 형성하려는 자는 아무도 발견할 수 없다(Ferguson, 1995: 214~215).

퍼거슨은 여기서 중국의 명 왕조가 만주족의 침입에 허망하게 무너진 사건에 대해 논하고 있다. 그때 중국인 엘리트 가운데 조국을 지키려는 강한 의지로 무장된 사람이 많지 않았던 점을 힐난하고 있다. 실제 그때 그들 중 일부는 침입하는 만주족에게 길을 터주었고 만주족이 북경에 입성했을 때는 환영 나온 인파가 늘어서 있었다. 퍼거슨은 그렇게 된 이유가 중국의 체제가 개인적 출세에 몰두하게 만들고 국가는 그 위에서 사람들의 공포심을 이용하여 지배하고 있었기 때문이라고 전제하는데, 바로 그것이 퍼거슨이 서구 근대의 공민사회에 대해서 경고하려고 하는 것의 좋은 교훈적 사례가 된다고 말하고 있는 것이다.

우리는 앞에서 로크도 만주족의 중국 정복이라는 같은 사건을 소략하게 다루고 있었던 것을 논했었다. 로크가 활동하던 때로부터 수십 년이 흐른 퍼거슨의 시대에는 만주족이 세운 청나라의 체제가 이미 잘 확립되어 있었다. 여기서 퍼거슨은 청나라의 체제를 청나라가 정복한 명나라의 중국 체제와 완전히 동일시하는 경향을 보이고 있다. 그리하여 중국인 관리를 포함하여 중국인에 대한 청나라의 대단히 폭압적인 성격을 중국체제 자체의 일부로 간주하고 있다. 청조가 밀도 높게 이용한 공포의 동기를 명조의 것으로 보고 그것이 명조가 망한 중요한 이유라고 말하는 것이다. 이렇듯 명조와 청조의 체제적 연속성을 전제하면서 청조의 부정적인 성격을 명조의 성격으로 소급하여 동일시하는 것은 중국에 대해 부정적인 평가를 하는 서구인들이 흔히 사용하게 된 방식이었다. 퍼거슨의 시대에는 예전 서구인들의 오랜 중국 예찬론에 대한 반작용이 그런 식으로 일정하게 유형화되어 가고 있었는데 퍼거슨도 중국에 대한 그러한 반작용을 보여주고 있었던 것이다.

하지만 그러한 반작용은 아직 극대화되어 있지 않았다. 중국의 앞선 모습을 뒤진 모습으로 완전히 뒤집는 전도의 모습은 퍼거슨에게는 아직 나타나지 않고 있었다. 예컨대 중국이 국가 관료제에 있어 발전해 있다는 점을 그 구체적 내용을 서술하며 언명하고 있을 뿐 아니라 많은 서구인들이 그것을 그들의 국가 발전의 전범으로 삼아왔다는 점을 솔직하게 인정하고 있는 것이다. 하지만 그러한 서구인들을 천박하다고 매도하는 데서 반작용적 동기를 드러내 보이고 있다. 내용에 있어서도 진전된 반작용이 드러난다. 앞서 살펴보았듯이 로크는 아주 소략하게 근대 공민사회 개념의 연장선상에서 중국을 생각하고 있는 모습을 보여주었다. 이제 퍼거슨은 근대 공민사회가 몰락할 수 있다는 경고를 하는 데 중국의 사례를 원용하려 하였던 것이다.

이후 헤겔은 중국에 대해 근대 공민사회의 부재를 말하고 있었다. 중국예찬론에 대한 반작용이 정점으로 치닫고 있었던 것이다. 그리고 그것은 이미 진행되던 것이 더욱 심화된 것인 측면이 있었다. 여기서 퍼거슨이 사용한 어떤 논리들도 헤겔이 확대하여 사용하였다. 예컨대 고관이라고 하더라도 무차별적으로 다루는 모습에 대한 힐난이 그것이다. 결국 근대 공민사회 개념에 대한 명시적 규정이 진전되어 가면서 그에 관한 중국에 대한 반작용도 심화되어간 것이다. 책의 마지막 장에서 중국에 대한 헤겔의 논의를 다룰 때 이 문제에 관한 좀더 상세한 논의가 이루어질 것이다.

• 제 2 장 •

헤겔에 의한 근대적 공민사회 개념의 확립과 이후

1. 헤겔에 의한 근대적 공민사회 개념의 확립

1) 헤겔 공민사회 개념의 의의

헤겔(Georg W. F. Hegel, 1770~1831)은 로크를 위시한 선행 학자들이 사용한 맥락의 근대적 공민사회 개념의 구도를 명확히 규정하였다. 국가와의 관계에서 분화된 맥락의 공민사회 개념을 선행 학자들은 분화되지 않은 고대 유럽의 공민사회 개념과 명확히 구분하지 않고 함께 사용했었는데, 헤겔은 독보적으로 그것을 명확히 규정하고 있는 것이다. 그에 의하면 공민사회란 자유의 기반 위에서 일차적으로 사익을 추구하면서 공익으로 수렴해 나가는 영역이고 국가는 종국적으로 공익을 실현하고 수호하는 영역이다. 그의 《법철학》에서 공민사회가 국가와의 관계에서 분화된 근대적 맥락을 체계적으로 도식화시키고 있는 그는 "공민사회의 창출은 근대에 속한다"(Hegel, 1991: 220)고 명언하며 논의를 시작한다.

헤겔에게 공민사회와 국가의 관계는 서로 나누어지는 것으로 그치지 않고 종국적으로는 공익을 위한 통합 속에서 존재하는 관계이다. 사익으로부터 공익으로 나아가는 절차적 분화로서 둘이 함께 공익을 실현하는 관계인 것이다. 그리하여 그것은 궁극적으로 윤리적 삶을 구현하는 과정을 이루고 있다. 그리고 그에 의하면 그것이 추상적인 자유가 구체화되는 모습이다(Hegel, 1991: 189). 헤겔은 기본적으로 자유를 도덕을 구현할 수 있는 자율적 의지로 본 칸트적 자유 개념을 이어받고 있는 것인데 그에게 공민사회와 국가의 협력적 분화관계는 그것이 구체적으로 구현되는 과정이다. 여기서 그가 비록 근대적 공민사회 개념을 정립했지만 정치를 윤리와 동일시한 것과 같은 고대 유럽에서의 관점이 상당한 정도 재현되고 있음도 알 수가 있다.

헤겔이 규정한 공민사회 개념은 이후 서구에서 사용되는 공민사회 개념의 원형이 되었다. 우리는 헤겔의 공민사회 개념을 여과 없이 그대로 표준으로 삼으려는 것은 아니고 그것이 명확히 하고 있는 근대적 공민사회의 큰 틀을 준거하려는 것이다. 그의 공민사회 개념에는 로크와 퍼거슨 등 선행 학자들을 거치며 드러나게 된 근대적 공민사회의 일반적인 구도가 명확히 된 내용이 있다. 또한 거기에는 그 자신의 독자적인 관점이 반영되어 있는 내용도 있다. 우리는 그것들을 같이 보면서 때로는 약간의 실천적 성찰 속에서 그것들을 분간하고 저울질해보는 노력도 기울일 것이다.

2) 가족을 포함시킨 헤겔의 세 영역 구분

공민사회/국가의 분화를 논하기 이전에 헤겔은 먼저 원초적인 영역으로서의 가족의 존재를 말한다. 그리하여 헤겔은 가족/공민사회/국가의 세 가지 영역을 구분하고 있다. 가족은 사회 성원 각 개인이 가까운 혈연관계를 가진 사람들하고만 공유하는 거의 순전히 사적인 삶의 영역이다. 헤겔은 근대에 들어와 지근의 혈연관계만을 가진 사람들로 가족적 삶이 이루어지게 된 변화를 전제한다. 그리하여 오늘날 우리가 핵가족이라고 부르는 가족형태를 염두에 두고 가족이라는 영역을 규정하고 있다. 공민사회/국가의 분화는 이 영역 바깥에서의 삶이 나누어진 영역들이다.

그런데 국가라는 전체적인 관계 속에서는 완전히 공적인 단결을 지향해야 하지만 가족관계라든지 직업 활동 등 부분적인 삶의 영역 속에서는 어느 정도 사적인 관심 추구가 허용된다는 것은 고대의 아리스토텔레스나 키케로도 논하고 있었다(Ehrenberg, 1999: 9~27). 그들의 공민사회 개념이 좁은 의미의 국가로서의 정부와 그로부터 자율성을 향유하는 공민사회를 나누지 않았다는 이미 자세히 논해온 근본적 차이점과는 별도로 그렇듯 일정하게 대응하는 대비법이 그들에게도 있었고 그것이 헤겔에게 일정하게 영향을 주었을 가능성도 배제할 수 없을 것이다.

그런데 그들 고대 철학자들에게 가족관계는 직업 활동 등과 같이 여러 가지 부분적 관계들의 하나로서 기본적으로 서로 나란하게 존재하는 영역으로 간주되고 있을 뿐이었다. 그때의 가족관계가 핵가족만이 아닌 확산적인 관계들을 포함하고 있었다는 것이 그 점과 어느 정도 결부되어 있었을 것이다. 헤겔은 그가 전제하는 근대적 가족관계가 고대 로마의 낡은 가족관계와 얼마나 다른지 강조한다(Hegel, 1991: 216~218). 헤겔은 이제 핵가족의 원초적인 영역을 배제하고 그 바깥에서 그보다 넓게 존재하는 사적인 영역 전반을 공민사회의 영역으로 규정하고 그것과 국가와의 분화관계를 본격적으로 논하기 시작한다.

3) 공민사회

공민사회 대 국가의 분화 관계에서 공민사회는 일차적으로 사회 성원들이 사적인 이익을 추구하는 공간이다. 그런데 헤겔은 사회 성원들의 사적인 이익은 그들이 속해 있는 몇 가지 종류의 집단들을 통하여 표출된다고 말한다. 그것들은 크게 조합들(corporations)과 계층들(estates)의 두 가지 차원으로 나누어지는데 조합들은 다시 도시와 농촌의 지역공동체들(communities) 차원의 조합들과 직업들(professions) 차원의 조합들로 나뉜다.

> 공민사회 안에 속하며 국가의 보편적 이익 바깥에 존재하는 특수한 공동 이익들은 … 지역공동체들 및 다양한 직업들을 대표하는 조합들과 계층들에 의해 관장된다. … 그러면서 이 집단들은 국가의 보다 높은 이익들에 종속되어야 한다. … 이들 특수한 권리들 안에서도 적법성과 국가의 보편적 이익을 지탱하고 또한 이들 권리들을 보편적 권리들로 귀착시키는 과업은 행정권의 위임자들, 즉 행정 공복들과 〔군주가 이끄는〕 고위 자문기구들에 의해 수행되어야 한다(Hegel, 1991: 329).

그리하여 헤겔에게 공민사회란 일차적으로 사적인 이익을 추구하는 집단들의 마당이다. 여기서 직업적 조합들이란 중세의 동업조직, 즉 길드(guild)를 근대적으로 확장한 것이라고 말할 수 있다. 다양한 직업 및 전문직이 그렇듯 확대된 의미의 동업조직들을 구성하게 된다는 것이다. 거기에는 오늘날 우리가 기업이라고 부르는 분야도 포괄된다고 할 수 있는데 당시 특히 독일에는 중세 때 상회들의 규모를 본격적으로 뛰어 넘는 근대적 기업들이 아직 제대로 자라나지 않고 있었다는 점에 유의할 필요가 있다. 그리고 헤겔은 개별 도시 지역들과 농촌 지역들도 그 지역의 주민들로서 갖는 이익을 표출할 조합들을 갖는 것을 전제하였던 것이다.

한편 여기서 영어로 estates로 번역되고 있는 사회 "계층들"이란 독어로 Stände(단수는 Stand)인데 이에 대해서는 약간의 설명이 필요할 것 같다. 독어의 Stand는 국어에서 원래 "신분"으로 번역하면 되는 말인데 세습적인 여러 경우와 함께 비세습적인 갖가지 경우를 의미할 수 있다. 반면 estate는 서구 중세의 귀족과 평민처럼 혈통을 따라 세습되는 신분만을 가리킨다. 그것은 독어의 Stand가 의미할 수 있는 한 가지 경우에 불과하다. 역사적 선후 관계에 따라 말한다면 중세 때는 독어의 Stand도 영어의 estate와 같이 그러한 세습적 신분을 같이 의미하다가 근대에 개방적 계층체계가 되면서 그 의미가 비세습적인 것도 가리키도록 확대되었다고 할 수 있다.

그런데 영어의 estate에는 그러한 의미확장이 발생하지 않았고 영어에서 비세습적인 경우를 가리키는 데에는 사회 계급(social class)이나 상황에 따라 사회 계층(social stratum)이라는 말이 일반적으로 쓰이게 되었다. 그럼에도 여기서 헤겔이 사용한 Stände를 영어로 estates라고 번역할 때에는 다음과 같은 이유가 있다. 즉 중세 때 서구 여러 나라들은 중차대한 국사를 논의하기 위하여 주요 신분의 대표자들을 소집하여 예컨대 삼부회 즉 "세 신분의 회의"와 같은 거국적인 회의를 개최하곤 하였다. 헤겔은 여기서도 그런 중세적인 것의 의미를 근대적인 것으로 확대시키고 있는 것이다. 즉 비세습적인 신분을 포함하는 다양한 사회 계층이 그 성원들의 이익을 표출하는 것을 상정하고 있다.

4) 사익을 추구하면서 공익을 수렴해 나가는 공민사회의 집단들

헤겔이 말하려는 것은 근대 사회의 성원들은 그러한 다양한 집단적 통로들을 거쳐 우선 그들의 사적 이익을 표출하게 된다는 것이다. 그런데 그러한 집단들의 각각은 그 소속 성원들의 이익을 하나로 모으는 역할도 하게 된다. 그렇게 모아진 이익들은 국가로 제출되어진다. 그러면 국가는 공민 전체의 이익, 즉 공익을 위해 최선의 결정을 하게 된다. 여기서 공민사회가 어떻게 조직되느냐 하는 헤겔의 그러한 구체적 논의는 근대적 공민사회의 본원적 측면은 아니다. 거기에는 헤겔이 살았던 사회로서의 독일의 특수한 역사적 경험이 반영되어 있는 측면도 있고 헤겔의 독특한 당위적 설계의 착상이 내포된 측면도 있다. 중요한 것은 근대적 공민사회가 일차적으로 사익을 추구하는 영역이고 흔히 소속 집단을 통하여 사익을 추구한다는 것이다. 오늘날 널리 사용되는 "이익집단"이라는 말을 그런 맥락에서 사용한다면 큰 무리가 없을 것이다.

그런데 헤겔은 이러한 집단들이 일차적으로 사익을 추구하긴 하지만 오로지 사익만을 추구하는 것은 아니라는 점을 또한 강조한다. 우선 그 각각의 집단은 그 집단 전체의 이익을 도출해내는 작용을 하게 된다. 위 인용문에서는 그것을 특수한 "공동" 이익이라고 표현하고 있다. 각

집단이 그렇게 그 집단의 공동 이익을 향해 나아가는 것은 그 연장선상에서 그 집단들이 모두 함께 전체로서의 공익을 향해 나아가는 작용을 도출해내는 기초가 된다는 시사를 헤겔은 하고 있다. 궁극적으로 공민사회를 이루는 다양한 집단들은 공익을 밑에 깐 사익을 추구하게 되는 것이다. 그리하여 공민사회란 사회 성원들이 사익에서 출발하여 공익으로의 수렴을 예비해 나아가는 공간이 된다.

헤겔이 이렇게 여러 가지 성격의 사회 집단을 논한 데 대해 이후에 헤겔학파의 한 사람이었던 퇴니에스는 사회 집단의 종류를 집중적으로 연구하여 집단을 크게 이분법적으로 나누었는데 오늘날 흔히 공동체 대 결사체로 나누는 사회 집단의 분류법은 그 위에서 발전한 것이다(Tönnies, 1957). 그러한 집단 분류법을 사용하여 헤겔의 주장을 풀어서 말하자면 한 마디로 다양한 결사체들이 근대의 공민사회를 이루고 있고 공민들은 이 결사체들에 터를 잡고 각각의 사익을 추구한다는 말이 된다. 그런데 사익과 함께 공익을 추구한다는 점에서 그 결사체들은 다소간에 공동체적 성격도 동시에 지니는 집단들이 된다. 말하자면 공동체적 결사체들이라고 할 수 있다. 이후의 이론가들은 공동체와 결사체가 늘 확연히 둘로 나뉘는 관계가 아니고 서로 다양하게 결합할 수 있는 조직원리라는 점을 말해 왔다.

5) 공민사회에서 국가로 올라가는 상향적 절차

헤겔은 공민사회의 각 집단들이 그렇게 공익을 향해 나아가는 데에는 국가의 길잡이 역할이 필수적임을 강조한다. 그가 위 예문에서 서술하듯이 그 특수한 이익들 속에서 보편적 이익을 지탱하고 또한 그것들을 보편적 이익으로 귀착시키는 작업을 국가를 책임지고 있는 관리집단, 그리고 군주가 주재하는 고위 자문기구들이 수행해야 한다고 말하고 있는 것이다. 그리하여 헤겔에게 공민사회는 국가와의 관계에서 주도권을 쥐지는 못한다. 오히려 국가의 주도권을 전제하고 그러한 국가에 대해 자기들의 요구를 발하는 소극적 존재로 그려진다. 그리하여 공민사회/국가의 분화관계에서 공민사회가 아닌 국가가 존재적 우선권을 지니고 있는 것이 된다. 이것은 헤겔 이전에 영국에서 실질적으로 발전시켜온 근대적 공민사회 개념과 달라진 점이라고 할 수 있다.

하지만 국가의 존재적 우선권에도 불구하고 헤겔에게 있어서 공민사회는 국가에 대해 요구를 발하는 존재다. 비록 국가가 후견하는 속에서이지만 공민사회가 먼저 요구를 하고 국가는 그에 응답하는 것이다. 공민들이 각자 속한 조직들을 통하여 사익으로부터 공익으로 수렴해 가는 갖가지 제안을 하면 국가는 그것들을 받아 전체의 관점에서 가장 공정한 결정을 내리는 것이다. 국가의 작동은 그렇게 아래로부터 올라오는 절차를 따라 이루어진다. 그것이 헤겔에게 있어서 공민사회의 자율성의 관건을 이루는 것이었다고 할 수 있다. 국가로부터 아래로 내려가지 않고 공민사회로부터 위로 올라오는 작용의 방향 그것이 헤겔에게 있어서 국가에 대해 공민사회가 자율성을 향유하는 것의 핵심이었다.

6) 공민의 성격

어쨌든 헤겔이 근대적 공민사회의 자율성을 강조하려 하였음은 의문의 여지가 없다. 공민사회의 성원으로서의 공민에 대한 다음과 같은 규정에서도 그것은 잘 드러나고 있다.

> 〔같은〕 대상이 법에서는 〔자연인 같은 표현에서의〕 인〔人〕(person)이고, 도덕의 수준에서는 주체(subject)이고 가족에서는 가족성원(family-member)이고 공민사회 일반에서는 공민(부르주아의 의미에서의)이다(Hegel, 1991: 228).

앞의 인용문에서 공민 뒤 괄호부연은 헤겔의 글 자체에 있는 괄호부연인데 그 대목을 독어 원문 그대로 옮겨 놓으면 Bürger(als *bourgeois*)이다(Hegel: 1986: 348). 독어의 Bürger와 불어의 bourgeois는, 영어의 burgher도 마찬가지지만, 중세의 도시주민으로서의 상공업자를 가리키던 같은 뜻의 단어이다. 같은 뜻의 단어이기 이전에, 하나의 단어를 각각 독어, 불어, 영어식으로 발음 및 표기한 것에 불과한 것이다. 그런데 영어와 불어에서는 공민을 가리키는 단어로 라틴어에서 온 citizen과 citoyen을 각각 사용하지만 독어에서는 그러지를 않고 Bürger의 의미를 공민의 뜻으로 확장해서 사용한다. 헤겔이 여기서 부연을 하여 일차적으로 분명히 하려 했던 것은 Bürger가 중세의 도시주민을 가리키는 원래의 의미가 아니라 바로 이 확장된 의미로서의 공민, 영어에서의 citizen을 가리키는 말이라는 것이다.

그러면서도 영어의 citizen이나 불어의 citoyen을 사용하여 부연하지 않고 불어의 bourgeois를 사용한 이유는 그 공민이 근대적 공민임을 분명히 하려고 했기 때문이다. 로크나 퍼거슨이 citizen이라는 고대 기원의 단어를 사용함으로써 근대적 공민뿐 아니라 고대적 공민도 가리켰던 것과는 달리 헤겔은 Bürger라는 독어 단어로 근대적 공민만을 가리키고 있음을 citizen이 아닌 불어의 bourgeois로 부연함으로써 분명히 해두려고 했던 것이다. 프랑스에서는 bourgeois가 단지 도시의 주민 내지 상공업자를 가리키던 것을 넘어 지식인을 포함하는 다양한 직업을 아우르는 전국적인 유력 평민계층을 가리키는 의미로 확대되어 있었기 때문이다. 프랑스에서 이 계층은 혁명을 통해 귀족이 지배하는 구체제를 몰아내고 자유를 향유하게 된 보편적 공민을 대표하는 존재가 되었다. 헤겔은 그들이 자기들의 욕구(need)를 따라 떳떳하게 사익을 추구하는 자세를 공민일반에게 확대시켜 냈다고 전제하고 자기가 독어 Bürger를 그러한 모습의 공민을 가리키는 의미로 사용한다는 것을 분명히 하기 위하여 여기서 불어 bourgeois라는 말로 부연하고 있는 것이다.

7) 국가 및 그 핵심적 운영자로서의 관료집단

헤겔에게 국가는 공익을 최종적으로 실현하고 수호하는 영역이다. 일차적으로 사익을 추구하는 영역으로서의 공민사회에 대하여 그 위에서 공익을 지키는 보루로서 존재한다. 헤겔은 공민사회를 이루고 있는 다양한 집단들이 각각의 사적인 이익과 연관되어 내는 목소리를 수렴하여 전체의 이익을 극대화할 수 있도록 최선의 결정을 내릴 수 있는 역량을 국가가 지니고 있다고 전제하였다.

헤겔은 국가가 크게 입법권, 행정권, 군주권의 세 요소로 나누어진다고 말하였다(Hegel, 1991: 308). 그는 그중 행정권을 행사하는 관료집단의 중요성을 무엇보다도 강조하였다. 그는 관료집단이야말로 공익을 수호하는 기둥이라고 보았던 것이다. 그는 우선 관료가 담당하고 있는 행정부의 업무들이 본원적으로 공익을 수호하는 성격을 띠고 있다고 보았다. 그리고 그것을 관료들 자신의 품성 및 능력이 뒷받침해 주어야 한다.

> 행정부의 업무들은 성격상 객관적이다. 그 업무들은 이미 많은 부분 본래 그처럼 정해져 있어도 개인들에 의해 이행되고 구현되어야 한다. 개인들이 혈통 또는 천성에 의해 특정의 관직을 보유할 운명을 지니는 것은 아닌데 그 둘 사이에는 밀접하고 당연한 관계가 없기 때문이다. 그들의 직업에 있어서의 객관적 계기는 지식 그리고 능력의 검증이다. 이 검증이 국가의 요구가 충족되는 것을 보장하고 … 동시에 모든 공민이 그 보편적 계층(universal estate)에 합류할 가능성을 보장한다(Hegel, 1991: 332).

헤겔은 관료 개개인의 품성 및 능력이 뒷받침해 주어야 하기 때문에 그것을 검증받은 사람들을 관료로 채용해야 한다고 주장하고 있다. 그리하여 모든 공민에게 그것을 검증받을 기회를 보장해야 한다고 주장하고 있다. 혈통에 의한 세습은 그것을 보장하지 못한다. 모든 공민으로부터 공익 수호의 업무를 수행할 수 있는 품성 및 능력을 검증받아 뽑힌 엘리트가 관료집단을 이룰 때 국가의 공익수호 역량은 배가될 수 있다는 것이다. 따라서 그러한 품성 및 능력을 갖춘 인재를 양성하는 일의 중요성을 헤겔은 강조한다.

> 관리의 품행 및 교육이, 행정부의 법률과 결정이 〔공민사회의〕 개인들을 만나 현실 속으로 번역되는 접점이다. 그리하여 그것은 행정부에 대한 공민들의 만족도와 신뢰도가 좌우되는 요소이며 정부의 의도가 집행되는 정도가 좌우되는 요소이다(Hegel, 1991: 334).

이렇게 공익을 생각하고 행동하도록 키워지고, 공익에 봉사할 수 있는 전문지식을 습득하여 그러한 모든 품성 및 능력을 검증받아 공민 일반으로 뽑힌 엘리트가 관료집단이다. 그러한 품성 및 능력을 갖추고 본원적으로 공익을 위한 업무를 수행하는 그들은 자신들의 욕망과 충동에 의해 흔히 즉흥적인 국가 운영을 일삼던 봉건 귀족들과 정반대의 국가 운영의 모습을 보여주게 된다.

> 국가의 업무에 관해서는, 편력적 기사(knight errant)의 정반대가 공복(civil servant)이며 그는 순전히 〔공적인〕 필요성에 의해서 그의 일을 수행한다. … 국가의 업무가 그 일을 수행하는 사람들로 하여금 마음대로 임의롭게 그들의 주관적 목적들을 충족시키는 것을 희생하도록 요구한다(Hegel, 1991: 333).

여기서 기사란 귀족을 가리킨다. 원래 기사가 귀족의 직업이었기 때문이다. 헤겔의 시대에 독일에는 상당한 수의 귀족이 남아 있었다. 그러나 그들은 "실력"을 갖춘 관리에 의해 국가 운영에 있어 뒷전으로 물러나 있었다. 봉건 시대에는 혈통에 의해 정치적 지배집단의 위치를 유지하였었지만, 지금은 근대적 관료기구를 운영할 수 있는 지식과 품성이 필요하기에 단지 혈통에 의해 귀족의 지위를 유지하고 있는 사람들은 주관적이고 충동적인 행동거지를 보일 수밖에 없기 때문에 국가 운영을 맡을 중심 세력이 될 수 없는 것이다. 필요에 의해 객관적 업무를 수행할 수 있는 지식과 품성을 배양 받아 평민에서 선발된 획득적 엘리트로서의 관리가 국가 운영의 중심 세력이 되어야 국가가 공익을 수호하는 첩경이 된다는 것이다.

그런데 헤겔은 국가 관료제의 담당집단으로서의 관리를 넘어 그와 같은 수준의 지식과 품성을 배양 받은 좀더 광범위한 획득적 엘리트 계층으로서의 전문적 지식인 집단의 중요성을 언급한다.

> 행정 관료는 학식과 대중의 법의식을 구현한 중산층의 대종을 이룬다. 이 계층이 귀족의 격리된 지위를 지니지 못하도록 막고 그 지식과 기술을 자의적인 지배수단으로 사용하지 못하도록 막는 제도는 그 위로부터 작용하는 군주와 그 아래로부터 작용하는 직업단체들이다(Hegel, 1991: 335).

여기서 그 획득적 엘리트 계층을 중산층으로 부르고 있는데 그 이유는 그 위에 아직 혈통적 엘리트로서의 귀족이 남아있었기 때문이다. 그러나 개방적 계층체계가 자리 잡아가던 독일에서는 그들은 뒷전으로 물러나 사라져가던 유물에 불과하였으며, 아직 자본주의가 영국에서처럼 발전하지 않은 상황에서 이들 "중산층"이 실질적으로 지배계층의 위상을 차지하고 있었다. 관리는 그 중산층이 국가에 들어와 있는 집단이었다고 할 수 있다. 그리하여 공민사회에서 국가로 이어지는 협력적 분화 관계 속에서 공익을 충실히 수호해내기 위해서는 관리를 중심으로 한 중산층 전체의 역할이 중요하다고 헤겔은 보고 있는 것이다. 그 새 지배계층이 또 다른 귀족으로 화해서는 안 된다는 점을 전제하면서 그 점을 포함하여 이들의 공익 수호 역할을 최종적으로 담보하는 것이 이들 아래의 일반 공민사회의 조직들로부터 나오는 상향적 통제력과 함께 그 계층 위에 존재하는 군주의 최종 결재권이라고 그는 여기서 말하고 있다.

8) 군주가 실권을 보유하는 국가 관료제의 공정성

헤겔에 의하면 아래와 위로부터의 통제는 관료가 그 권력을 오용하여 공익 수호라는 과업에서 조금이라도 이탈할 가능성조차를 최종적으로 봉쇄하게 된다.

> 관리집단과 그 성원들의 권력 오용을 … 막는 것은 한편으로는 그들 자신의 지휘체계의 책임이고 또 한편으로는 지역조직과 직업단체에게 주어진 법적 인식에 의존한다. 그들의 법적 인식이, 관리들에 위임된 권력으로 권력 자체를 위해 개입하는 주관적 자의성을 막아줌으로써, 개별적 행위까지 미치지 못하는 〔관리집단에 대한〕 위로부터의 통제를 아래로부터 보완해주기 때문이다(Hegel, 1991: 334).

관료집단 아래의 공민사회로부터는 다양한 이익집단들이 관료의 행정적 행위를 이루는 법적인 요소들이 올바로 적용되도록 통제를 가하는 것이 그러한 마지막 보완작용을 밑에서 하게 된다. 그러는 데 있어서 이익집단들이 지니는 법적인 소양이 중요하다고 헤겔은 말하고 있다. 우리는 앞에서 공민사회의 여러 집단들이 발하는 사적인 이익들 속에서 적법성과 공익성을 지탱하고 또 그 사적인 이익들이 공익으로 귀결되도록 길잡이 역할을 국가가 하여야 한다는 헤겔의 언명을 소개하였다. 그러나 역으로 공민사회의 여러 집단도 관료를 향해 통제작용을 하는 과정 또한 헤겔이 언명하였던 것이다. 그 점에서는 공민사회와 관료의 통제작용이 상호적인 것이라고 할 수 있다. 또한 헤겔은 국가 안에서도 관료집단 위로부터 관료를 향하여 가해지는 통제가 있다고 말하고 있는데 이것은 궁극적으로 군주로부터 나오는 통제작용이다.

헤겔은 군주를 국가의 공익적 역량을 보장하는 중요한 행위자로 보았다. 앞서 언급한 바와 같이 헤겔은 입법권, 행정권과 함께 군주권을 국가를 이루는 삼대 요소의 하나로 규정하였다. 그것은 그의 전에 영국의 로크가 입법권과 행정권만을 말한 것과 대비되는 일이다. 헤겔이 상정한 입헌군주정(Hegel, 1991: 308)은 영국에서 상정되어 온 입헌군주정과 조금 달랐다. 그것은 실권이 전혀 없이 완전히 명목적인 군주를 지향하는 유형의 입헌군주정이 아니었다. "군림하되 통치하지 않는다"는 경구로 표현되곤 하는 그러한 군주를 상정하는 것이 아니었던 것이다. 그에 의하면 맨 위에서 국가가 공익을 위해서 차질 없이 작동되도록 최종적으로 재가하는 존재가 바로 군주였다. 기본적으로 공익을 위해 정부를 운영하도록 배치되어 있는 관료집단이 끝끝내 그러한 궤도에서 벗어나지 않도록 최종적인 재가가 군주에 의해 이루어지는데 이러한 위로부터의 통제가 이익집단들로부터 올라오는 예의 아래로부터의 통제를 마저 보강해 준다.

그러한 최종적 통제작용을 가하기 위해서는 군주가 실권을 보유하고 있어야 할 것이다. 헤겔이 군주권을 국가를 구성하는 삼대 요소의 하나로 규정한 것은 그러한 의미를 지니고 있는 것이었다. 실권을 보유한 군주를 국가의 공익 지향성을 보장하는 필수적 요소로 간주하였던 것이다. 군주는 그 실권을 가지고 관료가 공익을 위해 활동하도록 최종적인 통제를 가하게 될 것이다. 헤겔은 그러한 맥락에서 군주가 실권을 수중에 남겨 갖고 있는 당시 독일의 정부 형태가 가장 이상적인 형태라고 역설하였다. 기본적으로 공익을 위해 정부를 운영하도록 선발되어 있는 관료집단과 함께 그렇듯 필수적인 실권을 보유한 군주가 독일의 국가를 이상적인 상태로 만들고 있었다.

반면 완전히 명목적인 군주하에서 의회의 다수파가 정부를 이끌어 가는 영국식 형태를 헤겔은 문제시하였다. 그것은 사적인 이익만을 대표하지 전체의 일반적 이익으로서의 공익을 대표하지 않기 때문이라는 것이다. 그는 《역사철학》에서 말한다.

> 영국의 국헌(The Constitution of England)은 단지 특수한 권리들과 특수한 특전들(privileges)의 복합체이다. 정부는 … 모든 특수한 신분과 계급의 이익들을 보존하려 한다. 각각의 특수한 교회, 지역, 시군, 결사

> 체는 스스로 돌보기 때문에 정부가, 엄격하게 말해서, 영국에서보다 할 일이 적은 곳은 없다. … 특수한 이익들에 기반한 이러한 배열은 일반적인 체제를 불가능하게 한다. 그리하여 추상적이고 일반적인 원칙들은 영국인들에게는 구미에 맞지 않는다. … 위에서 언급한 특수한 이익들에는 실정법적인 권리들(positive rights)이 부착되어 있는데 그것들은 봉건법의 낡은 시대로부터 기원하는 것이며 다른 어느 나라에서보다 영국에서 많이 보존되어 있다. … 영국인들은 그 사실을 받아들이려 하지 않겠지만, 의회가 통치를 한다(Hegel, 1956: 454~455).

결국 헤겔은 영국식 의회민주정은 공민사회를 이루는 단체들의 사적인 이익들을 보존하려 들 뿐인데 비하여 독일식 관료군주정은 사적인 이익들을 수렴하여 그것들을 초월하는 공익을 공정하게 도출해 낼 수 있는 역량을 지닌 국가 형태라고 자부하였다. 그리고 영국의 모습이 특수한 기득권들을 지키려는 봉건시대의 유산이 더 강하게 남아있는 것과 관계가 있다는 서술을 하고 있다. 흔히 선진국으로 인식되고 있던 영국이 그 점에서 오히려 더 뒤떨어진 모습을 보인다는 시사를 하고 있는 것이다. 그리하여 군주가 실권을 보유하고 있던 독일이 근대적인 공민사회의 발전에서 최선두에 서 있다고 자부하였던 것이다.

9) 헤겔이 좁은 의미의 국가 외에 사용하고 있는 확산적 의미의 국가

헤겔은 공민사회에 대하여 분화된 존재로서의 국가, 즉 정부에 대하여 집중적으로 논하는 외에도 국가라는 말을 좀더 확산된 의미로도 쓰고 있는데 그 두 가지 다른 의미에 대해 스스로 명백히 하고 있다. 그 확산된 의미의 국가란 국민 모두가 하나의 공동체로서 공익을 지향하는 것을 가리키는 것이라고 할 수 있다. 그는 이 확산된 의미의 국가가 공민사회, 심지어 가족까지도 포괄하는 궁극적인 존재라고 말한다.

> 국가 일반이 실상은 본원적인 요소이다. 오직 국가 안에서 가족이 먼저 공

> 민사회로 발전해 들어가고, 국가라는 관념 자체가 〔가족과 공민사회라는〕 이들 두 계기로 나누어지는 것이다. … 가족은 국가의 첫 번째 윤리적 뿌리이고, 조합은 그 두 번째 윤리적 뿌리로서 공민사회에 기반을 두고 있다 (Hegel, 1991: 272, 274).

이 인용문에서 국가 "일반"이라고 표현한 것은 그 확산된 의미의 국가를 헤겔이 명시적으로 구분하고 있는 예이다. 거기에는 또한 그것이 일종의 "관념"이라는 헤겔의 규정이 담겨 있다. 그것이 가족이나 공민사회와 같은 차원의 실체가 아니라는 것은 가족이나 공민사회는 그것의 "뿌리"를 이루고 있다고 말하는 데에서 잘 드러난다.

그러한 비유의 연장선상에서 말한다면 좁은 의미의 국가 즉 정부는 그 확산적 의미의 국가의 줄기나 잎이라고 말할 수 있을 것이다. 확산적 의미의 국가가 국민 모두가 공유하는 공동체 지향의 관념이라고 한다면 그것을 조직적 실체의 차원에서 구현하고 있는 것이 좁은 의미의 국가 즉 정부인 것이다. "정치적 국가"(political state) 등의 표현을 헤겔은 그가 주로 사용하고 있는 이 좁은 의미의 국가를 굳이 명시적으로 구분하는 데 사용한다.

여기서 유의할 점은 위의 비유에서 확산적 의미의 국가가 나무 전체에 그대로 해당하는 것은 아니라는 것이다. 나무 전체의 그대로 다가 아니라 나무 전체를 잇고 있는 수분 등의 유기적 연결작용에 해당하는 것이다. 즉 이 확산적 의미의 국가가 오늘날 일반적으로 사용되는 넓은 의미의 국가, 영어로 부연했을 때 country나 nation과 동일한 것은 아니다. 그것은 일반적으로 사용되는 넓은 의미의 국가 안에 들어 있는 모든 것을 다 가리키는 것이 아니고 국가를 "지향하는" 것을 가리키는 것이다. 위의 예문에서 규정된 것처럼 국민들 의식 속에서 국가를 지향하는 "관념"이 그 대표적 요소라고 할 수 있다.

국민들이 공민사회에서 사익을 추구할 때에도 그 의식의 근저에는 국가에 대한 그러한 지향이 깔려 있으며 그것이 앞서 논한 바와 같은 공민사회를 이루는 단체들이 사익 밑에서 공익을 동시에 지향해 나아가는 원동력이 되는 것이다. 심지어 국민들이 각자의 가족생활을 영위할 때에도 그 의식의 근저에는 국가에 대한 그러한 지향이 작용한다고 주장한다. 그것이 헤겔에게 있어 이 확산적 의미의 국가가 가족과 공민사회를 모두 포괄한다고 할 때의 구체적 의미이다.

헤겔에게 이 확산된 의미의 국가는 어디까지나 국민 공동체를 지향하는 것이지 국민 공동체 자체는 아니라는 점에서 고대의 *polis*나 *civitas*와는 의미가 구분된다. 그러나 고대의 civil society 개념이 국민 공동체를 당위적으로 강조하는 개념이라는 점에서는 그것과 궤를 같이 하는 측면이 있다고 할 수 있다. 하지만 고대의 civil society 개념은 국가와 공민사회의 분화를 상정하지 않는 개념이다. 그것은 말하자면 국가가 공민사회로부터 분화되지 않은 상태로서 굳이 따진다면 공민사회가 국가를 포괄하고 있다는 점에서 주된 존재라고 할 수 있다. 반면 헤겔의 civil society 개념은 일단 국가와 분화되어 있는 상태이다. 그러면서도 국가의 확산된 의미층이 공민사회를 포괄하고 있다는 점에서 공민사회가 아닌 국가가 주된 존재로 등장한다.

10) 분화를 넘는 궁극적인 통합체를 국가라고 부르는 것의 의의

헤겔이 이러한 방식으로 국가를 중층적인 의미로 사용하는 것은 근대적 공민사회와 국가의 분화관계가 국가를 포섭의 주체로 하는 포섭적 분화관계임을 밝히고 있는 것이 된다. 우선 헤겔은 자신이 최초로 분명히 규정하고 있는 근대적 공민사회와 국가 — 좁은 의미의 — 의 분화관계가 궁극적인 통합관계 안에서의 분화임을 또한 분명히 하고 있는 것이다. 우리는 1장에서 이미 공민사회와 국가의 포섭적 분화관계를 설명하였었다. 우리는 거기서 그 포섭의 주체가 공민사회라고 설명하였는데 반대로 헤겔은 국가의 의미를 확대하여 그것을 포섭의 주체라고 언명하고 있는 것이다. 그 주체가 어느 쪽이든 공민사회와 국가가 포섭적인 분화관계에 있다는 것은 헤겔도 분명히 하고 있는 것이다.

헤겔이 공민사회와 국가 사이에 존재하는 포섭적 분화관계에서 실질적으로 포섭의 주체를 국가라고 언명하고 있는 것은 공민사회 개념이 내포하는 "공"의 지향을 강조하는 그의 표현 방식이다. 이는 퍼거슨의 문제제기를 강렬하게 수렴한 그의 특성적 방식이라고 할 수 있다. 사실 헤겔의 이러한 방식은 그 개인의 특성적 방식일 뿐 아니라 독일의 특성적 사회문화적 분위기와 연관된 방식이기도 하였다. 그것은 독일의 특성적 사회문화적 분위기를 표현하면서 그것을 강화하는 흐름을 형성하는 역할을 하였다. 그것은 특히 관료의 역할에 과도하게 의존하려는 경향과 맞물려 있었다. 나중 절에서 논하겠지만 그러한 흐름이 국가의 압제로 이어질 수 있는 위험성에 대해서 다음에 오는 베버 같은 학자는 경종을 울리려고 하였다.

헤겔처럼 공민사회가 아니라 국가에 존재적 우선권을 부여하는 관점은 국가가 공민사회를 억압해 들어갈 수 있는 가능성에 주의하지 않음으로써 근대 공민사회와 국가 사이의 분화를 무력화할 수 있는 위험성을 잉태하고 있다. 그 점에서 헤겔은 자신이 분명히 규정한 근대 공민사회와 국가의 분화관계를 무의미하게 만들 수 있는 모순된 설정을 한편으로 하고 있었던 것이다. 퍼거슨이 강조한 공민사회의 "공"의 지향을 분명히 하려다 퍼거슨이 궁극적으로 피하려 한 국가의 압제 속으로 들어가게 하는 일이 벌어질 수 있는 것이었다. 공민사회 개념의 "공"의 지향을 분명히 하기 위하여 포섭의 주체를 국가로 할 필요까지는 없었던 것이다. 공익을 지키는 데 있어서 국가의 역할을 강조한다 하더라도 포섭의 주체까지를 국가로 설정하는 등의 국가우선주의를 취할 필요는 없는데 헤겔은 국가에 너무 치우친 규정을 어느 정도 하고 있었던 것이다.

11) 중국 사회 대비

그러한 문제점이 일부 존재하지만 헤겔은 근대적 의미로의 이행이 완료된 개념으로서의 공민사회 개념을 분명하게 규정하였다. 그런데 헤겔은 동시에 이 근대적 공민사회 개념을 가지고, 역사적 비교의 작업까지 시도하였다. 역사 발전의 정점에서 그것을 갖추게 된 서구와 역사 발전이 전혀 이루어지지 않아 그것이 완전히 결여된 전제체제 속에 있다고 그가 본 중국을 위시한 후진적 동방을 선진적 서구의 대척점에 놓고 비평하였다(Hegel, 1956). 그런데 그의 그러한 왜곡된 명제를 사실을 가지고 바로 펴면 오히려 그가 규정한 공민사회의 원형이 바로 중국의 전통 속에 존재함을 보여주는 첩경이 될 수 있다. 헤겔은 근대적 공민사회의 개념적 구도를 명확히 규정했을 뿐 아니라 그것을 가지고 중국에 그와 대척적인 상태가 있다는 논의를 전개함으로써 그것을 반증했을 때 그러한 근대적 공민사회의 원형적 구도가 서구에 앞서 중국에 출현했음을 아주 효과적으로 보여줄 수 있는 방편까지도 동시에 마련해 놓았던 것이다. 이 책의 마지막 장에서는 그러한 반증 작업이 이루어질 것이다.

2. 헤겔의 공민사회 개념에 대한 맑스의 "전도"적 풍자

1) 사익만을 추구하는 부르주아로의 의미전도

헤겔이 결정화시킨 국가가 주도하는 강하게 통합적인 공민사회관에 대한 자기비판적 흐름이 독일 안에서 나타나게 되었다. 맑스는 그 한 가지 흐름을 형성하였다. 그는 국가가 주도하는 공민사회의 공익 지향적 통합성을 근본적으로 부정하였다. 그에 의하면 공민사회라고 하는 곳은 다양한 이익을 추구하는 집단들이 공익을 향해 공존해 나가는 마당이 아니다. 그곳은 지배계급이 피지배계급을 착취하며 군림하고 있는 극렬한 갈등의 마당이다. 근대 자본주의 경제체제하에서 그곳은 지배계급인 자본가 집단과 피지배계급인 노동자 집단의 계급투쟁이 적나라하게 벌어지고 있는 곳이다. 한마디로 그 곳은 약육강식의 마당인 것이다.

맑스에 의하면 그렇기 때문에 헤겔이 "공민사회"라는 의미를 담아 사용한 독어 bürgerliche Gesellschaft는 아예 "'부르주아' 사회"로 읽어야 한다. 영어 civil society에 해당하는 말로 독어에서 사용하는 말은 Bürger의 형용사인 bürgerliche와 사회를 뜻하는 Gesellschaft로 이루어져 있는 bürgerliche Gesellschaft이다. Bürger는 원래 서구 중세의 도시민, 직업적으로 상공인을 가리키는 말로서 영어의 burgher, 그리고 가장 널리 쓰이게 된 불어의 bourgeois와 같은 말이었다. 그런데 독어에서는 이 말의 의미가 확대되어 고대의 라틴어에서 기원한 영어의 citizen이나 불어의 citoyen이 가리키는, 국민 내지 공민의 의미로도 사용되어지게 되었다. 그리하여 Bürger의 형용사인 bürgerliche를 citizen의 형용사로서의 civil에 대응시켜, civil society를 독어에서는 bürgerliche Gesellschaft로 부르는 것이다.

그런데 앞에서 설명한 것처럼 헤겔은 공민이라는 말에서 고대와는 차별되는 "근대적" 의미의 차원을 강조하려 하였다. 그러한 맥락에서 독어 Bürger를 불어 bourgeois로 특별히 부연하기까지 하였다. 중세 때는 동일어를 두 나라 언어로 표기하던 것에 불과한 두 말의 하나로 다른 하나를 부연하였던 것이다. 그것은 독일에 앞서가던 프랑스에서 민주혁명을 통해 근대적 공민사회를 이룩한 유력평민, 나아가서는 공민 전체를 부르는 데 불어 bourgeois가, 원래 도시민을 가리키던 의미를 넘어 널리 사용되고 있었기 때문이다. 그러한 의미의 부르주아가 그들의 사적 이익을 내놓고 추구하고 있다는 뜻에서 헤겔은 그러한 부연을 하였다. 근대 공민사회의 성원들, 한마디로 공민들이 사적 이익을 정당하게 추구할 수 있다는 점을 강조하고 싶었던 것이다. 하지만 헤겔은 공민들이 사적 이익을 추구하는 데서 끝나는 게 아니라 사적인 이익의 위에서 종국적으로는 공익을 추구하게 된다고 말하였으며 그것이 그가 궁극적으로 강조하고 싶었던 점이다.

그런데 변증법을 포함한 헤겔의 많은 것을 이른바 "유물론적으로 전도"시키려고 한 맑스는 헤겔의 그러한 부연을 근대 공민사회의 성원들이 오로지 사익만을 추구한다는 뜻으로 바꾸어 놓는 데서부터 공민사회 개념에 대한 "유물론적 전도"를 시작하였다. 맑스에게는 근대 공민사회의 성원들이 사적 이익을 외곬으로 추구하는 개인들로 존재한다는 맥락에서 공민이 부르주아(bourgeois)라는 헤겔적 부연이 의미를 지니는 것이었다.

> 공민사회에서 〔인간은〕 순전히 사적 개인으로서 행동하며 다른 사람들을 수단으로서 다루고 자신을 단순히 수단의 역할로 강등시키면서 외적인 힘들의 노리개가 된다. … 부르주아로서의 인간에게 있어서 "국가에서의 삶은 정상적이고 본질적인 것에의 환상이거나 순간적 예외일 뿐이다"(Marx, 1978a: 34).

> 공민사회는 생산력 발전의 특정 단계 내에서의 개인들의 물질적 상호관계 전부를 아우른다. … "공민사회"〔bürgerliche Gesellschaft〕라는 개념은 소유관계가 고대와 중세의 공동체적 사회로부터 풀려난 18세기에 등장했다. 그러한 공민사회는 부르주아지(bourgeoisie, 부르주아 집단)와 함께 발전하였다(Marx, 1978b: 163).

맑스는 공민사회 개념이 18세기에 등장했다고 단언한다. 공민사회 개념의 고대 그리스 로마적 연원은 배제되어 있다. 로크 이후의 공민사회 개념만을 염두에 두고 있는 것이다. 하지만 앞서 살펴보았듯이 로크는 고대의 공민사회 개념을 이어서 쓰고 있으면서 근대적인 공민사회 개념을 새롭게 규정하지는 않았었다. 맑스는 그러면서 로크도 전제했던 공익지향의 부분은 완전히 배제하고 오로지 사익추구만 이루어지는 곳이 공민사회라고 강변하고 있는 것이다. 그에 의하면 그런 점에서 공민사회는 공동체적 사회가 아니다. 그랬을 때 공민사회를 공민의 공동체로 간주하던 고대의 공민사회 개념은 맑스의 관점과는 애초에 아무런 연도 맺을 수 없는 것이었다고 할 수 있다.

맑스가 그렇듯 사익만을 추구하는 것으로 전제하는 "부르주아"와는 별도의 공민 개념의 의미를 의식하지 않았던 것은 아니다. 때로 맑스는 예컨대 불어 citoyen으로 이 원래의 공민 개념을 부연한다. 하지만 맑스에 의하면 그러한 공민 개념은 환상에 불과하다는 것이다. 실제로 존재하는 것은 순전히 사적 개인으로 행동하는 부르주아일 뿐이라는 것이다. 경제적 이익만을 좇아 행동하며 경제적 힘들의 작용에 구속되는 사람들인 것이다. 말하자면 헤겔이 공민을 부르주아라고 부연한 의미에서 citoyen, 영어로 citizen의 차원을 뺀 것이 맑스에게 있어서 부르주아라고 부연하는 의미이다. 그리고는 부연에서 그치지 않고 아예 그 의미로 대체하였다. 그리하여 독어로는 동일한 bürgerliche Gesellschaft라는 말을 헤겔은 사익과 더불어 궁극적으로는 공익을 추구하는, 공민의 사회라고 읽었던 데 반해 바로 그 말을 계승해 사용하면서도 맑스는 사익만을 추구하는 "'부르주아'의 사회"라고 읽으려 하였던 것이다. 즉 근대 공민사회의 모든 성원은 개인적 이익만 추구하는 사람으로서의 부르주아라는 것이다. 그러한 부르주아가 공민의 실체라는 것이다. 역으로 말해서 공민이라는 개념은 그러한 부르주아의 허상일 뿐이라는 것이다. 그리고 맑스의 저술들 속에서 독어로는 동일한 이 말을 영어 등으로 번역할 때 여기서의 역자처럼 그러한 맥락 차이를 감안하여 때로는 공민사회(civil society)로 때로는 부르주아 사회(bourgeois society)로 달리 번역하는 일이 있게 되었다.

2) 자본가 계급에 풍자적으로 비유되는 부르주아로의 추가적 의미전도

그런데 맑스는 점차 이 말이 지니는 실질적 의미를 다시 한 번 더 바꾸어 놓았다. 그것은 그가 "부르주아"라는 말을 자본가 계급을 부르는 별명으로 흔히 쓰는 것과 연계되어 있었다. 주지하다시피 맑스는 불어 부르주아를 자본주의 사회의 지배 계급으로서의 자본가 계급을 가리키는 비유적 표현으로서 흔히 사용하였던 것이다. 반대 쪽 노동자 계급을 고대 로마의 빈곤계층을 가리키던 말이었던 프롤레타리아(proletariat)

라는 별명으로 불렀듯이 자본가 계급을 원래 서구 중세의 도시 상공업자를 가리키던 불어 단어 부르주아를 가지고 비유적으로 불렀다. 프롤레타리아와는 달리 부르주아는 역사적으로 서구의 근대에 바로 선행하는 시대에 존재하던 집단이지만 그 부르주아의 대부분은 이후 오히려 노동자 계급에 합류하였고 자본가 계급으로 합류한 경우는 소수에 불과하다는 점에서 부르주아가 자본가 계급으로 실체적으로 이어지는 역사적 전신은 아닌 어디까지나 비유였던 것이다.

그런데 그러한 비유를 그가 헤겔의 공민사회 개념을 "'부르주아' 사회"라고 명시적으로 읽은 것에 풍자적으로 접속시켰던 것이다. 그리하여 그는 "'부르주아' 사회"를 자본가의 사회라는 뜻으로 풍자적으로 사용하게 되었던 것이다. 그가 헤겔의 공민사회 개념을 명시적으로 틀어서 규정한 "'부르주아' 사회"의 부르주아는 아직 자본가만을 가리키는 의미가 아니었다. 앞의 인용문에서처럼 근대 공민사회 내지 자본주의 사회의 모든 구성원들이 경제적 이익만을 추구하는 모습을 전반적으로 가리키는 것이었다. 그런데 맑스는 이제 이 말을 자본가 계급을 가리키는 뜻으로 치환시켜 사용하고 있었다. 그리하여 "'부르주아' 사회"를 자본가의 사회로 의미를 틀어서 맑스는 그것이 자본가 계급이 다른 계급들을 지배하는 사회라고 풍자하고 있었던 것이다.

> 〔1848년〕 6월 봉기자들의 패배는 분명히 부르주아 공화정이 수립되고 건설되는 기반을 마련하고 닦았지만 그것은 유럽에서는 "공화정이냐 군주정이냐"하는 문제 외의 다른 문제들이 개입되어 있음을 동시에 보여주었다. 여기서 부르주아 공화정은 한 계급의 다른 계급들에 대한 무제한의 전제를 표시한다. 오랜 문명을 지니고, 발달한 계급 구성을 지니고, 근대적 생산 조건을 지니고, 모든 전통적 사상들이 수세기의 작업을 통해 흡수된 지적 의식을 지닌 나라들에서, 공화정은 일반적으로 부르주아 사회의 정치적 형태의 혁명만을 표시하며 그 보수적 형태의 삶을 표시하지는 않는다(Marx, 1978c: 602).

이 인용문에서 맑스가 말하려고 하는 것은 프랑스에서 1789년 대혁명이 일어나 자본가 계급이 지배하는 체제를 수립한 이후에는 이후의 정변들에서 공화정이 되든 군주정이 되든 자본가라는 "한 계급이 다른 계급들에 대한 무제한의 전제"를 하는 사회로서의 "'부르주아' 사회"라는 점에는 변화가 없다는 것이다. 군주정 대신에 공화정이 들어선다고 해도 그것은 그러한 사회의 정치적 형태의 변화일 뿐 그 사회의 그러한 "보수적" 성격에는 변화가 없다는 것이다.

이렇게 맑스는 헤겔이 독어 Bürger를 불어 bourgeois로 부연한 것을 두 번 들어서 bürgerliche Gesellschaft를 자본가의 사회라고 풍자하였다. 헤겔은 근대 공민사회의 모든 성원들을 그 자율성을 획득한 위상을 강조하기 위해 그렇게 부연하였지 그중 "다른 계급에 대한 전제"를 하는 지배 계급만을 가리키기 위함이 전혀 아니었던 것이다. 헤겔은 자율성을 가지고 사적인 이익을 정당하게 추구할 수 있게 된 근대의 공민들이 사적인 이익을 여러 가지 차원의 집단을 통하여 추구하게 된다고 말하였다. 그중에 계급이라는 차원의 집단도 포함시켰다. 하지만 계급만이 유일한 차원이 아니었고 또 계급을 포함한 그러한 다양한 집단들을 통하여 사적 이익을 추구하는 전체의 공익으로 수렴해 나가는 작용이 이루어진다는 점을 헤겔은 강조하였다. 그런데 맑스는 그중 계급에만 초점을 맞추고 각 계급이 오로지 사적 이익을 추구하며 투쟁하는 가운데 공익을 향한 수렴은 없고 처절한 약육강식만이 벌어지는 곳이라는 의미를 담은 뜻으로 "부르주아 사회"라는 풍자적 풀이를 종국적으로 하였던 것이다. 공민사회의 독어 단어 bürgerliche Gesellschaft가 가리키는 실체가 말 그대로 "공민의 사회"인 것이 아니라 그 가운데 소수의 지배 계급인 "자본가"가 지배하는 "자본가의 사회"라고 풍자하였던 것이다.

3) 지배계급의 도구로서의 국가와 프롤레타리아 독재

그런데 맑스는 더 나아가서 자본가 계급이 국가도 장악하여 자기의 이익을 실현하는 도구로 사용한다고 말하였다. 그렇게 말함으로써 맑스는 국가가 공민사회의 여러 집단에 대해 불편부당하게 행동하는 초연한 지위를 향유할 수 있다는 헤겔의 관점을 부정하였다. 맑스는 국가가 공민사회에 대해 초연한 지위를 향유하기는커녕 외려 공민사회의 지배계급에게 종속되어 있다고 보았다. 맑스에 의하면 자본가 계급은 국가도 장악하여 그것을 노동자 계급을 착취하는 지배 질서를 지원하는 필수적인 도구로 이용하고 있다. 공민사회를 구성하는 다양한 집단들 위에 초연하게 자리 잡고 있으면서 최대로 전체의 이익을 위해 공정하게 행동할 수 있는 국가라는 헤겔의 관점은 사실을 완전히 전도시켰다는 것이다. 사실은 국가란 지배 계급에 종속되어 그 도구로 사용되는 존재에 불과하다는 것이다. 헤겔이 전제한 공민사회의 통합성과 국가의 초연성을 부정한 맑스는 점점 공민사회라는 말 자체를 잘 운위하지 않게 되었다. 사회 계급들 사이의 투쟁, 구성요소들 사이의 모순에 초점을 맞추게 되면 그것들을 아우르는 전체로서의 공민사회라는 개념은 별 가치를 가질 수가 없게 되는 것이다.

맑스는 노동자 계급이 자본주의 사회를 전복하는 혁명에 성공한 이후에는 의회민주주의를 더 이상 유지해서는 안 되고 "프롤레타리아 '독재'"를 실시하여야 한다고 말하였다. 이 주제를 레닌 이후의 사회주의 체제가 구현하려 하였던 것이다. 현실적으로 그 국가란 그때까지 발전한 근대 서구의 관료제 국가가 "독재"를 하는 쪽으로 나아간 것이 되는 것인데 어떤 점에서 그것은 헤겔의 관료제 국가상이 심화된 것이었다. 관료제 국가가 공익을 위해 충실히 행동할 수 있는 역량이 있다고 본 헤겔의 믿음이 살아 있는 모습인 것이다. 맑스가 헤겔을 "유물론적으로 뒤집었다"고 했음에도 불구하고, 그리고 맑스가 헤겔을 포함한 독일의 지적 환경을 질식할 정도로 뒤떨어져 있다고 경멸했음에도 불구하고 실제로는 헤겔로부터 계승한 연속성이었다. 물론 맑스는 그것이 어디까지나 지배계급의 도구일 뿐인 국가가 사라지는 과도기적 상태라는 단서를 달았다. 혁명 후 새 지배계급이 된 노동자 계급이 국가를 아직 남아 있는 자본가 계급을 청산하기 위한 도구로 사용하여 그러한 "독재"를 실시함으로써 계급적 청산을 완료한 이후에는 더 이상 지배계급/피지배계급의 계급관계가 존재하지 않기 때문에 국가 자체가 더 이상 필요 없어지므로 국가는 "시들어 갈" 것이라고 말하였다. 하지만 그런 순환론적 서술 외에는 별다른 구체적 설명을 그러한 반전적 결국에의 희망적 선언에 덧붙이지 않았다(Marx, 1978d: 525 참조).

3. 베버의 보다 근본적인 비판

1) 합리적인 관료제와 그 위험한 일방적 지배

헤겔의 국가중심적 공민사회론이 대표하게 된 독일적인 지적 환경에서 근본적인 자기비판 활동을 전개한 사람이 베버였다. 우수한 관료집단에 의한 통치를 이상시하는 것이 독일의 지배적인 지적 흐름이 되어가고 있을 때 그에 대해 유효한 문제제기를 한 사람이 베버였던 것이다. 베버는 공민사회라는 개념을 직접 논하지 않았지만 그러한 문제제기는 궁극적으로 헤겔의 국가중심적 공민사회론을 교정하는 의의를 실제로 지니고 있었다. 하지만 먼저 분명히 해야 할 점은 베버도 기본적으로 국가의 중요성을 인식하고 있었다는 것이다. 그러면서 국가 관료제의 합리성을 강조하였다는 것이다. 그 점에서는 그가 헤겔의 관점에 이의를 제기한 것이 아니었다.

특히 관료제의 합리성에 대해서 베버는 헤겔보다 한 걸음 더 나아갔다. 베버는 관료제에 대해 본격적인 사회과학적 분석을 행하여 그에 관한 풍부한 이론을 정치하게 수립하였다. 관료제에 대한 베버의 관점에 관해서 일차적으로 말해야 할 것은 베버는 관료제를 대단히 합리적인 조직으로 보았다는 점이다. 그 점에서 그는 헤겔의 관점에 동의하고 있었을 뿐 아니라 그 합리성을 세밀하게 설명하면서 그 의의를 강조하고 있었다. 헤겔의 변증법 같은 범신론적 인식론을 배격하고 칸트의 분석적 이성의 인식론적 전통을 견지하였던 베버는 관료제를 절대이성의 자기 구현이라는 식으로 초과학적으로 다룬 헤겔과 달리 관료제의 합리성 역시 하나의 과학적 분석의 대상으로 다루었다.

베버는 관료제의 합리성을 구현하는 요소들을 상세히 설명하였다. 그것을 압축해서 말하자면 업무 권한의 명확한 수평적, 수직적 구분, 그것을 위시한 제반 사항을 명기한 일반적 규정, 그리고 선발된 전문 관료에 의한 운영이었다(Weber, 1968: III, 956~958). 그리하여 자리에 앉아 있는 자연인들이 아닌 일관된 규칙이 지배하는 무인격적 조직 운영이 주어진 과제를 효율적으로 수행하는 합리성을 담보한다는 것이었다. 문제는 관료제가 일방적으로 지배하는 상태가 된다면 그것은 대단히 억압적인 사회가 될 것이라는 점이었다. 여기서 주의해야 할 점은 베버가 관료제 자체를 억압적 존재로 본 것은 아니라는 것이다. 적지 않은 사람들이 그러한 오해를 하곤 하지만 베버가 관료제 자체를 부정적으로 본 것은 전혀 아니었다. 위에서 강조한 것처럼 베버는 관료제 자체는 대단히 긍정적인 시각으로 보고 있었다. 베버가 우려한 것은 관료제 자체가 아니라 "관료제의 일방적 지배"의 상태 내지 체제였던 것이다. 그는 조국 독일의 국가관료제가 너무도 강한 위상을 누리는 것에 대해 그러한 맥락에서 우려하고 있었고 그에 대한 처방을 제시하려고 하였다(Schluchter, 1989: 372). 베버가 한 논의는 헤겔처럼 공민사회에 대해 관료제 국가가 스스로 공정성을 유지할 수 있다고 믿어 버리는 태도가, 관료제 국가가 공민사회를 위협하는 상태로 빠지도록 조장할 가능성에 대해 실질적으로 경종을 울린 것이라 할 수 있다.

2) 관료제의 일방적 지배를 막아줄 의회민주주의의 활성화

베버가 독일의 그러한 상태를 교정할 수 있는 주된 처방의 하나로 제시한 것은 견제와 균형의 원리로 대표되는 의회민주주의의 활성화였다. 그리고 의회민주주의를 활성화시킬 수 있는 소명의식을 지닌 정치인집단이었다. 다시 말해 베버는 관료집단의 일원적 지배를 막아줄 교정적 균형력을 정치인 집단에서 찾으려 하였던 것이다. 민주적 지도력을 갖춘 정치인이 정부를 일상적으로 운영하는 관료에 대해 적절한 통제력을 가해 주기를 바랐던 것이다. 그리하여 베버는 의회민주주의를 국가 관료제의 합리성과 상치되는 존재로 본 헤겔과 달리 국가 관료제의 합리성을 끝끝내 살려 낼 보완적 존재로 보았다. 그러한 맥락에서 베버는 의회민주주의의 고향인 영국과 미국의 정치문화를 많이 준거하는 논의를 하였다.

베버에게 독일에서 의회민주주의가 제 역할을 못하는 것과 관료집단이 과도한 지배력을 행사하는 것은 표리의 관계에 있었다.

> 독일에서는 … 의회가 무기력하다. 그 결과는 지도자의 자질을 갖춘 사람은 아무도 영원히 의회에 들어오지 않는다는 것이다. … 여기에는 독일에서의 훈련된 전문 관리집단의 중요성이 부연되어야 한다. 이 요인이 의회의 무기력함을 결정지었다. 우리의 관리집단은 세계에서 둘째가라면 서러워 할 것이다. 관리집단의 이러한 중요성에 수반되는 사실은 관리들이 관직뿐 아니라 각료직도 자신들이 차지하려 한다는 것이다(Weber, 1946a: 111).

베버는 독일이 영미로부터 피상적으로 도입한 의회민주주의 제도를 제대로 살려냄으로써 관료제의 과도한 군림을 막을 대항력을 형성하여 줄 수 있기를 기대하였다. 그러나 그것이 영미적인 것의 일방적인 도입을 의미하는 것은 아니었다. 관료제의 합리성을 강조한 베버는 영미가 그 점에서 독일에 미치지 못한다고 보았다. 그는 선거에서 이긴 정파가 자파 사람들에게 자리를 나눠주는 "엽관제"를 긍정적으로 보지 않았다. 전문 관료가 이끌 때 담보될 수 있는 기술적 우월성이 결핍될 수밖에 없는 정치 문화라고 보았던 것이다. "엽관제"는 관리를 능력에 의해 선발하는 것이 아니라 대통령같이 선거에 의해 뽑힌 사람이 능력만이 아닌 기준에 의해 선발한다는 점에서 전문관료제보다 훨씬 못한 제도였다. 베버는 미국이 활성화된 의회민주주의라는 독일이 참조해야 될 긍정적 측면과 함께 "엽관제"라는 부정적 측면을 함께 갖고 있었다고 생각했다. 그리하여 그는 동시대인인 미국의 윌슨 대통령이 "엽관제"를 극복하고 일정하게 도입하려고 한 관료제적 개혁을 긍정적인 시각에서 보고 있었다.

> 미국은 더 이상 아마추어들에 의해 다스려질 수가 없다. 겨우 15년 전만 해도 미국 노동자들에게 왜, 그들도 인정하듯, 그들이 경멸하는 정치인들에 의해 다스려지는 것을 용인하느냐 물었을 때, 대답은 '우리는 우리가 침을 뱉을 수 있는 사람들이 관직에 있는 것을, 우리에게 침을 뱉는 관리들의 카스트가 있는 것보다 선호한다오. 당신네들의 경우가 그렇지 않소'이었다. 이것이 미국 '민주주의'의 오랜 관점이었다. 그때에도 사회주의자들은 완전히 다른 생각을 갖고 있었고 지금은 그런 상황이 더 이상 받아들여질 수 없다. 아마추어 행정으로는 충분하지 않고 정부개혁안은 줄곧 증가하는 수의 평생연금권을 갖는 자리를 수립해나간다. 그 개혁안은, 우리 쪽 관리들과 똑 같이 청렴하고 유능한 대학수학의 관리들이 관직에 들어가도록 작용한다. 이미 지금도 약 십만 개의 관직이 선거 후에 넘겨질 노획의 대상이던 일이 멈춰졌다. 그 관직들은 그 보유자들에게 연금 자격을 갖춰주고 있고, 검증된 자격조건에 의해 부여되고 있다 (Weber, 1946a: 110~111).

베버가 "청렴하고 유능한" 전문적 관료에 의해 이끌어지는 국가 관료제의 기술적 우수성에 대해 지니고 있던 믿음을 여기서 확인할 수 있다. 또한 조국 독일의 관료들이 기본적으로 그러한 자질을 갖춘 집단이라는 그의 신뢰도 잘 드러난다. 그러나 아무리 우수한 집단이라고 하더라도 그 집단이 오로지 지배하는 상태는 압제를 낳는다는 생각을 베버는 하고 있었던 것이고 그리하여 그에 대해 의회민주주의를 활성화시킬, 또 다른 맥락에서, 우수한 정치인 집단이 통제력을 발휘해 줄 것을 희망했던 것이다. 관료의 역량을 충분히 활용하면서도 적절하게 통제할 수 있는 민주적 지도력과 소명의식을 갖춘 정치인의 역할을 주문하였던 것이다. 그렇게 하여 의회민주주의를 활성화시키는 것이 독일이 미국을 참조해야 할 발전의 방향이라면 미국에서는 독일과 같은 방향으로의 변화가 일정하게 벌어지는 상호 접근이 이루어지고 있다는 추세 판단을 베버는 하였다고 할 수 있다. 관료제적 정부를 이미 갖고 있는 독일은 의회민주주의를 가미하고 의회민주주의가 발달해 있는 미국은 관료제적 정부를 가미하는 상호 수렴을 그리고 있었던 것이다.

3) 독일과 미국에서의 다른 국가 대 공민사회의 관계

그런데 그렇듯 상호비교를 하는 가운데 실제적으로 공민사회와 국가와의 전통적 관계가 독일과 미국에서 상당히 다른 점을 베버는 다루고 있었다. 위에서 베버에 의해 인용된 미국 노동자의 말을 통해 드러나는 것처럼 미국인은 근본적으로 관리에 의해 통제되는 것보다 관리를 통제하기를 원한다. 그것은 그대로 미국에서 지향되는 공민사회와 국가의 관계를 압축적으로 가리킨다. 미국에서는 공민사회가 국가에 대해 강한 주도권을 쥐고 있다. 쉽게 말해서 많은 것이 "민간주도"로 이루어진다. 그 한 가지 기반은 미국의 공민들이 각자 속해 있는 교회를 통하여, 그 교회의 교파에 상관없이, 하나의 광범위한 신도 공동체를 구성하였기 때문인데 이 또한 베버가 그의 잘 알려진 논저《개신교 윤리와 자본주의 정신》(Weber, 1958)의 속편으로서의《개신교 종파와 자본주의 정신》(Weber, 1946b)에서 잘 보여 준 사항이다. 미국에서 의회민주주의가 활성화되어 있는 것은 바로 그러한 특성적 구도 속에서이다. 의회는 "국가" 안에 포함되는 기구이지만 그 다수의 구성원들은 공민들을 보다 일상적으로 대변하여 행정부를 견제한다는 점에서 공민사회가 국가에 직접 연결되어 있는 고리라고 할 수 있다. 이 연결고리가 미국에서는 잘 활성화되어 있었던 것이다. 미국의 전통적인 엽관제는 공민사회에서 수시로 차출된 집단이 고위 관리집단을 구성한다는 점에서 공민사회가 국가를 주도하는 것이, 바람직하지 못한 방식으로 표현된 모습이라고 할 수 있다. 그리하여 베버는 미국에서 의회민주주의를 이끄는 정치인 집단이 정부를 통제하는 구도가 계속되면서도 정부 자체는 선발된 전문관료집단에 맡기는 변화가 벌어지고 있고 장래 심화될 발전이라고 보았던 것이다.

반면 독일의 정부는 우수한 전문관료집단에 의해 운영되고는 있지만 공민사회 위에 과도하게 군림하고 있어서 활성화된 의회민주주의에 의해 견제와 균형이 이루어져야 한다고 보았던 것이다. 이렇듯 국가에의 과도한 의존을 교정하려 한 베버는 다양한 신헤겔주의가 표출하는 과도하게 통합적인 "공동체적" 인식론에 대해서도 끊임없이 비판을 가하였다. 그런 맥락에서 그는 이해의 방법을 사회과학의 주된 방법으로 강조하면서도, 연구자와 행위자가 예컨대 같은 민족으로서의 통합적 정신을 공유하는 것을 전제하고 둘 사이의 교감적 합일이 완전히 가능하다고 본 딜타이의 해석학적 관점은 거부하였다. 그는 영국의 자유주의적인 고전학파에 대해 공동체적 국민경제를 강조하며 대립각을 세운 독일 역사학파에 일찍부터 가담하였었다. 하지만 학파를 이끌던 쉬몰러에 대해 그러한 실천적 가치는 높이 사면서도, 가치와 사실을 구분하지 않는 통합적 인식론하에서 가치를 사실로 혼동하면서 사회 현상에 대해서는 불가능한 법칙을 수립하려 한 점에 대해서는, 추호도 용인하지 않는 상당히 불편한 비판적 지지의 관계를 유지하였다(Schön, 1987).

4) 사회주의가 초래할 관료제의 유일적 지배에 대한 통찰

베버는 자유주의를 받아들이지는 않았지만, 이후 자유주의 "주류" 경제학의 선구가 된 한계효용학파의 성과를 일정하게 흡수하려 하였다(Krüger, 1987: 76). 그는 자유주의뿐 아니라 사회주의적 흐름에 대해서도 열린 마음으로 대하였다. 그는 맑스가 공민사회에서 통합성 대신에 초점을 맞추려한 갈등의 존재와 그 중요성을 인정하였다. 하지만 맑스는 이번에는 우선 갈등의 통합성을 강조하는 것이 되어 버렸다. 맑스는 불평등을 경제적으로 자산의 유무에 의해서 기본적으로 양대 계급으로 나누는 일원적 계층론을 제시하였던 것이다. 그러나 불평등은 자산 외에도 위신이나 권력 등을 기준으로 해서도 존재하는 다차원적인 것이라는 점을 베버는 강조하였다. 특히 위신에 의해 나누어지는 신분이라는 계층은 계급 못지않게 중요하다. 또한 궁극적으로 자산의 유무를 따져 나누게 되는 계급이라는 것도 상당히 다면적인 분류가 가능하다고 역설하였다(Weber, 1946c). 그리고 가치와 사실을 구분하지 않는 통합적 인식론은 맑스에게도 여전히 족쇄로 작용하고 있었다. 베버는 무엇보다도 사회주의 체제가 국가의 지배에 있어서 오히려 더욱 과도한 통합성으로 귀결될 것이며 실은 그것이 사회주의의 가장 큰 문제점일 수 있음을 지적하였다.

베버는 "관료제의 유일적 지배"라는 위험한 가능성이 실제로 벌어져 가던 사례를 그가 길지 않았던 생애의 마지막 연도들에 목격하고 있었던 러시아의 사회주의 혁명에서 보았다. 그는 독일이 제 1차 세계대전의 전시체제하에서 운영하던 통제 경제의 연장선상에서 그러한 사회주의의 예진을 알기 쉽게 피력하였다.

> 노동자들은 이내 광부의 처지가 탄갱이 사유화되었느냐 아니면 국유화되었느냐에 전혀 영향 받지 않는다는 것을 발견할 것이다. … 하지만 차이점은 국가에 대해 파업을 하는 것이 불가능하고 따라서 노동자의 종속이 매

> 우 실질적으로 증가한다는 것이다. 그것이 사회민주주의가 경제의 이러한 국유화, 이러한 형태의 사회주의를 거부하는 한 가지 이유이다. … 괴로운 점은 현재는 〔전시통제체제하에서〕 정부조직과 사적인 산업조직들(기업조합들, 은행들, 거대 재벌들)이 분리된 조직들로 병존하기 때문에 아직은 산업권력이 정치권력에 의해 견제될 수 있는데, 그때에는 두 가지 조직들이 공통의 이익을 갖는 하나의 몸통이 될 것이어서 더 이상 견제가 불가능하다는 것이다(Weber, 1971: 203~204).

여기서 베버는 광부의 경우를 빌려 노동자 일반의 상황을 말하고 있다. 그는 자본주의체제에서는 국가와 기업과 노조 등이 분립되어 서로 견제하는 속에서 노동자가 자신의 권익을 추구할 수 있는 공간이 존재하지만 사회주의체제에서는 국가가 오로지 지배하는 밑에서 그러한 공간을 노동자가 확보할 수 없다고 역설하고 있다. 그리하여 맑스가 말하는 프롤레타리아의 독재가 아니라 "관리의 독재"가 자리 잡게 된다는 것이다(Weber, 1971: 209). 이렇듯 베버는 사회주의체제의 핵심적 문제가 바로 "관료제의 유일적 지배"에 있음을 처음부터 지적했고 그것이 탁월한 선견지명을 이루는 통찰이었음을 이후 전개된 사회주의의 역사적 사례는 우리에게 보여주었다. 그러나 불행히도 관료제의 일방적 지배의 위험성에 대해 경종을 울리던 베버의 목소리는 독일에서 큰 흐름으로 자리 잡지 못했다. 그리하여 베버가 타계한 후 얼마 안 있어 그의 나라인 독일에서도 "관료제의 유일적 지배"의 위험성이 실현된 다른 종류의 체제의 광풍이 몰아치게 되었다.

독일에서의 과도한 국가의존과 통합성을 극복하려는 차원에서 사회적 존재와 가치의 "다기성"을 강조하였다고 할 수 있는 베버가 공민사회 개념을 논하지 않은 것도 통합성을 과다하게 전제하는 헤겔적 세계관을 받아들이지 않은 결과인지도 모른다. 하지만 그의 문제의식은 공정한 관료제 국가와 자율적 공민사회의 공존이라는 헤겔의 당위를 진정 살려낼 수 있는 의의를 지니고 있었다. "견제와 균형"으로 대표되는 의회민주주의의 활성화를 역설한 그의 실천적 언명들은 과도한 국가의존과 통합성으로부터 공민사회를 지켜줄 처방의 의의를 실제로 지니고 있었던 것이다. 하지만 그가 실천적인 차원에서 통합성 자체의 긍정적인 측면을 반대했던 것은 아니라는 것은 그가 공동체적 국민경제를 지향하는 역사학파에 합류하였다는 것이 말해준다. 그는 그러한 실천적 목표의 의미 있는 추구를 위해서도 사실과 가치의 혼동을 피하면서 사회적 삶의 다기성 속 다양한 갈등의 가능성을 직시하면서 문제에 접근하여야 한다고 역설하였던 것이다.

4. 공민사회의 공익 지향을 지키려는 현대의 노력들

1) 자유주의와 다원주의의 도전 속 공민사회 개념의 재부상

로크의 근대적 공민사회 개념이 퍼거슨과 독일의 헤겔을 거치며 공익 지향이 강화된 모습으로 정립되어 갈 때, 영국에서는 자유 개념만을 일방적으로 강조하는 이른바 "자유주의"가 부상하고 있었다. 자유주의에서는 각 개인이 자기 의사에 따라 생각하고 표현하고 행동할 수 있는 권리를 거의 신성불가침으로 간주한다. 그리하여 자유주의에서는 각자 자유롭게 존재하여야 할 개인들을 하나의 통합체로 묶는다는 것은 받아들이기 힘든 일이다. 또한 자유주의에서는 개인과는 별도의 기원을 갖는 전체의 이익이라는 것을 적극적으로 인식하려 들지 않는다. 전체의 이익이라는 것이 있다면 그것은 개인들의 사익의 합에 불과하다. 따라서 자유주의에서는 각 개인들의 사익을 초월하는 "공익"이라는 실체를 전제하는 일은 거의 없다.

그리하여 전체로의 통합성을 전제하면서 공익에의 지향을 불가분의 요소로 내포하는 공민사회 개념은 자유주의의 관심 밖에 놓여 있게 된다. 실은 퍼거슨이 공민사회의 공익지향을 강조한 것은 영국에서 자라나고 있던 그러한 자유주의적 경향에 대해 경종을 울리려는 동기도 갖고 있었다. 자유주의에서처럼 자유만을 일방적으로 강조하면서 오로지 사익만을 추구하면 그것을 기화로 국가는 전제를 추구하려 든다는 것이다. 결국 국가의 압제하에서 자유를 향유하는 공민사회는 더 이상 기대할 수 없다고 그는 경고한 것이다. 하지만 그러한 경고와는 상관없이 영국과 그리고 미국에서 자유주의는 큰 세력으로 성장해 가게 되었다. 자유주의가 자유 민주주의를 대체하는 체제적 이념이 되지는 결코 못했지만 영국과 미국에서는 광범위한 영향력을 행사하는 이념적 존재로 자라나게 되었다. 맑스가 자본주의 사회에서 적나라한 사적 이익추구만이 횡행하고 공익지향이란 허구에 불과하다고 강변한 것은 자유주의가 자본주의 사회의 지배이념이라고까지 전제한 셈이라고 할 수 있다. 자유주의자 자신들이 그러한 상태를 희구하는 데 반해 맑스는 그것을 비판한다는 것이 다른 점이었다.

희구든 비판이든 자유주의적 사익추구의 전제 속에서 공민사회 개념은 서구에서의 학문적 논의 속에서 자주 등장하지 않게 되었다. 그러다가 20세기에 들어와 공민사회의 담론을 다시 활성화시킨 사람들은 주로 공익 내지 공동체에의 관심을 강하게 가진 사람들이었다. 그들 중의 많은 경우가 자유주의자들이 "시장" 등의 개념을 강조하는 것과 맞물려 심화되고 있는 갖가지 경제, 사회, 정치적 문제들을 교정하려는 실천적 문제의식을 갖고 있고 그것이 공민사회 개념을 활성화시키고 있는 그들의 활동을 추동한 측면이 있다. 그들은 그러한 맥락에서 공민사회 개념이 내포하고 있는 공익 내지 공동체에의 지향을 강조한다. 공민사회 개념의 공익 지향을 강조하려는 관심은 아예 공민사회에서 사익 지향을 배제하는 개념화를 시도하게 만들기도 한다. 국가 바깥의 영역에서 사익 추구를 배제한 영역을 공민사회와 관련하여 지목하려 하는 것이다. 그 점을 명확하게 하기 위하여 더 분명히 공익지향을 시사하는 용어를 별도로 사용하기도 한다.

2) 하버마스의 공적 영역론

20세기에 출현한 신맑스주의 학파들 가운데 문화 같은 "상부구조"의 역할을 중시하는 학파의 하나인 프랑크푸르트학파의 하버마스(Habermas)는 별도의 개념을 사용한 경우이다. 그는 공민사회의 공익 추구를 논하기 위하여 공적 영역(public sphere)이라는 개념을 사용하였다. 하버마스는 자본주의 사회에서 공익이란 한마디로 허구에 불과하다는 맑스의 관점에 상당한 수정을 가하였다. 그는 일단 공민사회가 "부르주아의 사회"라는 맑스의 풍자를 계승한다. 그 말로 자본가 계급이 지배하는 사회라고 규정하는 것을 이어받고 있다. 그는 서구의 절대왕정에서 근대적 공민사회로 이어지는 과정부터 자세히 논하고 있으며 그 연장선상에서 그가 "공적 영역"이라고 부르는 부문의 발전과 변화를 다루고 있다. 그는 서구 절대왕정의 중상주의 시대에 상업자본주의가 발전하면서 맑스적 의미에서의 "부르주아"가 가계(*oikos*), 즉 가족 경제의 차원을 넘어서 사회 속에서 존재하는 경제(economy: 어원적으로 *oikos*에서 파생된 말)를 키워나갈 때 근대적 공민사회가 그 사적 영역(private sphere) 및 공적 영역을 내포하고서 탄생했다고 말한다. 하버마스에 의하면 그것은 부르주아의 사적 이익을 가계를 넘어 사회 속에서 추구한다는 맥락에서 사적 영역의 창출에 그치지 않고, 사적인 경제활동이 가계 안에서 개별적으로 이루어지는 대신 이제 사회로 나가 "공적인 관리와 감독하에서" 팽창하는 상품시장을 지향한다는 점에서 공적 영역도 창출하였다(Habermas, 1991: 19).

이때 공적 영역을 대표하고 있었던 존재가 소수의 문인들이 운영한 신문들을 중심으로 한 언론(the press)이었는데 언론은 소식을 전하는 이상의 옳고 그름을 논하는 활동도 하고 있었다. 거기에는 정부에 대한 비판 활동도 포함되어 있었는데 그렇게 할 수 있는 자유, 즉 언론의 자유를 획득하면서 비판활동은 점점 더 왕성하게 이루어지게 되었다. 하버마스는 부르주아의 이 공적 영역이 절대왕정의 국가로부터 나오던 기존의 공(the public) 개념을 대체해 가기 시작하였다고 말한다. 언론뿐 아니라 여론조사 등 다른 제도들을 포함하는 그 영역은 공익을 공공연하게 논하는 공론(public discussion)의 마당이라고 부를 수 있다. 이 마당에 비판적 상호작용을 하며 참여하는 사람들로서의 공중(public)의 개념이 서구 국가들에서 17 내지 18세기에 본격적으로 사용되기 시작하였다고 그는 말한다. 그에 의하면 부르주아가 창출한 공적 영역이란 무엇보다도 사적인 사람들이 공중으로서 함께 하는 영역이라고 할 수 있다. 그들은 기존에 공을 다루던 당국으로서의 국가에 대신하여 스스로 그들 안에서 일반적 규칙들을 토론하며 제정해 나갔다(Habermas, 1991: 26~27). 그러한 규칙들에는 의회나 헌법을 포함하는 여러 가지 민주적 기제들이 포함되는데 이에 입각하여 부르주아는 결국 권위주의적 국가를 무력화시키고 통제권을 공민이 갖는 정치체제를 수립할 수 있었다(Habermas, 1991: 66).

부르주아가 그들의 사익을 추구하는 영역, 즉 사적 영역과는 별도로 이렇듯 공익을 논하는 영역도 공민사회 안에 창출한다고 말함으로써 하버마스는 맑스와의 차별성을 노정하고 있다. 부르주아가 그러한 영역을 창출한다고 말하는 것은 공익이라는 것이 그만큼 부르주아도 다루어야 할 당위성을 지니고 있다는 전제를 그가 하고 있는 것이다. 그 당위성을 다루는 영역을 국가 밖에 창출하여, 결국 국가를 무력화시킨다는 것은 맑스적 풍자를 이어받은 것이 되지만 그러한 영역을 창출할 정도로 공익의 당위성을 전제한다는 점은 맑스에 비해 중요한 차이가 되는 것이다. 공익의 당위성을 전제하여 집중적으로 논한다는 점에서 그는 맑스를 거슬러 헤겔의 면모를 이어받고 있다. 하지만 공익을 실현하는 궁극적 영역을 국가로 본 헤겔과 달리 그는 국가 밖 공민사회 내부에 이 공적 영역이 만들어져서 국가로부터 나오던 공의 개념을 대체하게 된다고 주장하고 있는 것이다. 그가 국가가 아닌 공민사회에 공익의 주도권을 자리매김한 것은 그 점에서 국가에 대해 우선권을 부여한 헤겔의 관점을 바꿔 놓은 것이 된다. 우리는 앞서 독일에서 베버가 어떻게 그러한 "국가우선주의"에 경종을 울리려 했었는지 살펴보았는데 하버마스는 그렇게 그 문제를 다룬 것이다.

그런데 하버마스는 부르주아가 창출한 이 공적 영역이 자본주의 발전이 고도화되면서 그 내용에 변화가 발생했다고 말한다. 그는 공적 영역이 공익을 가장하고서 실은 부르주아의 사익을 추구하는 영역으로 점점 변질되어 왔다고 말한다.

> 이전에는 언론이 공중으로서 모인 사적인 사람들의 합리적-비판적 토론을 전달하고 증폭시켜 주는 것에 스스로를 국한할 수 있었지만, 지금은 거꾸로 이 토론이 대중매체에 의해서 형성이 된다. 사적인 문인들의 언론으로부터 대중매체의 공적 업무로 이행해 온 과정에서 공적 영역은 그 속에서 특권적 노출을 받는 사적 이익들의 유입에 의해 변질되었다 — 비록 그러한 사적 이익들이 공중으로서의 사적인 사람들의 이익의 당연한 대표가 결코 아닌데도. 공적 영역과 사적 영역의 구분에서 함의되는 것은 사적인 이익들의 경쟁은, 규제하는 힘으로서의 시장에 원칙적으로 맡겨지고 의견들의 경합 속으로 들어오지 못하게 하여야 한다는 것이었다. 그러나 공적 영역이 기업광고의 마당으로 화하는 것에 비례하여, 사적 재산의 소유주로서의 사적인 사람들은 공중으로서의 사적인 사람들에게 직접적인 영향을 미치게 되었다(Habermas, 1991: 188~189).

하버마스는 자본주의가 고도로 발전하면서 부르주아의 사적인 이익이 사적 영역을 넘어 점점 언론 같은 공적 영역 속으로도 들어가 그것을 장악하게 되었다고 주장하고 있다. 그런 점에서 현대의 대중매체는 과거에 문인들이 소규모로 운영하던 초기의 언론들과는 다르다. 그것은 더 이상 청중이 그 논조 형성에 비판적으로 참여하지 못한다. 기업들의 상업광고가 잘 보여주고 있듯 대중매체는 부르주아의 이익을 반영하는 내용을 청중에게 세뇌시키듯 일방적으로 전달하고 있을 뿐이다. 결국 사람들은 토론을 통하여 문화를 일구어 나가는 진정한 공중이 되지 못하고 부르주아의 문화를 그대로 수용함으로써 부르주아의 이익을 자신의 이익으로 혼동하는, 말하자면 껍질뿐인 공중이 되어 있다는 것이다. 그리하여 결국 공적 영역은 공익의 이름하에 부르주아의 사익을 추구하는 허울뿐인 공적 영역으로 변질되었다는 것이다. 이러한 주장을 할 때 하버마스는 다시 맑스로 회귀하는 것 같은 모습을 일정하게 보여준다. 하지만 그가 그 내용이 어떠한 상태에 있는가 하는 것과 별도로 공적 영역의 존재를 공익의 당위성이라는 문제의식과 결부시켜 논의한 것은 현대 서구에서 공민사회 개념을 활성화시키는 데 큰 역할을 했다는 것을 부정할 수 없을 것이다.

3) 코언과 아라토의 3분법 및 알렉산더의 공민영역론

하버마스의 공적 영역론은 공민사회 담론을 20세기 후반에 서구에서 활성화시키는 촉진제 역할을 했다고 할 수 있다. 내용에 있어서도 많은 사람들이 그 영향을 받게 되었는데 코언과 아라토(Cohen and Arato, 1992)는 경제를 분리시킨 부문을 아예 공민사회 자체로 간주하는 "3분법"을 주창하였다. 그리하여 국가에 대해서만이 아니라 발전한 자본주의 경제에 대해서도 자율성과 공익을 지켜내려고 하는 지향을 담지하고 있는 영역이 근대 공민사회라고 규정한다. 공민사회가 맞서야 할 상대가 새로 더 생겨있는 것이다. 어떻게 보면 이것은 하버마스가 공적 영역이라고 부르는 부문을 아예 공민사회라는 말 자체로 부르는 것처럼 느껴지기도 하지만 그들은 그러한 등치의 관계가 아니라고 말한다. 그들에 의하면 자본주의 경제의 발전은 개인들의 사적인 삶도 똑같이 위협하고 있는데 공민사회는 공익을 지켜내는 속에서 개인들의 사적인 삶의 권리도 지켜내려는 영역이라는 것이다. 그것은 사적인 삶의 권리도 함께 지키는 확대된 의미의 공익지향이라고 할 수 있다. 코언과 아라토는 하버마스의 사적 영역의 개념이 이렇게 공익지향에 연계시켜 지켜야 할 영역을 시장과 묶어서 다루는 오류를 범하고 있다고 하면서 그들의 새로운 국가/경제/공민사회의 3분법이 많은 분석적, 실천적 문제를 해소하는 인식적 토대가 될 수 있다고 주장한다.

> 우리가 우려하는 것들은, 최소한으로 말해서, 공민사회에 관한 세 가지 점차 지배적이 된 재구성법이다: 공민을 부르주아로 등치시키는 신자유주의적 모형, 사회를 경직되게 국가에 병렬시키는 반정치적 모형, 근대적 경제를 덜 분화된 사회 속으로 흡수하려는 반근대적 해석이 그것들이다. 이러한 접근법들은 다른 형태들 속에서이긴 하지만 모두 공민사회와 국가의 이분법적 모형을 공유하고 있다. 동구의 국가사회주의와 서구의 복지국가에 반대하여, 신자유주의자들, 정치반대자들, 반근대주의자들은 시장적 사회, 혹은 문화운동들이나 사회운동들은 살아있지만 이익집단과 정당정치가 없는 사회, 혹은 사회 속에 묻힌 미분화된 경제를 다시 세우려고 다양하게 모색하고 있는 것이다. 오직 국가와 경제 양자 모두로부터 공민사회를 분화시켜 그것들 사이의 조정노력들을 분석하는 모형만이 공민사회를 재건하려는 그런 기획들의 해석오류들을 피할 수가 있다 (Cohen and Arato, 1994: 463~464).

코언과 아라토는 공민사회의 공익지향을 강조하는 가운데 그렇듯 아예 공민사회 자체를 확대된 의미의 공익지향을 지켜내려는 영역으로 규정한다. 결과적으로 그들은 공민사회의 공익지향을 강조하기 위하여 별도의 개념을 사용하는 대신 공민사회 개념 자체를 사용한 것이다. 그리고 그들에게는 하버마스가 오늘날 공민사회에서 "부르주아"가 공익지향을 내세우면서 실은 사익을 추구한다고 말할 때 보여주는 맑스적 비평도 없다. 그들에게는 공익지향이 공민사회의 확고한 속성인 것이다.

1장에서 다룬 것처럼 그동안 한국에서는 영어의 civil society와 citizen에 대해 "시민사회"와 "시민"이라는 번역을 써왔는데 비정부조직을 "시민단체"라고 부르는 것과 맞물려 "시민단체들의 총체"를 "시민사회"라는 말로 부르는 용례가 근래에 널리 유포되어 왔다. 한국에서의 그러한 용례는 공민사회를 비정부조직(NGO: non-governmental organization)의 영역으로 규정하는 셈이 되는데 비정부조직이면서 비영리조직(NPO: non-profit organization)인 "시민단체"들의 경우 공익을 표방한다는 점에서 공민사회의 공익지향을 특수한 방식으로 강조하는 것이 된다고 할 수 있다. 공교롭게도 이것은 코언과 아라토처럼 공민사회 용어 자체를 공익지향의 영역으로 좁혀서 규정하는 용례와 같은 방향으로 궤가 놓여 있는 셈이다.

코언과 아라토는 그들의 3분법적 공민사회 개념을 세우는 데 하버마스 말고도 다수의 선행이론가들을 참조하고 있으며 그 가운데에는 구조기능론의 창시자 파슨스(Talcott Parsons)가 있다. 파슨스는 사회발전을 논할 때 그의 잘 알려진 사회체계론의 적응(A: adaptation), 목표달성(G: goal-attainment), 통합(I: integration), 잠재화(L: latency)의 네 가지 필수 기능을 흔히 각각 경제, 정치, 사회공동체, 유형유지에 대응시키는데 이 중 통합의 기능에 대응시킨 사회공동체(societal community) 개념이 공민사회 개념에 해당하는 것으로 볼 수 있다. 여기서 영어 societal은 사회전체를 그대로 가리키는 형용사라는 점에서 사회, 즉 society라는 같은 명사에서 나온 일반적인 의미의 형용사 social과는 구분된다. 파슨스는 공민사회 개념을 사용하는 대신 공민권(citizenship)의 개념을 사용하여 이것이 사회공동체의 성원권을 가리킨다고 말함으로써 그가 사회공동체 개념을 공민사회 개념 대신 사용하고 있음을 내비친다. 그에 의하면 서구 근대화가 되면서 사회공동체와 정치가 분화하고 이내 사회공동체와 경제가 분화하게 되었다. 그만큼 사회가 복잡해져 갔지만 공민권은 다양한 계층과 직업 그리고 여성에게로 확대되며 복잡해진 사회 전체를 하나의 공동체로 묶고 있는데, 미국의 경우 목하 인종이 포섭되는 발전이 이루어지고 있다고 파슨스는 말한다(Parsons, 1977).

말하자면 파슨스는 공민사회의 통합성을 공동체 개념을 사용하여 강조한 것이라 할 수 있는데 이후 알렉산더(Jeffrey Alexander)는 파슨스의 이 사회공동체 개념을 본격적으로 수렴하면서 하버마스를 위시한 선행이론가들의 개념화에서 더 나아가고자 하였다. 그는 공민영역(civil sphere) 이라는 용어를 새로 내놓았다. 그는 공민영역이 헤겔이 도식화하듯 가족, 국가와 분화되는 것은 말할 것도 없고, 코언과 아라토가 논하듯 경제와도 분화되면서, 더 나아가 종교와 지역사회 등과도 분화되는 영역이라고 주장한다. 거기서 그는 3분법 이상의 다분법을 사용하여 공민영역의 범위를 더욱 한정하려는 것 같아 보인다. 그런데 알렉산더는 공민영역이 아닌 그 다수의 영역을 포괄적으로 비공민영역(noncivil sphere) 이라고 부르며 공민영역에 대치시킨다. 그는 비공민영역을 이루는 그 다수의 영역이 모두 개별성, 차이, 차별 등을 노정할 수 있는, 한마디로 특수주의적(particularistic) 인 성향을 지니고 있는데 그 도전 내지 위협에 맞서 전사회적으로 하나의 도덕적인 연대를 형성하는 영역이 바로 공민영역이라고 말한다(Alexander, 2006).

그렇다면 그것은 다분법이 아니라 오히려 새로운 2분법을 시도하고 있다고 할 수도 있는데 비공민영역을 이루는 것으로 그가 규정한 그 모든 영역들에서 특수주의적인 성향들을 극복하려는 노력들을 공민영역이 포함한다는 취지를 생각한다면 2분법도 넘어서서 아예 사회전체를 공민영역이라는 하나의 말로 포괄해버리는 것이 아니냐는 비판(Friedland, 2007: 606) 이 나오게 된다. 그렇게 된 이유는 그가 공민사회의 핵심적 속성으로서의 공익지향 내지는 공동체적 연대를, 구분 가능한 하나의 영역으로 간주하는 논리적인 혼동을 범하고 있기 때문이다. 속성을 영역으로 착각하고 있는 것이다. 이것은 마치 금강석의 반짝임을 금강석 내에서 구분할 수 있는 영역으로 착각하는 것과 같다.

4) 3분법의 문제점

공민사회의 공익지향을 따로 떼 내어 3분법을 사용하려는 시도들은 다소간에 같은 방향의 혼동을 하고 있다고 할 수 있다. 공민사회의 공익지향을 강조하는 과정에서 불필요한 착각을 하고 있는 것이다. 근본적으로 사익의 영역과 공익의 영역이 그렇게 확연히 나누어서 존재할 수 있다고 생각하는 것은 내용적으로 따지면 부조리함이 더욱 드러난다. 간단히 말해 민주주의하에서 사익이라는 것도 어디까지나 공익의 틀 속에서 추구되어야 하며 또한 추구될 수 있다. 그리고 반대편을 보았을 때에도, 공익을 자임하는 영역이 홀로이 선다면 그 자임하는 공익이 진정코 공익인지 객관적으로 따져 줄 상대를 결여하는 것이 된다. 그런 맥락에서 공민사회 속에 사익 추구와 공익 수렴이 함께 존재한다는 헤겔의 생각의 타당성은 유지된다.

하버마스 자신을 놓고 보면 그가 사적 영역과 공적 영역을 그렇게 확연히 가를 수 있는 관계로 나누었다고 보기도 어렵다. 공적 영역의 독어에서의 원어는 Öffentlichkeit인데 이것을 직역한다면 영어로 publicness, 국어로 공(公)이 된다. 그러나 그것은 너무 광범위한 의미를 갖게 되어 막연하기 때문에 그것이 공민사회 속 어떤 마당을 하버마스가 실제로 가리키는 것이라고 보고 영어로 public sphere, 국어로 공적 영역이라고 의역하는 것이다. 하버마스의 취지는 "부르주아"가 공민사회에서 사적 이익추구를 해나가는 과정의 상층단계에서 공익을 다루는 핵심적 절차가 존재해 왔다는 것이다. 이것은 사익을 수렴하여 공익을 도출한다는 헤겔의 취지가 살아 있는 것인데 다만 그것이 국가가 아닌 공민사회 내에 있다는 것이고 자본주의가 고도로 발전해감에 따라 부르주아의 사익을 반영하는 내용을 점점 더 갖게 되었다는 것이 헤겔과 다른 것이라고 할 수 있다. 즉 좋은 의미일 때든 나쁜 의미일 때든 공적 영역이 사적 영역의 연장선상에 도출된다는 점을 말하려고 하는 것이지 그 둘을 가르려는 것이 하버마스의 궁극적 목적은 아닌 것이다.

사익추구 영역과 공익추구 영역을 분리하는 것이 궁극적으로 무리한 일일진대, 경제와 공공영역을 구분하는 것은 말할 것도 없을 것이다. 국가와 공민사회가 구분되는 것은 조직상의 차원에서 그러한 것이다. 그러나 경제라는 것은 그러한 조직상의 차원에서 구분될 수 있는 개념이 아니다. 그것은 모종의 활동적 측면을 가리키는 것으로 다른 차원에 속하는 개념인 것이다. 가족(가계), 기업, 국가(정부)는 경제학에서 부르는 "3대 경제 주체"인데 이는 가족과 국가 등 공민사회와 관련된 조직상의 구분이 모두 그 활동의 주체가 될 수 있다는 말인 것이다. 기업을 비롯하여 공민사회에 속하는 다양한 조직들도 마찬가지로 경제라는 활동을 할 수 있는 것이다. 그랬을 때 경제에 관련된 한 개념에 불과한 "시장"과 국가, 공민사회를 구분하는 3분법을 운위한다면 그것은 더욱 무리한 일이 될 것이다. "시장"이라는 개념이 상징하고 있는 자유주의의 폐해에 대해 공민사회의 공익지향을 지키려는 실천적 논의를 하기 위하여 그러한 부조리를 범할 필요는 없는 것이다.

5) 다원주의와 공민사회의 공존 노력

자유주의의 도전이라는 새로운 상황에 맞서 공민사회 개념을 그 공익성 내지 통합성을 재확인함으로써 살려내려는 시도에 이어 다원주의라는 새로운 이념적 지형의 도전에 맞서 공민사회 개념을 살려내려는 움직임도 특히 영미에서 최근에 있어 왔다. 특히 영미에서 자유주의의 부상과 맞물려 20세기 후반부터 많이 회자된 "다원주의"에 대해 공민사회의 "통합성"을 양립 가능한 것으로 규정하려는 노력들도 나타난 것이다. 자유주의의 도전에 대해서는 그것을 흔히 위협으로 간주하여 그것으로부터 공민사회를 지켜내려는 것인데 비해 다원주의적 도전의 경우는 다원주의를 당위적 가치로 삼으면서 여하히 공민사회 개념도 같이 살릴 수 있느냐 하는 문제가 된다는 차이가 있다. 로젠블룸(Rosenblum)의 서술을 보자.

> 자유주의 정부와 공민사회 사이의 상호성이 쉽지 않기 때문에 합치의 문제가 생긴다. … 자유주의자는 아니었지만 "공민사회의 창출이 근대 세계의 업적"이라고 했던 철학자 헤겔을 준거하여 나는 〔공민사회가 도덕화의 목적을 지닌다는〕 이 뚜렷한 윤리적 관점의 주된 요소들과 몇몇 한계점을 강조할 것이다. … 공민사회가 자유주의적 제도들과 관행들을 지원한다는 기대와 공민사회가 정부에 대해 상쇄력을 가할 수 있다는 기대 사이에 긴

> 장이 존재한다. … 〔다원적 집단들은〕 폐쇄된 고립, 자기격리, 정치적 공동체로부터의 완고한 탈퇴로의 경향을 노정할 수 있다. … 그리하여 미국의 자유주의적 정부는 "구체적인 특수집단들"에 군림하려 들면서 비우호적이어서 … 시장에서의 대변인, 교육자, 고용자, 참여자라는 정부의 계속 확대되는 역할들의 동질화 효과에 의해서 궁극적으로 다원주의를 침식한다는 주장이 제기된다. … 미국인들은 어차피 "두 가지 맞물린 공적 세계"의 구성원들이다. 즉 공민들이 동등한 공적 지위를 갖는(또는 가져야 하는) 자유주의적 공적 문화와, 불평등과 사회적 배척이 일상적인 현상인 다원적 집단들 및 조합들의 영역이라는 두 가지 세계이다. … 〔하지만〕 공민사회의 결사체들은, 자유주의를 지원하는 개인적인 도덕적 발달과 사회적 연계, 공민적 가치(civil values)를 강화할 수 있다. … 〔미국의 자유주의 이론가들은〕 다원적 집단들을 권위주의적인 공적 규범의 과잉이 아닌 결핍의 해독제로 상찬한다(Rosenblum, 1994: 541~545).

로젠블룸은 공민사회가 국가에 대해 자율성을 향유하며 존속하려면 그 성원들이 일정한 연대를 이뤄서 국가에 대해 상쇄력을 가할 수 있어야 한다고 말한다. 그런데 다원주의가 내포한 불평등, 사회적 배척, 어떤 집단들의 자기격리 등이 그에 대한 장애물로 작용할 수 있기 때문에 다원주의가 공민사회에 대한 도전이라고 그녀는 전제하고 있다. 다원주의가 노정할 수 있는 그러한 문제 때문에 미국의 "자유주의적" 정부는 다원주의에 제한을 가하려 한다고 그녀는 말하고 있다. 하지만 그녀는 각각의 다원주의적 집단 내지 결사체들이 자기들 성원에 대해 공민사회를 함께 지탱할 수 있는 공민적 덕성을 함양하는 도덕적 육성의 기회를 제공함으로써 문제를 해결할 수 있다고 주장한다. 그렇게 한다면 오히려 다원주의가 공민사회를 지원하게 되는 것이라고 그녀는 변론하고 있다. 다원주의적 집단들 사이의 분리주의적 경향을 극복할 수 있는 만큼의 통합성이 그러한 도덕적 육성을 통해 확보된다면 오히려 각 집단들의 원심적 경향이 합세해 국가에 대한 공민사회의 상쇄력을 강화할 수 있다는 것이다. 그녀는 그것을 다원주의의 도덕적 활용이라고 일컬으며 논문의 제목에 포함시키고 있는데 그것은 공민사회가 공익실현을 통하여 도덕을 구현하는 마당이라고 본 헤겔의 관점을 다원주의에 응용해 보려는 시도라고 할 수 있다.

그녀는 자유주의에 반대하지 않는 다원주의자라 할 수 있는데 그녀는 그렇게 하여 공민사회와 자유주의 사이의 상호성의 어려움을 해소하려고도 하고 있다. 하지만 원래 자유주의가 다원주의를 지원했음에도, 자유주의와 다원주의가 오늘날 미국에서 서로 상치되는 모습을 적지 않게 보이는 "두 가지" 다른 문화라는 점도 그녀는 여기서 진술하고 있다. 그런데 그녀가 사용하는 자유주의라는 술어는 엄격히 자유주의뿐 아니라 흔히 자유 민주주의까지를 가리키고 있다는 점을 지적해야 할 것 같다. 이 인용문에서도 그러한 혼동이 나타나는데 그녀가 여기서 논한 공민들이 동등한 공적지위를 갖는 것은 자유주의 이전에 자유 민주주의의 근본적 규범이다. 오히려 자유주의는 평등이라는 이상에 큰 관심을 갖지 않는다. 그리하여 여기서 그녀가 다원주의 쪽 문제의 하나로 언급하는 불평등은 자유주의 쪽의 문제로 인식하는 것이 일반적이다. 이렇듯 개념사용에 있어 다소간 혼란을 노정하고 있는 이유는 그녀 자신이 엄격한 의미의 자유주의자가 아니기 때문이라고 할 수 있는데 그녀가 심각한 의미의 자유주의자였다면 공민사회 개념에 대한 집념을 이처럼 보이지 않았을 것이다.

제 3 장

공민사회 구도의 몇 가지 덜 알려진 사실들

1. 근대 공민사회의 기둥으로서의 민주적 이념

1) 공민사회에 관해 덜 알려져 있는 사실들

책의 앞 두 장에서는 근대 공민사회 개념이 사용되어 온 용례의 큰 흐름을 살펴보았다. 그것은 공민사회 개념을 사용하는 대부분의 서구인들이 잘 인지하고 있거나 아니면 체득하여 당연시하고 있는 것이었다. 그런데 공민사회에 관한 어떤 사실들 가운데는 서구인들 사이에서도 그만큼 잘 알려져 있지 않은 것들이 있다. 이에 관한 연구를 깊이 한 학자들만이 언급하고 있는 사실들도 있는 것이다. 또 앞선 장들에서 다루었던, 확립된 용례들 가운데에도 막상 공민사회를 논할 때 심지어 일부 학자들조차도 인식의 혼란을 노정하는 것들이 있다. 그것은 그것들이 서구에서 잘 확립되어 있는 용례의 일부이긴 하지만 늘 그만큼 명확히 인식되어 있지 않은 측면들이기 때문이다. 앞선 장에서는 그러한 측면과 관계된 개념적 의미를 명확히 했지만 이 장에서는 실제로 발생하기도 하는 혼란의 보다 구체적인 모습과 그에 대한 교정 작업 또한 하게 된다. 그리하여 이 장에서는 공민사회 개념에 관하여 서구인들도 흔히 인식하지 못하고 있거나 또는 가끔 인식혼란을 일으키는 몇 가지 사실들을 다루려고 한다.

구체적으로 크게 세 가지의 측면을 다루려고 한다. 먼저 근대 공민사회를 뒷받침하고 있는 이념적 요소를 다루려고 한다. 근대 공민사회의 성원들이 민주적 이념을 받듦으로써 그것이 국가에 대한 공민사회의 자율성을 지탱하는 강한 힘으로 작용한다는 사실을 다룰 것이다. 이어서 공민사회를 형성해 온 주역들의 직업적, 계층적, 지역적 성격을 다루게 될 것이다. 그럼으로써 그에 관해 종종 있어온 오해를 교정할 수 있게 될 것이다. 고대 유럽의 공민이 지녔던 그러한 여러 가지 차원의 성격에 관한 사실들이 소개될 것이며 근대 서구의 공민들이 어떻게 성장해 왔는지 중세 서구의 새로운 출발을 포함하여 역사적인 고찰이 이루어질 것이다. 그리고 마지막으로 서구의 일부 평자들이 공민사회와 잘못 연계시키는 경우가 있는 다원주의라는 최근의 이념적 상황과 관련된 사실을 다루게 될 것이다. 그럼 먼저 근대 공민사회의 자율성을 지탱해 주는 강력한 신념적 힘으로서의 민주적 이념의 역할을 살펴보기로 하겠다.

2) 국가에 대해 공민사회의 자율성을 지키는 이념적 신념의 힘

근대적 공민사회는 고대 유럽의 공민사회와 달리 공민사회가 국가에 대해서 자율성을 지니고 있다. 그런데 주지하다시피 국가는 여러 가지 물리력을 위시하여 강력한 권력을 보유하고 있다. 그러므로 국가에 대하여 공민사회가 자율성을 지킬 수 있으려면 그러한 힘을 상쇄할 수 있는 다른 형태의 강력한 힘이 있어야 할 것이다. 공민사회의 성원들이 지니고 있는 민주적 신념이 강력한 상쇄력을 발휘할 수 있다. 신념이라는 정신적인 힘이 많은 부분 물리적인 국가의 힘을 누를 수 있는 것이다. 민주적 이념을 강렬하게 받드는 공민사회 성원들의 전반적인 의식이 국가의 그러한 권력을 제어할 수 있는 것이다. 그렇게 하여 국민의 민주적 신념은 근대의 공민사회가 국가에 대해 지니는 자율성을 받쳐주는 궁극적 지지대가 된다.

물론 공민사회의 자율성을 지켜주기 위해 도입되어 온 갖가지 법적, 제도적 장치들이 존재한다. 이러한 법적, 제도적 장치들은 민주적 신념이 공민사회의 자율성을 지탱하는 것을 크게 보강해 준다. 그런데 많은 경우 그러한 법적, 제도적 장치들은 민주적 신념이 구체화된 것들이다. 뿐만 아니라 사람들의 민주적 신념은 그러한 법적, 제도적 장치들을 제대로 운영하게 만든다. 그리고 만약 국가의 막강한 권력을 자의적으로 사용하여 그러한 법적, 제도적 장치들을 무시하거나 파괴하려는 기도가 나타난 경우에, 그러한 장치들을 옳은 것으로서 지켜야 한다는 충분히 강한 신념이 없으면 그것들은 국가의 그 막강한 권력에 의해 쉽게 무력화될 수가 있다. 하지만 그러한 장치들이 옳은 것이라는 충분히 강한 신념이 국민들 사이에 뿌리내리고 있으면 그러한 기도는 저지될 수 있는 것이다.

그러한 신념이 있으면 우선 그러한 일을 기도할 권력자의 의미 있는 출현이 벌어지지 않게 된다. 무엇보다도 정치적 지도자가 될 사람들도 그러한 신념을 다소간에 내면화하고 있을 것이기 때문이다. 설령 그러한 신념을 충분히 강하게 내면화하지 않은 사람이 정치적 지도자의 위치에 접근하는 일이 발생하였다하더라도 그러한 신념을 충분히 강하게 내면화한 대다수의 사람들 — 그 사람 주위의 사람들을 포함하여 — 에 의해 그는 축출되거나 아니더라도 그러한 권력 행사의 기도가 저지될 것이다. 물론 그러한 사람의 지도자 자리에의 접근을 막거나, 접근했을 때 축출하거나, 그러한 권력 행사를 저지하거나 하는 데 위에서 논한 갖가지 법적, 제도적 장치가 요긴하게 사용될 것이다. 그러나 그러한 법적, 제도적 장치를 사용하려는 의지가 없다면 그것들은 사용되지 않을 것이며 그것들을 사용하려는 의지는 그것들이 옳은 것이라는 신념에 의해 궁극적으로 뒷받침된다는 것이다.

이렇듯 원천, 운영, 방어의 모든 맥락에서, 공민사회의 법적, 제도적 장치들이 옳은 것이라는 신념은 그러한 장치들의 뒤에 있으면서, 공민사회의 자율성을 지탱해주는 보루이다. 그런데 그러한 법적, 제도적 장치들이 지켜야 할 올바른 것이라는 충분히 강한 신념은 그것들이 어떤 추상적 가치복합체 즉 이념이 구현된 것이라고 간주될 때 확보될 수 있다. 어떤 법적, 제도적 장치 나아가서 "체제"는 그러한 이념이 없어도 그것을 지켜야 한다는 신념을 수반할 수 있다. 예컨대 고대 로마의 정치체제가 시저의 출현으로 공화정에서 제정으로 바뀌려고 할 때 공화정을 지키려고 했던 브루투스 같은 사람들이 그러한 신념을 표출했다고 할 수 있다. 하지만 그때 그들에게는 공화정이 어떤 추상적 가치 복합체의 구현이라는 관념은 존재하지 않았다. 고대 로마의 공화정은 말하자면 공화"주의"가 없는 공화정이었던 것이다. 그러한 이념이 없었기에 공화정을 지키려는 그들의 거사는 당시 로마인들의 충분한 호응을 받지 못했다고 할 수 있다. 그만큼 주어진 "체제"를 지키려는 충분히 강한 신념은 그 "체제"가 어떤 이념의 구현이라는 관념이 있을 때 확보될 수 있는 것이다. 그 이념에 대한 근본적인 신념이 그것의 구현으로 여겨지는 주어진 "체제"를 지켜내는 궁극적 힘이 되어 주기 때문이다.

3) 서구 근대 공민사회의 신념적 기반으로서의 자유 민주주의 이념

앞선 장들에서 살펴본 것처럼 국가와 분화된 근대 서구의 공민사회에서는 고대 유럽의 공민사회에는 없었던 정치적 개념으로서의 "자유"가 존재한다. 물론 영어를 포함한 유럽어에는 "free"와 같은 단어가 원래 존재했었고 여러 가지로 사용되었었다. 특히 노예 같은 예속민과 대비시킨 자유민(freeman)이라는 용어가 오래 전부터 사용되고 있었다. 그러나 국가와의 관계에서 국민들이 갖는 포괄적인 권리로서 당위시되는 공식적 개념으로 존재하게 된 것은 근대에 들어와서의 일이었다. 그것은 근대 공민사회의 성원들이 국가와의 관계 속에서 누리는 자율성을 개인적인 차원에서 표현하는 언명이라고 할 수 있다.

근대 서구에서 이러한 자유 개념은 공민사회와 국가가 분화되는 것과 맞물려 발전해 왔다. 그러한 발전이 먼저 일어났던 영국에서는 대헌장이나 "인신보호령" 등 사람들이 국가에 대해 자기를 지키려는 법이나 제도가 수세기에 걸쳐 점차 발전해 왔다. 대헌장은 국가가 임의로 세금을 부과할 수 없도록 한 것이었고 인신보호령은 국가가 영장 없이 함부로 개인을 구속할 수 없게 한 것이었다. 이러한 것들을 통하여 공민사회 성원의 실제적 자유를 보장하려는 지향이 점차 자라나게 되었다. 정부의 입법권, 행정권, 사법권 등을 나누는 "견제와 균형"의 원리 역시 궁극적으로 정부 내지 국가에 대한 공민사회 성원들의 자유를 보장하려는 기제이다. 그러한 발전이 이루어지는 동안 결국에는 그러한 지향이 하나의 추상적 개념으로 결정화된 것이 정치적 덕목으로서의 자유인 것이다. 일단 그렇듯 추상적 덕목으로서 자리 잡은 자유는 다시 표현의 자유, 결사의 자유 등 수많은 구체적 자유들로 법제화됨으로써 공민사회의 자율성을 더욱 심화시키게 되었다. 자유 개념이 그렇게 발전하면서 공민사회 성원들의 자율성을 보장하려는 기제들도 그와 맞물려 더욱 발전하게 되었다.

그러한 개인적 "자유" 개념이 고대 그리스에서는 발달하지 않았다. 그것은 그리스 민주정을 추동시킨 개념이 아니었던 것이다. 자유라는 말이 단편적으로 쓰이는 경우가 있었으나 그것은 개인적인 차원의 자유를 의미하는 말이 아니었다. 국가와 공민사회의 분화 없이 많아야 수만 명에 불과한 모든 국민, 즉 자유민이 서로 모두를 통치하는 직접 민주주의하에서는 국가에 대해 공민사회의 자율성을 지키려는 지향을 담고 있는 개념이 존재해야 할 이유가 없었던 것이다. 그리하여 고대 그리스의 민주주의는 자유 민주주의가 아니었던 것이다(Rahe, 1992). 자유 개념은 오늘날 일반적으로 자유 민주주의라고 불리는 하나의 커다란 이념체계의 일부를 구성하고 있는 가치 개념이다. 그런데 비록 자유라는 개념이 그 이념체계의 이름을 이끌고는 있지만, 자유의 개념 말고도, 평등, 인권 등 다른 가치 개념들이 이 이념체계를 함께 구성하고 있다. 자유를 포함하여 그러한 개별적 가치들은 궁극적으로 민주주의를 구현하는 구체적 덕목들로 간주된다. 그리하여 국민들이 궁극적으로 반드는 것은 자유 민주주의라는 좀더 일반적인 이념인 것이다. 그것은 민주주의라는 일반적 가치에 대한 신념을 자유 등의 개념을 통하여 구체화시켜서 지니고 있는 것이라고 할 수 있다. 국민들이 이 민주적 이념체계를 전반적으로 신봉하는 속에서 자유 개념 등을 그 일환으로 존중하기 때문에 자유 같은 개별적 덕목도 국민들의 신념 속에 더 안정적으로 자리 잡을 수 있는 것이다. 그리하여 바로 자유 민주주의라는 이 전반적인 이념체계가 근대 공민사회의 자율성을 지켜주는 신념적 기반이라고 할 수 있다.

고대 그리스의 민주정은 자유라는 구체적 가치개념 이전에 일반적 이념체계로서의 민주주의에 의해 추동되는 것이 아니었다. 앞서 언급한 로마의 공화정과 같은 맥락에서, 그에 선행하는 고대 아테네의 민주정 역시 이념체계로서의 민주주의가 동반하지 않는 민주정이었던 것이다. 그것은 아테네의 역사 속에서 발전해온 구체적 제도들로 이루어져 있었다. 그 발전과정에서 개혁가들을 필두로 한 사람들의 체제 설계적 구상들이 많은 작용을 하였다. 그리고 국민들은 그러한 체제에 대한 문화적 자부심도 상당히 강하게 지니고 있었다. 뿐만 아니라 학자들이나 문인들에 의해 자유라든지 평등이라는지 하는 말이 단편적으로나마 자긍심을 가지고 사용되는 경우가 있었다. 그러나 그것들이 하나의 발달된 이념체계를 이루고 있었던 것은 아니었다. 설사 그러한 것들을 이념이라고 부른다고 하더라도 그것이 현실적인 체제로서의 민주정과 결합해 있는 것이 아니었다(Raaflaub, 1983: 522).

이렇듯 고대 유럽의 민주정이나 공화정은 그것을 지향하는 이념과 결합하여 존재하지 않았다는 점이 근대 서구의 민주주의와 근본적으로 다른 점이었다. 반면에 근대 서구의 민주주의 체제는 그러한 "지도 정신"으로서의 이념을 수반하고 있다. 그것은 모든 법률의 근간으로서의 헌법이나 또는 그보다도 선행하는 헌장 등의 형태 속에 압축되어 서술되어 있는데 그러한 문헌들은 국민들에 의해 거의 신성불가침의 존재로 받들어진다. 그 속에는 "주권재민"의 사상과 함께 "자유", "평등" 등의 근본적 가치들이 체계적으로 표현되어 있다. 이 자유 민주주의 이념에 대한 신념이 자유 민주주의의 법적, 제도적 장치들의 뒤에서 서구 근대의 공민사회를 지켜주는 근본적인 힘이 되고 있는 것이다. 자유 민주주의 이념에 대해 너무도 강한 신념을 갖고 있기 때문에 오늘날 서구인들은 그것을 당연시하는 경향이 있다. 그것은 산소의 존재를 사람들이 당연시하는 것과 비슷하다고 할 수 있다. 일단 그 점을 인식한다면 역으로 그것은 사람들이 자유 민주주의 이념을 얼마나 강하게 수용해 놓고 있는지를 잘 말해준다고 할 수 있다. 사람들은 공민사회를 논함에 있어서도 자유 민주주의의 이념의 역할을 간과할 때가 많다. 그것은 생명에 대한 산소의 중요성을 사람들이 평소에 흔히 잊고 사는 것과 비슷하다고 할 수 있다. 사회에서 이념이 차지하는 중요성에 관심을 갖고 있는 소수의 사람들만이 그에 대해 논하는 정도라고 할 수 있다. 그러나 실은 이념에 해당하는 요소들의 작용에 대한 언급은 근대 서구에서 공민사회 개념이 사용되기 시작한 이래로 단편적으로라도 이루어져 오곤 했다. 다음에 논할 "공민종교"라는 개념도 학문적으로는 근래에 부각된 개념이지만 그 역사는 상당히 된 것이라고 할 수 있다.

4) 공민종교

자유 민주주의라는 이념에 대한 근대 서구 공민사회 성원들의 그렇듯 강한 신념은 종교적 신념에 맞먹는 수준이라고 할 수 있다. 그리하여 그것을 종교적 차원의 신념으로 다룰 수가 있다. "공민종교"(civil religion)라는 개념은 그 점에 착안한 것이다. 그것은 공민사회를 지켜줄 이념적 신념이 종교적 차원을 지니는 것을 염두에 둔 개념이라고 할 수 있다. 공민사회를 지원하는 자유 민주주의 이념을 종교적 신념을 가지고 신봉하는 것을 가리키는 것이다. 그것은 프랑스의 루소가 그의 《사회계약론》에서 선보인 개념이다. 루소는 영국에서 홉스에서 로크를 거치며 발전한 관점으로서, 자연상태로부터 사람들이 상호 계약을 통하여 공민사회를 형성한다는, 사회계약의 개념을 아예 책의 제목으로까지 사용할 정도로 집대성하려 하였다. 루소는 사람들이 자연상태로부터 사회계약을 통하여 공민사회 내지 국가를 형성함으로써 자연상태에서 그야말로 아무런 제약도 받지 않던 자연적 자유(natural liberty)의 향유로부터 국민의 일반의사(general will)에 의한 제약을 받는 공민적 자유(civil liberty)의 향유로 발전한다고 말한다(Rosseau, 1950: 19).

자유의 개념을 강조함으로써 그가 발전시키려고 하는 것이 로크의 공민사회 개념임을 분명히 하면서도 루소는 로크가 영국적 전통에서 의회가 주도하는 유형의 입헌군주정을 옹호하는 것은 받아들이지 않았다. 민주주의(democracy)라는 말이 아직도 고대 아테네의 직접 민주정만을 가리키던 당시의 용어체계에서 그러한 정치형태는 아테네같이 영토가 작은 경우에만 가능하다고 본 루소는 뽑힌 현자에 의한 정부가 최선이라는 견해를 피력함으로써 이후 독일의 헤겔이 관료제 국가가 주도하는 유형의 입헌군주정을 주창하게 된 것에 영향을 주었다. 프랑스의 군주정하에서 살면서도 모국 스위스의 공화정을 자랑스럽게 생각했던 루소 자신은 그 점에서 구체적으로 입장표명을 하지 않았었다. 그리고 또한 국민의 일반의사가 담지하는 도덕률을 구현할 수 있는 자율성을 뜻한다는 점에서 루소가 도덕적 자유(moral liberty)라고 바꾸어 부르기도 한 공민적 자유의 개념은 독일 칸트의 자유 개념에 영향을 주었는데(Cole, 1950: xli) 헤겔의 공민사회 개념도 기본적으로 그 위에 구축되어 있는 것이다. 그것은 영국에서 발전하게 된, 일체의 제약을 혐오하는, 자유주의적 자유 개념과 근본적으로 다른 것이었다.

그런데 루소는 모종의 종교가 공민사회를 정신적으로 통합시키는 일을 할 수 있다고 주장하였다. 기독교를 포함하는 기존의 종교는 그런 일을 할 수 없고, 오히려 흔히 분열을 초래하는 역할을 해왔기 때문에 새로운 종류의 종교의 수립이 필요하다고 그는 역설하였다. 그는 기독교 같은 기존 종교의 신 대신에 이성적 "신"이 주재하는, 공민적 도덕률의 원천이 되어 공민사회를 정신적으로 통합시키며 수호할 이 새로운 종교를 공민종교(civil religion) 라고 불렀다.

> 예수는 땅 위에 영적 왕국을 세웠는데 이는 신학적 체계를 정치적 체계로부터 분리시킴으로써 국가를 더 이상 하나가 아니게 만들었고 기독교 민족들을 끊임없이 곤란하게 만든 내부 분열을 초래했다. … 이 이중의 권력과 관할의 갈등은 기독교 국가들에서 모든 좋은 정치를 불가능하게 만들었는데 사람들은 〔정치적〕 상전(master) 에게 복종해야 할지 사제에게 복종해야 할지를 알아내는 데 결코 성공해 본 적이 없다. … 모든 기독교인 저자 중에서, 홉스만이 이 문제와 그것을 치료할 방법을 알았는데 그 쌍두독수리의 두 머리를 재결합하여 정치적 통합을 철저하게 재건하자고 감히 제안하였다. … 그러나 그는 기독교의 상전적 정신(masterful spirit) 이 이 〔통합된〕 체계와 맞지 않으며 사제의 이익이 국가의 이익보다 강하다는 것을 알았어야 했다. …
>
> 이제, 각 공민이 종교를 갖는 것이 〔국가〕 공동체에 대해 대단히 중요하다. 그 종교는 그로 하여금 그의 의무를 사랑하도록 만들 것이다. 그러나 그 종교의 교리는 도덕 및 그 교리를 믿는 사람이 타인들에게 해야 하는 의무들에 관해서만 국가와 그 구성원들의 믿음에 관여할 것이다. 각자는, 무엇보다도, 자신의 뜻대로 의견들을 가질 수 있고 그것들을 승인하거나 하는 것은 통치체(the Sovereign) 의 일이 아니다. 통치체는 내세에 관해서는 권한이 없으며, 그 신민들(subjects) 이 이 세상에서 훌륭한 공민인 한, 그들이 사후의 생에서 어떤 운명이 되든 통치체의 일이 아닌 것이다. 고로, 정확히 종교적 교리로서가 아니라, 그것이 없으면 사람이 훌륭한 공민 내지 성실한 신민이 될 수 없는 사회적 정절(social sentiments) 로서의 조문들을 통치체가 갖춰 줄, 순수하게 공민적인 신앙(a purely civil profession of faith) 이 있는 것이다. …
>
> 공민종교(civil religion) 의 교리는 그 수가 적고, 간단하고, 설명이나 주석〔의 필요〕없이 명확하게 서술되어야 한다. 예지와 섭리를 지닌 권능 있고 이지적이고 자애로운 신, 사후의 생, 의로운 자의 행복, 사악한 자의 징벌, 사회계약과 그 법들의 성스러움, 이것들이 그 적극적 교리들이다. 그 소극적 교리를 나는, 불관용(intolerance) 〔의 금지〕 한 가지로 한정한다(Rousseau, 1950: 131~139).

여기에서 그가 사용하고 있는 통치체(the Sovereign)라는 개념에 대해 루소는 공민사회 구성원들의 총체를 가리켜 "수동적일 때 국가라고 부르고, 능동적일 때 통치체라고 부른다"고 설명하고 있다(Rousseu, 1950: 15). 이어서 그는 각 구성원을 공민(citizen)이라고 부르지만 통치체의 통치를 받는 측면을 가리킬 때는 신민(subject)이라고 부른다고 설명하고 있다. 공민사회와 국가를 같은 의미로 바꿔서 쓰는 것은 둘 사이에 분화가 없었던 고대 유럽의 용례와 달라진 근대적 용례를 명시적 개념규정까지는 하지 않았던 로크로부터 달라지지 않은 점이다. 그렇듯 동일집합이긴 하지만 그것을 루소는 로크와 달리 통치를 하는 측면과 통치를 받는 측면을 명시적으로 개념 구분하여 부르고 있는 것이다. 이 점에서도 공민사회를 넓은 의미의 국가의 부분집합으로 명시적으로 개념 규정하고 있는 독일 헤겔의 선구적 모습을 보여주었다고 할 수 있을 것이다.

공민사회가 통치를 하는 측면을 통치체라고 부르는 것인데 입헌군주정이나 공화국 등의 정치체제는 그것을 현실적으로 구현한 것으로서, 공민들이 상호간의 사회계약에 의해 양도할 수 없는 통치의 주권(sovereignty)을 그들 자신에게 함께 부여했을 때의 그 상태를 가리키려는 개념인 것이다. 말하자면 현실적 정치체제에 앞서는 원천적 권능의 상태인 것이고 현실적으로 어떤 정치체제로 그것을 구현하느냐 하는 것은 루소에게 있어서 그 다음의 문제가 되는 것이다. 그러나 루소는 구체적 정치체제가 그러한 원천적 권능을 유효하게 구현하는 한, 그 원천적 권능을 있게 한 토대라고 그가 믿는 사회계약의 존재와 그에 입각하여 수립된 법률들을 뒷받침해줄 새로운 종교의 당위성을 역설하면서 그것을 공민종교라고 부르고 있는 것이다.

루소에 의하면 그 종교도 전재 전능한 신과 내세에 관한 언명, 그리고 종국적인 정의의 구현 등에 관해 정서적인 차원을 아우르는 교리를 갖추어야 한다. 하지만 그 신은 이지적이이여야 하며 교리의 수는 최소화되어야 한다. 루소는 제도 종교로서의 기독교가 그러한 종교로서 역할을 할 수 없다고 단언한다. 무엇보다도 기독교는 출발할 때의 모습인 내면적 종교가 더 이상 아니고 그 자체로서 방대한 권력적 존재가 되어 있다. 그리하여 통치체를 지원하기는커녕 근본적인 분열을 야기할 것이라고 그는 주장한다. 루소는 홉스가 이 문제를 제기하고 통합성을 확보할 처방까지 제시했다고 말한다. 그만큼 루소는 공민사회의 통합성의 당위를 강하게 전제하고 있다. 그리하여 공민종교는 공민사회의 통합성을 지원해야 하는데 루소는 기독교가 반대로 그것을 약화시킬 뿐이라고 주장하는 것이다.

그는 홉스가 통합성을 확보할 처방으로 제시한, 군주가 기독교 교회의 수장을 겸하는 방안이 틀린 것이라고 말한다. 이미 영국에서 절대군주 헨리 8세가 국교회를 수립하고 그 수장이 됨으로써 발생한 일을 정당화시켜주는 점이 있었던 이 처방이 틀린 근본적인 이유는 기독교가 공민사회에 과도하게 간섭하는 방대한 권력체가 되어 있다는 점을 돌이킬 수 없기 때문이라는 것이다. 루소는 내세에 관한 세세한 규정 등 많은 것을 개인적 의견의 차원에 맡겨 두어야 한다고 말한다. 공민종교의 교리가 최소화되어야 한다는 것은 그 점을 포괄하고 있다. 개인적 의견의 차이를 용납할 수 있어야 한다는 것을 본격적으로 말하고 있는 것이 인용문의 끝에서 루소가 말하고 있는 관용(tolerance)의 덕목이라고 할 수 있다. 관용의 덕목은 이후 현대로 오면서 다원주의라는 이념이 출현하게 된 하나의 연원이 되었다고 할 수 있다.

루소 등의 계몽사상의 추종자로서 프랑스 혁명을 이끌었던 로베스피에르는 기독교를 몰아낸 자리에, 혁명사회를 지원해 줄 이성에 기반한 종교를 정색하고 도입하려 하였다. 그러나 기존의 신을 몰아내고 그 세속적 대체물로 치환시킨 그러한 종교의 수립 기도는 실패하고 말았다. 한편 프랑스 혁명에 앞서 발생하여 상당한 정도 그 영감의 원천이 된 미국 독립혁명에서는 그와는 달리 기독교의 신을 빌려 공민사회를 통합하고 민주주의를 수호할 세속적 종교의 신으로 같이 삼았다. 거기서 기독교의 신은 기독교의 교리가 아니라 자유 민주주의라는 이념을 발하고 지켜주는 역할을 하게 되었다. 거기서 자유 민주주의라는 이념을 도출해 낸 인간의 이성은 기독교의 신을 몰아내지 않고 그 후원을 받는 관계에 있는 것이다.

1960년대에 미국의 벨라(Bellah)는 그렇듯 기존의 종교와의 관계에 있어 조금 달라진 맥락에도 불구하고 그것을 부르는 데 루소의 공민종교의 개념을 빌려왔다. 거기서 미국의 공민종교란 공민사회의 성원들이 미국 자유 민주주의 체제의 이념을 종교처럼 신봉하는 것을 가리킨다. 그것은 미국 공민사회의 성원들이 신봉하는 유태-기독교(Judeo-Christianity)로 총칭되는 기존의 제도적 종교들과는 별개의 세속적 종교이지만 그것과 공존하며 그 후원을 받고 있다. 유태-기독교로부터 신의 권위를 빌려다 함께 쓰고 있으며 "선택된 국민", "약속의 땅", "순교자" 등 다수의 중요한 개념 내지 상징도 빌려다 유추적인 차원에서 원용하고 있다. 그리하여 미국 공민은 제도적 종교와 세속적 종교의 두 가지 다른 차원의 종교를 함께 신봉하고 있다. 미국 공민사회의 성원은 자신이 가입해 있는 유태기독교의 다양한 교파에 속하는 제도 종교를 개별적으로 각각 신봉하면서 동시에 이 공통의 세속적 종교로서의 공민종교를 모두 같이 신봉하고 있다는 것이다.

> "우리는 오늘 한 정당의 승리가 아니라 자유의 경축을 목도하고 있습니다. … 저는 여러분과 전능한 신 앞에서 우리의 선조들이 거의 175년 전에 규정한 그 똑같은 엄숙한 서약을 맹세한 것입니다. … 세계는 오늘날 많이 다릅니다. … 왜냐면 인류는 그의 불완전한 수중에 모든 형태의 인간 빈곤을 폐기할 힘과 모든 형태의 인간 생명을 폐기할 힘을 보유하고 있기 때문입니다. 그러나 우리의 선조들이 분투했던 동일한 혁명적 신념들은 아직도 세계 전역에서 계류중입니다. 인간의 권리는 국가의 관대함에서가 아니라 신의 손으로부터 나온다는 그 신념 말입니다. 양심을 우리의 분명한 보상으로 삼고, 역사를 우리 행동의 종국적 심판관으로 삼아, 우리의 사랑하는 나라를 이끌기 위하여 전진합시다. 신의 축복과 도움을 간구하면서, 그러나 여기 지상에서 그의 과업은 진실로 우리 자신의 과업이어야

함을 알면서 말입니다."

이것이 그의 짧은 연설에서 케네디가 신의 이름을 세 번 언급한 것들이다. … 케네디가 언급을 하는 방식 자체가 오늘날 종교의 본질적으로 퇴화한 위치를 보여준다고 〔공민종교 개념에 대해〕 반론을 제기할지도 모른다. 그는 예수 그리스도에 대해서도, 모세에 대해서도, 또는 기독교 교회에 대해서도 언급하지 않았고, 물론 가톨릭교회에 대해서도 언급하지 않았다. … 케네디 대통령은 기독교도, 좀더 구체적으로 가톨릭 기독교도였다. 그러므로 신에 대한 그의 일반적인 언급은 그가 특수한 종교적 신앙을 갖지 않고 있다는 것을 의미하지 않는다. 헌데 그렇다면 왜 그는 그리스도는 세상의 주인이라는 취지의 말이나 가톨릭교회에 대한 어떤 존경의 표현을 포함시키지 않았을까? 그가 그렇게 하지 않은 것은 그것들이 그 자신의 사적 종교적 신념 및 그 자신의 특수한 교회와의 관계에 관한 문제들이기 때문이다. 그것들은 그의 공적인 직위의 수행에 어떤 직접적인 면으로도 적절한 문제가 아닌 것이다. 다른 종교적 견해들을 갖고 다른 교회나 교파들에 소속된 타인들도 정치적 과정에 동등하게 자격이 있는 참가자들인 것이다. 교회와 국가의 분리 원칙은 종교적 신념과 결사의 자유를 보장하며, 동시에 본질적으로 사적인 것으로 간주되는 종교적 영역을 정치적 영역으로부터 분명하게 떼어 놓고 있는 것이다.

교회와 국가의 분리를 생각할 때, 대통령이 신이라는 말을 사용한다는 것 자체가 어떻게 합리화되는 것일까? 대답은 교회와 국가의 분리가 정치적 영역에 종교적인 차원의 배제를 의미해 온 것은 아니라는 것이다. 비록 개인적인 종교적 신념, 숭배, 결사의 문제들이 엄격하게 사적인 일들로 간주되지만, 동시에 대다수의 미국인이 공유하는 어떤 공통의 종교적 지향의 요소들이 존재한다. 이것들은 미국의 제도들의 발전에 중대한 역할을 해왔고 여전히 미국적 삶의 맥락 전체에 종교적인 차원을 제공하고 있다. 이 공적인 종교적 차원은 내가 미국 공민종교(civil religion)라고 부르고 있는 일단의 신념, 상징, 의례 속에 표현된다. 대통령의 취임식은 이 종교에서 중요한 의례적 행사이다. 그것은, 무엇보다도, 가장 높은 정치적 권한의 종교적 정당화를 재천명하는 것이다. … 그 공민종교의 배후 모든 지점에는 성서적 원형들이 있다: 엑소더스(출애굽), 선택된 백성, 약속된 땅, 대신한 죽음과 부활. 그렇지만 그것은 또한 진정 미국적이며 진정 새롭다. 그것은 그 자체의 선지자들과 순교자들을 갖는다. 그것은

> 미국이 사람들이 만들 수 있는 한 완벽하게 신의 의지에 부합하는 사회이자 모든 나라들에 빛이 되도록 하는 데 관심을 갖는다(Bellah, 1970, 168~189).

벨라에 의하면 이 미국의 공민종교는 기독교의 제 교파나 유태교의 교리를 표방하는 것이 아니라 자유, 생존권 등 미국 체제가 그 위에 세워져 있는 자유 민주주의라는 정치적 이념의 가치들을 표방한다. 그리고 그것은 미국인들로 하여금 그러한 가치들을 더 완벽하게 실현해 가도록 촉구한다. 그러나 그것은 미국인들이 기독교의 제 교파나 유태교를 믿는 종교적 열정의 지원을 받는다. 뿐만 아니라 그것은 그러한 유태기독교 전통의 중요한 관념들을 환골탈태시켜서 사용한다. 청교도들이 종교적 박해를 피해 영국을 떠나 온 것을 유태인들이 이집트를 탈출한 사건인 엑소더스에 유추한다. 그들은 신이 세계 속에 자유 민주주의를 구현하기 위하여 선택한 백성이며, 미국은 그 약속된 땅이다. 링컨은 자유와 평등과 인권이라는 자유 민주주의의 가치를 위해 자기를 희생한 순교자이다. 무엇보다도 유태기독교의 신은 이러한 자유 민주주의 가치들을 실현하고 수호하라고 미국인들에게 명령한다.

미국의 공민종교가 미국에 세워진 기반으로서의 자유 민주주의의 가치를 종교적으로 숭앙한다는 것은 기본적으로 루소가 말한 공민종교의 규정에 들어맞는다. 그러나 루소는 거기에서 기독교 같은 기존의 제도종교의 역할을 배제했지만, 미국에서는 주요 제도 종교들이 그러한 공민종교를 위해서도 지원을 하는 역할을 한다고 벨라는 보는 것이다. 이것은, 가끔 오해되는 것처럼, 기독교 같은 제도종교들 자체가 공민종교라는 뜻이 아니다. 미국의 공민종교는 자유 민주주의라는 세속적 이념을 "종교적 차원"에서 숭앙하는 것을 가리키는 것이다. 그것은 일단 미국의 주요 제도종교들과는 별개로 존재한다. 하지만 동시에 제도종교들은 자신의 어떤 요소들을 환골탈태시켜 공민종교에서 사용하도록 지원도 하고 있다. 그리하여 이에 대해, 제도종교들은 일단 자신들로서 그대로 존재하지만 동시에 그렇게 자신을 환골탈태시킨 일부를 공민종교 속으로 연결해 놓은 이중의 모습을 띠고 있다고도 말할 수는 있을 것이다. 그렇게 환골탈태하여 공민종교 속으로 들어가 있는 요소들은 자유 민주주의적 덕목들을 발하는 이성적 신을 포함하여, 루소가 공민종교가 지녀야 할 소수의 필수적인 요소들이라고 말한 것들과 크게 다르지 않은 것이다. 다만 유태기독교의 어떤 특징적 요소들이 탈바꿈하여 들어 있다는 것이 벨라가 미국의 현실 속에서 고찰한 공민종교가 루소가 그의 당위론 속에서 역설한 공민종교와 다른 점이다.

벨라에 의하면 기독교 같은 어떤 제도종교 자체가 미국의 체제와 결합한 것이 아니기 때문에, 그 점에서는 루소가 말한 것과 다르지 않다. 다만 루소는 제도종교들의 일부 요소가 탈바꿈하여 공민종교를 이룸으로써 미국과 같은 근대 공민사회 체제와 결합할 수 있는 가능성을 생각하지 못했던 것이다. 미국의 주요 제도종교들이 자신들 그대로 존재하는 양식은 루소가 개인의견 차원의 믿음이라고 말한 모습과 같다. 그런데 여기서 한 가지 유의해야 할 점은 미국의 그 주요 제도종교들은 유태기독교라고 통칭되기도 하는 것처럼 같은 뿌리에서 나온 종교 내지 교파들이다. 제도종교들로서 개인적인 차원에서 신앙할 때와는 달리, 공민종교를 지원하기 위하여 탈바꿈하는 요소들은 그 주요 제도종교들의 공통분모들에 속한다. 하나의 종교적 전통으로 합쳐져서 탈바꿈한 모습으로 미국 공민종교 속에 들어가 있는 것이다. 즉 본래의 개인적인 종교로서는 각각 나뉘어 있지만 공민종교를 지원하기 위하여 탈바꿈할 때는 하나로 통합되어 있는 것이다. 거기서 미국을 세웠던 청교도를 위시한 기독교 교파들이 주도적인 역할을 해왔다고 할 수 있다. 기독교 같은 기존의 제도종교는 개인적인 의견의 차원으로 남아 있어야 하며 공민사회와 결합하면 그 통합성을 해칠 것이라는 루소의 생각과 그만큼은 더 차이가 난다는 점을 덧붙일 필요가 있다.

5) 교회 대 왕권 분립의 세속적 탈바꿈

벨라의 공민종교 개념은 서구 근대 공민사회를 지켜주는 자유 민주주의의 이념을 따르는 강한 신념이 서구의 기독교 전통에서 나온 것임을 잘 말해 주고 있다. 자유 민주주의 이념 자체는 기독교 전통과는 별도로, 어떤 점에서는 그에 대한 반작용으로 형성되었지만 사람들이 그것을 신봉하는 데에는 기독교를 신앙할 때의 마음가짐이 강한 추동력을 제공해 온 것이다. 그러한 추동력의 지원을 받으면서 공민사회 성원들이 다소간에 통합된 마음으로 자유 민주주의를 종교적인 차원으로까지 신봉하는 것이, 강한 권력을 지니는 국가에 대한 공민사회의 자율성을 지켜주는 지지대가 되고 있다. 공민종교 위에서 공민사회가 국가에 대한 자율성을 안정적으로 확보하고 있는 것이다. 이것은 공민"종교"가 국가에 대하여 그러한 분립적 주도력을 가하고 있다고도 말할 수 있다. 미국의 경우, 공민사회에 존재하는 무수한 제도종교의 교회들이 공민종교로서 탈바꿈하여 지원할 때는 하나가 되어 국가에 대해 그러한 분립적 주도력을 가하고 있다는 것이 된다.

다시 말해서 미국의 공민종교는 공민사회 속에 마음으로 통일된 교회를 갖고 있으면서 그것이 미국의 자유 민주주의 국가체제를 지원하는 속에서 제어까지 하는 것이다. 이 점과 관련하여 기독교 같은 제도종교는 공민사회의 통합성을 저해하고 분열만을 야기하도록 되어 있다는 루소의 생각은 세밀한 교정이 필요하다고 할 수 있다. 먼저, 공민종교의 통일된 존재는 민주적 국가의 보루가 된다는 것이다. 공민종교가 통합적으로 자유 민주주의를 지원하는 것이, 우선 자유 민주주의에 반하는 다른 이념 내지 이념적 존재가 국가의 운영에 개입할 가능성을 막아 주는 것이다. 자유 민주주의는 공민사회의 자율성을 지향하는 이념이기 때문에, 이것은 당연히 공민사회의 자율성을 지원하는 것이 된다. 루소의, 기독교 같은 기존의 제도종교가 국가의 통합성을 저해할 것이라는 우려는 그런 제도종교가 기존에 그랬던 적이 있는 것처럼 자유 민주주의와는 다른 정치적 가치를 고취할 가능성을 고려한 것으로 이해될 수 있다. 또는 그 이상으로, 그 교회가 다소간에 별개의 정치적 권력으로까지 작용하여, 기존의 군주정을 약화시키는 것과 같이 민주적 국가도 약화시킬 가능성을 우려한 것이라고 할 수 있다. 그 점에서 공민종교가 국가의 통합성을 지원해야 할 당위성을 강조한 루소의 생각은 타당하다고 할 수 있다.

그러나 루소는, 자유 민주주의와는 다른 이념이 국가 운영에 작용하지 않는 경우에도 국가 운영자의 개인적 성향 등에 의하여 국가가 그 권력을 남용하여 공민사회의 자율성을 해치려 들 가능성은 고려에 넣지 않았다고 할 수 있다. 어떤 이유에서든 국가가 그렇게 잘못 운영될 가능성에 대하여, 국가 밖 공민사회 속에 그러한 것을 용납하지 않는 강한 정신적 구심점이 자리 잡고 있다면 그것이 근본적인 통제력을 발휘하게 될 것이다. 바로 이 점에서 공민종교는 국가의 통합성을 지원하는 동시에 그 자체는 국가와 분립하여 공민사회 속에 터 잡고 있어야 하는데 이 당위성을 루소가 인식하지 못했다고 할 수 있다. 통합성만을 강조하고 그러한 분립의 중요성을 강조하지 못한 것은 그가 아직 국가와 분화된 근대적 공민사회라는 관념을 명확히 갖지 못하고 있었기 때문이다. 루소는 분명히 영국에서 사회계약론이 홉스를 지나 로크를 거친 것을 받아들여 발전시키려고 의도했지만, 당시 프랑스의 뒤처진 상황에서 그 점과 관련하여 완전히 홉스를 지난 공민사회관을 갖지 못했다고 할 수 있다. 유럽에서 국가와 교회가 분립되어 있던 기존의 상황을 문제시하면서 국가 권력의 통합성을 주문한 홉스의 당위관을 루소가 적극 지지한 것이 이를 잘 보여주고 있다. 국가 권력의 통합성을 당위시하는 이러한 루소의 관점은 이후 국가와 공민사회의 분화를 명확히 개념화해내면서도 국가의 주도권을 강조한 헤겔에게, 다시 한 번 어느 정도 영향을 미쳤다고 할 수 있을 것이다.

자유 민주주의를 신봉하는 서구 현대의 공민들이 그것을 마음속에 국가와 분립된 공민종교의 통합된 교회로서 갖고 있다고 했을 때, 그것은 중세 서구에서 교회와 왕권이 분립되어 있었던 것의 근대적 탈바꿈이라고 할 수 있다. 그러한 분립이 탈바꿈하여 근대 공민사회의 존립에 결국 역사적으로 도움을 주게 될 것을 알지 못하고 민주적 국가의 권력을 약화시킬 분열적 측면만 본 것이 루소의 궁극적인 한계라고 할 수 있을 것이다. 중세 서구에서는 교황의 종교적 권위와 군주의 정치적 권력이 분립되어 있었다. 그것은 어떤 점에서 서구 근대의 국가와 공민사회의 분화에 상응하는 것이었다(Hefner, 1998: 19 참조). 그때 군주는 종교적으로 교황의 권위하에 놓여 있었지만 그의 세속적 권력행사는 기본적으로 종교적 교리 바깥에 놓여 있었다. 그리하여 절대주의 왕정의 시기에는 군주가 그의 막강한 권력을 자의적으로 휘두르며 국민 위에 군림하게 되었다. 교회와 정치의 분립이 국가와 공민사회의 분화로 이어지지 않고 있었던 것이다.

절대주의 왕정을 무너뜨리고 자유 민주주의 체제를 도입하면서 사람들이 세속적 영역에서는 종교 대신에 주로 자유 민주주의의 이념을 신봉하게 되었다. 그런데 중세 때의 종교와 달리 이 자유 민주주의의 이념은 정부의 권력 행사를 적극적으로 이끌고 규제하게 되었다. 그렇게 하여 이념은 공민사회를 수호하는 궁극적인 힘이 되고 있었다. 이념과 정치의 결합이 국가와 공민사회의 분화를 뒷받침하고 있었던 것이다. 거기에서 종교는 사라지지 않고 뒤에서 그러한 이념에 종교적 차원의 신념을 공급하게 되었다. 중세 때 전면에 있을 때에는 군주의 세속적 권력 행사에 개입하지 않음으로써 사회의 자율성에 도움을 주지 않고 있다가 이제는 배경에서 자유 민주주의를 향한 신념에의 작용을 통하여 사회의 자율성에 도움을 주게 된 것이다. 중세 때 서구에서 자리 잡게 된 교회와 정부의 분화는 근대에 들어와 그렇게 세속적으로 탈바꿈함으로써 근대적 공민사회의 발전을 뒷받침하게 되었다.

고대 그리스의 민주정에서는 정부와 분립한 기독교 교회가 아직 존재하지 않았었다. 원래 고대 그리스에는 수많은 신들이 존재하는 상당히 자연주의적인 종교가 있었는데 그것이 민주정과 인본주의 철학이 발전하는 속에서도 존속하고 있었다. 그러한 자연주의적 종교와 인본주의 철학과 이념 없는 민주정은 서로 어떤 유기적인 관계도 없이 공존하고 있을 뿐이었다(Rhodes, 2003: 115). 그러다가 로마제국 시대에 기독교가 이스라엘로부터 들어오게 되었고 로마제국이 종국적으로 그것을 국교로 채택함으로써 로마제국의 관료제적 정부조직이 기독교의 교회가 되었는데 서로마제국이 멸망함으로써 교회로서만 존재하게 된 것이다. 그로부터 시작된 서구 중세에서의 교회와 군주정의 분립은 천년 후에 세속적으로 탈바꿈하여 근대적 공민사회의 발전을 뒷받침하게 되었던 것이다. 이스라엘에서 들어온 기독교는 서구 근대적 사회의 하나의 중요한 역사적 원천이었던 것이다.

그런데 기독교는 선지자들의 전통을 지니는 유태교에서 발전해 나온 종교이다. 선지자란 군주의 정부 밖 "들"에서 출현하여 "신의 소리"를 대변한다는, 정신적 권위만을 가지고 군주의 정부에 맞서는 것을 두려워하지 않고 사회의 지도자를 자임하는 존재이다(Fergusson, 2004: 67 참조). 그러한 선지자들이 계속 출현하여 그렇듯 순전히 정신적인 권위를 가지고 활동할 때 이스라엘의 민중들은 그 정신적 권위에 복종하였고 그러자 군주들도 그들을 무시할 수가 없게 되었다. 예수 역시 "들"에서 그러한 정신적 권위를 가지고 새로워진 가르침을 펴나갔다. 그리고 끝까지 세속적 권력에 맞서 율법의 근본적인 "의로움"을 지키려는 모습을 극대화시켜 보여주었다. 이후 시간이 흘러 결국 로마가 기독교를 국교로 채택하고 황제가 그 교회의 수장을 겸한 다음에도 기독교의 이러한 성격은 침전되었지 사라진 것은 아니었다고 할 수 있다. 그러다가 서로마가 멸망하여 교황이 국가와는 별도로 존재하는 교회의 수장이 된 이후 서구 중세에 군주들의 정부와 종종 갈등적인 면모를 보일 정도로 분립성을 유지한 것은 기독교가 출범할 때의 모습을 생각한다면 우연이라고만 할 수는 없는 것이다. 서구 근대의 자유 민주주의 체제에서 정치와 종교의 분리가 흔히 헌법으로까지 규정된 속에서, 제도종교들이 통합적으로 탈바꿈하여 그 기저로 작용하는 공민종교가 국가에 대한 공민사회의 자율성을 확고히 지원하게 되었을 때, "들"에서 "의로움"을 외치는 그러한 선지자적 지향이 되살아나 탈바꿈한 모습도 볼 수가 있는 것이다(Alexander, 2005 참조).

6) 국가와 공민사회에 걸쳐 있는 동류의 엘리트

공민사회의 성원 일반이 자유 민주주의를 함께 받드는 것이 국가에 대한 공민사회의 자율성을 확고히 받쳐주는 것의 한 가지 기제는 공민사회와 국가 분화의 경계를 넘어 동류의 엘리트 집단이 자리 잡고 있다는 점이다. 국가 담당자가 공민사회와 동일한 이념을 공유하면서 공민사회가 그에 관한 정신적 권위를 지닌다는 것을 받아들이고 있으면 공민사회는 그러한 정신적 힘의 작용경로를 통해 국가를 제어할 수 있게 된다. 그런데 그러한 정신적 힘의 연결고리는 공민사회에서 그러한 권위를 실제로 표출하는 성원들과 국가 담당자들이 동류의 엘리트로서의 의식을 공유할 때 확고히 작용하게 된다. 양쪽의 엘리트가 같은 이념에 대한 소양을 지녔다는 자부심을 가지고 동일한 지위집단으로서의 동류의식을 공유하고 있으면 그것이 그 이념에 기반하여 발해지는 교신을 저항감 없이 쉽게 받아들이게 해준다. 이와 관련하여 국가 담당 엘리트의 충원은 개방되어 있다. 소양을 어느 수준 이상으로 획득한 시점에서 공민사회에서 활동하느냐 국가로 들어가느냐 하는 선택을 하게 되는데 국가로 들어가는 선택을 자유롭게 할 수가 있는 것이다. "공부하여 공무원이 될 수 있는" 이러한 개방성은 공민사회와 국가에 걸치는 엘리트 동류의식의 중대한 조건이 된다. "공부하여" 국가담당 엘리트가 될 수 있다는 것은 "공부하여" 공민사회 속 엘리트가 될 수 있다는 것도 동시에 의미하기 때문에 이것은 사회계층체계에 개방성이 일차적 원리로 자리 잡는다는 것을 의미한다.

서구 근대에는 자유 민주주의적 법치에 대한 소양을 공유한다는 점에서 다소간에 동일한 지위집단이 공민사회와 국가 모두에서 "엘리트" 역할을 하고 있다. 중세 때는 그러한 세속적 지위 집단이 전반적 엘리트 집단으로 성장해 있지 않았다. 국가에는 세속적 소양도 필요 없이 혈통에 기반한 엘리트로서의 귀족이 주된 엘리트 집단으로 자리 잡고 있었고 국가 바깥에는 종교적 권위에 기반한 사제가 주된 엘리트 집단으로 자리 잡고 있었다. 이것이 당시 공민사회가 부재했던 것과 결부된 한 가지 모습이었다. 그러나 근대로 들어오면서 세속적 엘리트가 자라나고 있었던 것이다. 이미 논한 바 있듯이 영국 공민사회의 한 가지 중요한 연원은 대헌장이었는데 이것은 각지의 대귀족들이 국왕 정부의 임의적 권력 운용으로부터 자신들의 기득권을 지키기 위해 창출한 문서였다. 그러나 공민사회의 토대가 본격적으로 갖추어지기 시작한 것은 젠트리가 전반적 엘리트로 성장하면서였다. 이들은 공민사회의 발전을 이끄는 주된 세력이 되었을 뿐 아니라 그 일부는 국가로 나아가 그 주된 담당 세력이 되었다. 그것은 곧 공직의 개방성을 의미할 뿐 아니라 그러는 과정에서 젠트리 자체가 완연한 개방적 엘리트로 화하고 있었다. 그리하여 종국적으로 자유 민주주의적 법치의 소양에 대한 자부심을 공유하는 개방적 엘리트 집단이 영국에 자리 잡고 앞에서 논한 이념과 정치의 결합하에서 국가와 공민사회의 경계를 넘어 동류의식을 갖고 공존하면서 그 분화를 유기적으로 구현해 내게 된 것이다.

2. 공민사회의 지식인 엘리트

1) 유럽 문명의 도시적 특성이라는 오해

그런데 젠트리는 그 기원이 농촌에 있는 엘리트였다. 이와 관련하여 이 절에서는 서구 근대 공민사회의 뿌리가 도시에 있다는 꽤 널리 유포되어 있는 고정관념이 잘못된 것임도 알게 될 것이다. 우리는 이미 1장에서 영어 citizen이 도시의 주민을 가리키는 것이 아니라 전국의 국민 내지 공민을 가리키는 것임을 자세히 살펴보았다. 그런데 서구 공민사회의 성원권은 그렇듯 전국적인 것이지만 서구 공민사회의 분위기를 주도해 온 것은 아무래도 도시가 아니겠느냐 하는 반문을 하려는 사람이 있을지 모른다. 도시는 유럽 문명을 특징지어 온 존재라는 고정관념이 상당히 널리 유포되어 있기 때문이다. 도시가 서구 문명을 특징짓는다는 그 고정관념을 좀더 구체적으로 서술하자면 다음과 같은 것이다. 즉 유럽 문명의 요람으로서의 고대 그리스는 도시국가들로 이루어져 있었는데 이 도시국가가 민주정의 산실이었다. 고대 그리스에 이어 유럽문명을 발전시켜 간 고대 로마 역시 도시국가로부터 시작하였고 로마제국이 멸망한 후 시작된 서구 중세 역시 자치권을 향유하게 된 도시들이 그 발전을 이끌어 갔고 급기야는 그 도시의 주민들이었던 상공인들이 자본가 계급으로 성장하면서 근대 사회가 도래하였다는 것이다. 한 마디로 자율성을 발하는 도시 및 그 문화가 유럽 문명의 독보적 발전을 시종 추동해 온 특성적 요소라는 것이다. 그리고 그러한 문화의 담지자로서의 도시민들이 자율성을 만개시켜 민주주의와 자본주의를 창출하였다는 것이다.

이 절에서는 그 고정관념이 잘못된 것임을 자세히 보여주려고 한다. 그리하여 서구 근대 공민사회의 역사적 기반은 농촌에 있었고 그로부터 전국적 엘리트가 성장하여 공민사회를 이끌었다는 사실을 살펴볼 것이다. 그런데 여기서 먼저 분명히 해두어야 할 것은 그 고정관념의 타당성 여부가 앞 장들에서 살펴본 서구 공민사회 개념의 핵심적 의미와는 무관하다는 것이다. 설사 그 고정관념이 맞는 것이라고 하더라도 공민사회 개념에는 영향을 주지 않는 것이다. 그 점에서는 1절에서 살펴본 자유 민주주의의 종교적 신봉이라는 사실도 마찬가지이다. 말하자면 설사 공민종교라는 것이 존재하지 않는다고 하더라도 서구 공민사회 개념의 핵심적 의미에는 아무런 영향이 없는 것이다. 그럼에도 이들 측면들에 관한 사실을 분명히 해두려는 것은 그 자체로 의미 있는 작업일 뿐 아니라 공민사회의 역사적 사례들의 비교연구에 활용될 수 있는 요긴한 자원을 추가해 주기 때문이다.

2) 세계 역사 속 "도시국가" 체제의 광범위한 존재

먼저 고대 유럽의 도시에 관한 오해를 다루도록 하겠다. 우선 고대 그리스의 도시국가 체제의 독보성이 이후의 유럽 문명에 특성적인 각인을 남겼다는 것에 대해서 논한다면, 최근 한 세기 남짓 이루어진 수많은 역사적, 고고학적 연구들을 통하여 세계 많은 곳에서 문명이 출현하는 초기에는 도시국가로 존재했었다는 것이 밝혀졌다(Nichols and Charleton eds., 1997). 즉 고대 그리스처럼 하나의 도시를 중심으로 한 크지 않은 영토를 지닌 국가로 존재했었다는 것이다. 그리고 사막같이 지리적 환경이 특수한 경우에는 문명이 상당히 성장했을 때도 하나로 통일된 국가가 아닌 도시국가들의 망으로서 존재하는 경우가 적지 않았다. 예컨대 고대 인더스 문명이나 메소포타미아 문명에서 그러한 사례를 볼 수 있으며 서아시아 아람인이 형성한 도시국가들의 망 체계는 그들 사이의 외교적 교신의 축적으로 그들의 언어인 아람어가 서아시아 전체의 국제어로 채택되게 할 정도였다. 이후 서아시아의 해안가에 살았던 페니키아인들은 지중해 연안의 여러 곳에 작은 도시국가들을 식민지들로서 건설하였는데 역시 지중해 연안에 살았던 고대 그리스인들은 문자와 종교를 포함한 많은 것을 페니키아 내지 "중동"의 문명 전반으로부터 받아들일 때 그러한 도시국가 체제도 같이 받아들인 것이라 할 수 있다.

세계 다른 곳들로부터 받은 그러한 문화적 영향에 더해, 해안가에 존재하면서 수많은 산들이 나누어 놓은 분지들로 이루어진 펠로폰네소스 반도의 지형적 특징은 그리스 문명이 성장한 이후에도 도시국가들의 분립이 계속되게 한 강화요인으로 작용했다고 할 수 있다. 그리하여 그들 자신은 통일국가를 이루지 못하고 상호 경쟁하는 구도를 계속해 나갔다. 그들은 그렇게 좁은 영역 이상의 것을 국가라는 것의 기대치로 바

랄 수 없게 된 것이다. 아테네가 직접 민주정을 발전시킬 수 있었던 데에는 좁은 영역의 국가라는 것이 어느 정도 유리하게 작용했다고 볼 수 있지만 도시국가라는 것이 민주정을 낳은 특성은 아니라는 점은 세계 다른 곳의 도시국가 내지 도시국가 망들이 그러한 민주정을 발전시킨 것은 아니라는 것에서 알 수가 있다. 물론 그리스의 수많은 도시국가들 중에서도 유독 아테네만이 정확히 그러한 민주정을 발전시켰다는 것은 좁은 영역이라는 것이 그 독보적 정치형태와 직결되는 것은 아님을 더욱 확인시켜 준다. 독보적인 것이 있다면 그런 공간적인 요인보다는, 무엇보다도 정치인들을 위시한 아테네 사람들이 도출해 낼 수 있었던 창의력이었다고 할 수 있다. 그러나 그렇게 창의적일 수 있었던 아테네 사람들도 스파르타를 위시한 다른 그리스인 도시국가들에 대하여 패권주의적 행보를 보이고 서로 반작용들이 이어짐으로써 소모적이기만 하였던 장기간의 동족상잔이 귀결된 것이다. 그렇게 그들 자신이 하나의 큰 국가로 통합해 나가지 못하다가 결국 북쪽의 마케도니아 왕국에 정복당함으로써 그리스 도시국가들의 분립체제도 사라지게 되었다. 물론 아테네의 민주정도 소멸되었다.

3) 유한 지식인이었던 고대 유럽의 공민

도시가 유럽 문명의 연속적 특성이라는 고정관념은 도시에 관한 동일한 속성을 시대를 거슬러 역추정하는 일을 낳기도 한다. 그리하여 고대 도시의 주민들도 중세 도시의 주민들인 "부르주아"처럼 직업적으로 주로 상공업에 종사하고 있었다는 오해를 하는 일이 생기기도 하는 것이다. 고대 그리스 도시국가들을 대표하는 각 도시는 작은 면적의 국가의 밀도 높은 중심인 만큼 전통적으로 한 국가가 포함할 수 있는 다양한 직업의 주민들이 존재하였다. 다양한 가운데에도 산업으로 말하자면 세계 여느 곳에서처럼 당연히 농업과 관련된 사람들이 압도적으로 많았다. 아주 많은 사람들이 도시 주위의 농촌지대에 땅을 소유하고 있으면서 그것을 경영하거나 경작하고 있었던 것이다. 물론 그 대부분의 경우는 인구가 자유민인 공민의 수배에 달하는 노예를 사역하여 영농을 하고 있었다. 그렇듯 불평등 구조가 발달하게 된 농업이 아테네 민주정의 기반이었다는 주장도 제기되고 있다(Midlarsky, 1992). 물론 상업이나 공업 활동에 종사하는 사람들도 존재하긴 하였지만 결코 나중의 중세 서구에서처럼 양적으로도 질적으로도 도시를 대표하는 존재는 전혀 아니었던 것이다. 페니키아인들처럼 그리스인들도 지중해를 이용한 해상교역 활동을 벌였지만 그것은 농업과의 관계에 있어서 어디까지나 부차적인 경제활동이었던 것이다.

공민들의 많은 경우가 농업에 관여하면서도 직접 경작을 하지 않는 등 육체적 "생산" 활동으로부터 비교적 자유로웠다는 점에서 유한계층으로 존재하고 있었다. 그렇듯 마음껏 누릴 수 있는 여가를 그들은 연극 관람, 학문 토론 등 활발한 지적 활동으로 보내고 있었다. 그리하여 공민들은 지식인이라는 면모를 또한 상당한 정도 지니고 있었다. 그들의 높은 지적 수준이 그에 상응하는 상호간 존중과 공익 강조의 분위기를 마련하고 그것이 아테네의 직접 민주정을 가능케 한 중요한 토대였음은 부인할 수 없을 것이다. 그런데 그들은 비록 자연주의적인 다신교를 계속 신봉하면서도, 학문적 토론을 할 때는 인간의 이성에 입각한 논리를 주로 사용하는 탁월성을 보여주고 있었다. 그리하여 그들 가운데로부터 다양한 주장을 펼치는 많은 철학자들이 나오게 되었던 것이다(Stambough, 1974: 319 참조). 그러한 지적 활동은 그리스인들의 세계 전체 속에서 이루어지고 있었다. 고대 그리스의 공민들은, 무엇보다도, 농업 생산에 기반을 두면서도 여가를 누리며 범그리스적으로 지적 교류를 하고 있었던 지식인들이었던 것이다. 노예를 부리는 농업에 기반을 둔 인문적 지식인이라는 이러한 지배계층의 성격은 로마에 계승되었지만 빠르게 거대국가로 성장하게 된 로마는 국가 관료제가 발전하게 되었다. 그리하여 인문적 지식인이라는 성격을 유지하면서도 직업적으로 그 관료제를 운영하는 집단으로서의 관료가 그 사회의 주된 엘리트 계층으로 자리 잡게 되었다.

4) 농촌을 기반으로 전국적으로 자라난 서구 근대 공민사회

서로마 제국이 멸망하고 게르만 부족들에 의해 새 문명으로서의 서구 사회들이 등장했을 때는 처음부터 넓은 영토를 지니는 국가들로 출발하게 되었다. 그러한 차이에는 그리스 로마 문명이 지중해 연안을 중심 무대로 삼고 있었던 데 반해 이들 서구 사회들은 알프스 이북의 내륙을 중심 무대로 삼게 되었다는 지리적 환경의 차이가 일조하고 있었다. 서구 중세에는 도시가 각 사회의 중심적 존재로 출발하지조차 않았던 것이다. 베버는 고대의 귀족이 애초에 도시에 터를 잡고 있었던 데 비해 중세의 귀족은 처음부터 농촌에 터 잡고 있었다고 말한다(Weber, 1998: 344). 서구 중세의 봉건제라는 것은 바로 이러한 농촌귀족들이 각지에 영지를 소유하고 그 안의 농민들을 농노라는 예속적 신분으로서 다스리면서 부리는 것이었다. 근대 서구 공민사회의 토대를 만든 것이 바로 이 농촌 귀족들이었다.

영국에서 국가로부터 공민사회의 자율성을 지키려는 지향이 대헌장(Magna Carta, 마그나 카르타)으로부터 비롯되었다고 했을 때, 그것은 영국의 농촌에 터 잡고 있던 전국 25명의 대귀족("baron")들이 국왕의 통치 행위로부터 자신들의 봉건적 기득권을 지키려는 문서였다. 그것은 당시 존 왕이 임의로 세금을 늘린 데 대해 그들이 들고 일어나 왕에게 힘으로 서명을 강요한 문서였다. 차후로는 세금같이 그들의 이익에 중대한 영향을 미치는 정책을 시행할 때는 그들 귀족들로 이루어진 모임의 자문을 구해야 하며 법에 의하지 않고는 인신에 제약을 가할 수 없다는 내용을 주된 골자로 하고 있었다. 원래 그 귀족들은 자기들이 다스리는 영지에 터 잡고 국왕에 대하여 고도의 자율성을 누리고 있었는데 세월이 흘러 조금씩 중앙집권화가 진행되면서 권력이 증가한 국왕이 그 자율성을 섣불리 침범하다가 역공을 당하고만 것이었다. 대헌장은

왕에 대해 그들 전체로서의 봉건적 자율성을 확립시킨 문서였는데 영국에서 왕정에 대한 이 귀족사회의 자율성이 점점 공민사회의 자율성으로 바뀌어 간 것이다(Painter, 1947 참조).

5) 서구 중세도시의 자율성이라는 오해

서구 근대 공민사회의 뿌리는 이처럼 농촌에 있었지 도시에 있었던 것이 전혀 아니다. 그럼에도 근대 공민사회가 중세도시의 자율성과 그 주민인 상공업자, 즉 원래 의미의 부르주아의 진취성으로부터 자라나온 것이라는 고정관념이 있었던 것이다. 그러한 도시적인 요소들이 근대 민주주의의 기반으로서의 정치적 자유뿐만 아니라 자본주의의 기반으로서의 경제적 자유를 키워왔다는 것이다. 그러나 그것은 사실이 아니었다. 도시의 자율성이나 도시민의 진취성이라는 것 자체가 허구에 불과한 것이었다. 우선 도시들이 종종 획득한 "자치권"이 대단히 과대평가되어 온 측면이 있다. 그것이 도시와 그 주민이 대단한 자율성을 군주나 영주들로부터 누리고 있었음을 의미한다고 믿는 것이다. 그러나 이에 관한 진실은 그들이 군주나 영주들에 대하여 대단히 종속적인 관계에 놓여 있었다는 것이다. 그들은 군주나 영주와 맺은 그러한 종속적인 관계를 이용하여 그들의 영리활동에서 잠재적 경쟁자들의 진입을 봉쇄하고 독점적인 위상을 유지할 수 있었다. 캐츠는 다음과 같이 정리하고 있다.

> 중세의 상인 자본주의의 부흥은 봉건적 생산양식에 의해 생성된 농촌의 기력 상승에 토대를 두고 유지되었다. 영주 수입의 증가하는 규모와 가처분량이 중세 유럽에서 국제무역의 확대와 수공업장의 발달과 상업 및 금융 중심들의 성장의 연료였다. … 봉건 영주와 상인은 "지대가 수탈의 주된 양식으로 남아 있고 자본은 생산과정에 대해 외적인 존재로 남아 있는 동안, 농촌의 착취"에 대하여 귀족체제와 객관적 이익을 공유하였다. … 도시의 공업에 대한 수요란 전형적으로 영주들의 사치품목들과 군주정의 군수적, 행정적 지출로부터 생기는 것이었다.

> 하지만 사치품에 대한 수요는 전반적 경제발전에는 단지 제한적인 중요성만 지녔다. 사치품 생산은, 바로 그 성격상, "손재주에 의존하며 기계에 의존하지 않는다. 고객이 찾는 것은 상품의 개별적 빼어남이지 저렴성이나 효용이 아니다."… [상인들은] 구체제에 대한 예속으로부터 자신을 해방시키지도 않았고 독립적인 도시 내 공업 토대를 수립하지도 않았다. … 인류역사의 전혀 새 시대를 약속하기는커녕 상업 부르주아지는 봉건 귀족제와 한 통속을 이루고 있었다 (Katz, 1989: 102).

궁극적으로 부르주아는 상품의 확대재생산을 통해서 부를 축적하는 자본주의적 지향을 가지고 있지 않았다는 것이다. 기본적으로 계속 단순 재생산되는 부의 유통과정에서 더 큰 몫을 차지하는 것을 부의 원천으로 삼는 전통주의적 지향을 유지하고 있었다는 것이다. 그러기 위해서는 유통과정에서 독점적 지위를 차지하는 것이 필수적인데 거기에서 정치권력의 비호가 절실했다는 것이다. 정치권력의 비호를 확보하기 위하여 그들은 영주나 군주에 대한 종속관계를 달게 받아들였다. 뿐만 아니라 이들 봉건귀족은 농민들의 생산으로부터 나오는 부를 갖고 도시의 상공업자들로부터 사치품을 소비하는 고객이었는데 사치품은 상공업자들의 전통주의적 생산의 주된 품목이었다. 이렇게 봉건체제에 대해 정치적으로 경제적으로 예속적인 관계를 달게 받아들였던 도시의 부르주아는 자기들 사이에서도 길드, 즉 동업자 조합을 만들어 경쟁을 봉쇄하고 독점을 유지하려고 하였다. 길드 내에서도 장인과 직인 사이의 관계는 영주와 농노 사이의 관계와 진배없었고 또한 상인은 공인을 예속시키고 있었다. 그들은 결코 정치·경제적으로 진취적인 지향을 지니지 못하고 있었던 것이다. 그렇기 때문에 그들은 민주주의와 자본주의를 일구어 낸 근대 서구 "공민"의 역사적 조상이 전혀 아니었다.

6) 젠트리가 확대시킨 영국 근대 공민사회의 토대

근대 서구 공민의 역사적 조상은 농촌에 자리하고 있었던 것이다. 앞에서 우리는 영국에서 농촌에 토대를 둔 대귀족들이 국왕에 대한 그들의 자율성을 확립함으로써 근대 공민사회의 토대를 마련했음을 살펴보았다. 그러한 토대를 전반적으로 확대한 계층이 바로 젠트리(gentry)였다. 젠트리는 원래 귀족의 자식들 가운데 장자상속제에 의하여 귀족의 작위를 상속받은 장남을 제외한 자식들 및 그 자손들이 세대가 많이 지나고 인구가 늘어나 귀족으로서의 신분적 위신이 많이 엷아져 있는 그런 사람들이었다. 시간이 흐르면서 아주 부유한 농민이나 크게 성공한 전문직 종사자 등 유력 평민들도 그러한 위신을 같이 누리기 위하여 이 집단으로 상승해 들어오는 가운데 오히려 그들이 다수를 차지하는, 상당한 인구의 집단이 되었다(Tawney, 1941: 4). 그리하여 극소수인 진짜 "귀족" 바로 아래에 위치하면서 그렇듯 상당한 인구를 지니고 실질적으로 진짜 "귀족"을 대신하는 "보편적인" 엘리트 계층으로 자리 잡게 되었다.

영어의 gentry는 gentleman을 집단적으로 총칭하는 단어이다. 이 gentleman을 중국에서 선비를 그 엘리트 계층으로서의 측면을 가리키는 신사(紳士)라는 말로 번역한 것을 우리가 오늘날 국어에서도 일반적으로 사용하고 있다. 중국에서는 역으로 과거의 신사 계층을 영어로 번역할 때 gentry라는 번역을 종종 사용하기도 한다(예컨대 Chang, 1955). 둘 사이의 한 가지 공통점은 양자가 모두 일차적으로 농촌에 터잡고 있던 엘리트 계층이라는 것이다. 그러나 물론 선비는 혈통이나 부가 아니라, "글을 읽은" 교양이 엘리트로서의 일차적 근거라는 점에서 오래 전에 서구인들이 "글을 아는 자들"이라는 의미의 literati(단수: literatus)라는 단어를 따로 조어하여 지칭해 온 바 있다. 시간이 흐르면서 영국의 gentry도 혈통의 규정성이 점점 더 약해지고 또한 글을 읽은 교양이 점점 더 중요해져 갔지만 똑같아진 것은 아니다.

영국의 근대 공민사회란 바로 이와 같이 농촌을 근거로 하여 전국적으로 발전해 간 사회이다. 그것은 대헌장으로 대귀족들이 국왕의 정부로부터 지키려고 한 자율성의 공간을 젠트리가 이어받아 지키며 점점 형태를 갖추어 나간 것이다. 그러한 맥락에서 인신보호령 등 대헌장의 정신을 심화시키는 법과 제도가 마련되어 나갔다. 그리고 의회가 발전하여 정부의 행정권에 맞서는 입법권을 갖는 또 하나의 "거점"으로 자리 잡았다. 형태를 갖추어 가던 공민사회는 국가를 에워싸고 작용을 가하는 과정에서 왕당과 의회당이라는 정당의 분화를 보게 되었다. 정당은 공민사회가 국가에 작용하는 통로 상에서 공민사회의 자율성이 표출된 분화 현상이라고 할 수 있다. 공민사회의 국가에 대한 작용은 영국에서 결국 입헌군주제라는 고대 유럽에는 없던 새로운 민주적 정체를 낳게 되었다.

7) 서구 근대 공민사회의 지식인 엘리트

젠트리로의 상승이 일어나는 주된 유력평민 집단의 하나가 법률가를 위시한 전문직 종사자들이었다. 그런데 흔히 법률적 전문 교양을 갖춘 이들 세속적 지식인들은 그 기능적 유용성에 의하여 비단 영국만이 아니라 서구 각 나라의 왕정에 고용되어 실무의 중요한 부분을 담당하고 있었다. 그들 중 일부는 귀족으로 자리 잡았는데, 프랑스에서는 그들을 법복의 귀족(noblesse de robe)이라고 불렀다. 반면 그에 대비시켜 원래 무력에 기반한 지배신분으로서의 귀족의 "기사적" 면모를 유지하는, 단지 혈통에 기반한 귀족을 부를 때는 대검의 귀족(noblesse d'épée)이라고 불렀다(Heller, 1977: 11). 대검의 귀족은 이들이 자신들과 동류가 되는 것이 반갑지 않았겠지만 이 신흥귀족들의 기능적 역량에 기반한 위상은 무시할 수 없는 것이었다. 하지만 그렇듯 왕정에 고용되어 귀족 신분을 획득한 사람들보다 훨씬 많은 지식인들은 신분상 평민으로 남아 있었다. 그러나 그들도 그들의 지식을 기반으로 하여 상당한 존경과 대우를 역시 다소간에 누리고 있었다.

이들 평민 지식인들은 그러한 대우를 받으면서 귀족으로의 상승 가능성까지 존재하였기에, 이후 프랑스 대혁명을 이념적으로 이끈 주된 세력을 이루게 된 그들이 "구체제의 신분적 차별의 철폐"를 혁명의 주된 이유로 내세운 것의 진정성을 부정하는 관점이 제기되곤 한다(예컨대 Katz, 1989: 160). 그러나 그러한 관점은 우선, 지식인이 단순히 자신의 개인적 처우에만 연계시켜 이념적 고취를 얻게 된다고 짧게 전제하는 것이 문제가 된다. 지식인은 종종 자신의 단순한 그러한 "이익"을 넘어 이상을 추구할 수 있는 높은 "콧대"도 지니고 있는 것이다. 뿐만 아니라 그들의 존경과 대우가 높아진 만큼 신분과의 괴리가 더 커진 것이 역으로 그들의 이념적 불만을 더 강화시킨 측면이 있었다. 즉 그들은 이제 귀족에 진배없는 대우를 받게 된 것에 만족해하는 것이 아니라, 자기들처럼 "실력"도 갖추지 못한 자들이 단순히 혈통만 가지고 귀족 "신분"을 내세우며 우월감을 발산하려 드는 것을 내심 참지 못하게 된 것이다. 그리하여 아예 혈통에 기반한 그러한 신분제도 자체를 이념적으로 반대하는 동기가 더욱 강렬해 진 것이다.

그런데 서구 중세 말에 전개된 역사적 상황 속에서 부르주아라는 말은 이들 지식인을 포함하는 유력평민 전체를 가리키는 의미로 사용되어져 왔다. 앞 장에서 살펴보았듯이 헤겔이 근대적 공민사회의 성원으로서의 공민을 부연하는 데 사용했던 불어 부르주아는 바로 이러한 용례로 사용되던 의미를 담고 있었던 것이다. 원래 독어의 Bürger와 불어 부르주아(bourgeois)는 다 같이 중세의 도시주민을 가리키는 말이었지만 유력평민의 성장이 앞서 이루어진 프랑스에서 부르주아가 유력평민 전체를 가리키는 데에 그렇게 쓰이게 되었기 때문이다. 그러나 부르주아도 원래 도시주민으로서의 상공업자 집단을 가리키던 말이었으며 그처럼 전국적인 유력평민을 가리키게 된 것은 그 의미가 변한 것이었다. 그렇게 의미가 변했기 때문에 헤겔이 독어 Bürger를 불어 부르주아로 부연하려고 하였던 것이다.

전국적인 유력평민도 도시 상공업자들처럼 귀족도 농노도 아닌 "중간" 신분이라는 공통점 때문에 불어에서 비유적 의미확대가 이루어진 것이다. 그러나 특히 지식인 집단은 상공인 집단과는 성격을 전혀 달리하는 집단이었다. 그들의 존재기반은 각지의 도시가 아니라 중앙집권화된 절대왕정과 그에 상응하는 전국적 사회였던 것이다. 그리하여 그들의 지식은 상공업에 관련된 기술적 지식에 국한된 것이 아니라 법률을 위시하여 국가경영에 필요한 전문지식 그리고 폭넓은 인문적 교양이었던 것이다. 원래 의미의 "부르주아"는 상공업적 생산활동에 종사하면서 그런 지식을 추구할 수 있는 여유시간을 향유할 수가 없었다. 그들 대부분은 그들의 생산활동에 필요한 기술 내지 실용적 지식을 습득하는 것이 고작이었던 것이다.

물론 상공인 가운데는 그들이 축적한 부를 활용하여 그들의 자손을 "지식인"으로 키우는 데 성공한 사람들이 적지 않았지만 그것은 어디까지나 부분적인 것이었다. 무엇보다도 중요한 점은 그들이 어떤 가족적 배경들을 갖고 있었느냐 하는 것과는 상관없이 그들 현재의 집단적 위상과 특성이 그처럼 다른 것이었다는 점이다. 우리는 앞서 맑스가 근대공민사회의 주역이 자본가 계급이라는 풍자를 하기 위하여 헤겔이 근대공민을 불어 부르주아로 부연한 것을 두 번이나 틀었다는 것을 살펴보았다. 그러나 헤겔이 그렇게 부연하는 데 사용한 부르주아라는 말 자체가 도시주민을 가리키던 원래의 뜻이 아니었던 것이다.

프랑스에서는 강렬한 이념적 고취에 추동된 평민 지식인들이 이끄는 가운데 유력평민으로서의 "부르주아"가 혁명을 이끌어 귀족을 몰아내고 자기 세상을 만드는 데 성공하였다(Soboul, 1988 참조). 그리고 그들 가운데에서 지식인 집단은 사회의 명실상부한 지배 엘리트로 자리 잡게 되었다. 그러한 위상 속에서 이제 그들은 공익을 강조하는 이념적 지향을 마음껏 발산할 수 있게 되었다. 그 공익을 구체적으로 어떻게 서술하느냐 하는 데에서 그리고 그 공익을 어떻게 구현할 것인가 하는 방법론에서 입장 차이를 보인다 할지라도, 그들은 추상적인 수준에서 공익에의 지향을 공유하며 사회에 대해 지도자적 위상을 발하고 있었던 것이다. 그리고 그것이 설사 지배 엘리트로서의 그들이 실제로 표현하는 계층적 이익이나 문화와 늘 합치하게 된 것은 아닐지라도, 그들은 그러한 이념적 지향점을 유지하고 있었던 것이다.

8) 영국 농촌에서 발전한 근대 자본주의

영국에서는 시간이 점점 더 흐르면서 유력평민 중의 부농들이 농업생산에서 더욱더 많은 부를 획득하기 위하여 갖가지 변화를 계속 도입해 나가게 되었는데 그로써 근대 자본주의가 영국 농촌에서 발전해 나가게 되었다. 먼저 그들은 농작을 계속하면서도 생산성을 높이는 기술혁신 및 농업 경영의 합리화를 증대시켜 나갔다. 그러면서 이른바 "현금 작물"같이 좀더 많은 수익을 올리는 작물들을 새로이 재배해 나갔다. 그러다가 좀더 많은 수익을 내는 양모를 생산하기 위하여 농경지를 양을 키우는 목장으로 대량으로 바꾸기까지 한 이른바 울짱치기(enclosure, 인클로저) 운동을 전개해 나갔다. 그것은 중세 도시에서 일반적으로 벌어지던 권력의존적이면서 기본적으로 단순재생산적인 경제활동이 아니라 진정 자율적이면서도 확대재생산적인 경제활동으로서의 자본주의라는 새로운 경제양식이었던 것이다. 흔히 지주로 화한 평민 출신의 부농들이 주도한 이러한 이윤 확대의 경기에 중세로부터의 지주로서의 토지귀족들도 동참하고 있었다고 할 수 있다. 그 반대편에서는 토지에 대한 소유권을 그들에게 양도하고 점유권마저 상실한 빈농들이 농업노동자로 화하고 있었다. 그리고 그들은 궁극적으로 공업노동자로 화하게 되었다. 브레너는 다음과 같이 적고 있다.

> 실로, 17세기 말이 되면, 영국의 지주들은 경작 가능한 땅의 압도적인 비율 — 아마도 70~75퍼센트 — 을 장악하여 자본주의적 계급관계가 다른 곳에 유례없이 발전하고 있었는데 이는 경제적 발전을 위해 중대한 결과를 낳았다. … 소농들이 땅에 대한 자유점유적 통제권을 수립하는 데 실패

> 함으로써 지주들은 땅을 차지하고 공고히 하고 둘러싸서 거대한 농장들을 만들고 그것들을 자본투자를 할 수 있는 자본주의적 임차농들에게 임대하였다. 이는 유의미한 농업 발전의 불가결한 선결조건이었는데, 농업 발전은 새로운 기술과 확대된 작업 수준의 도입에 관계된 상당한 자본 입력에 토대를 두는 것이었기 때문이다. … 농업적인 향상이 17세기 말에 이르러 이미 영국의 경제적 발전에 유의미한 효과를 내고 있었다는 것은 몇 가지 점에서 볼 수 있다: 가장 즉각적으로는 비교적 안정된 가격수준 그리고 그 세기 후반 인구의 (적어도) 유지, 장기적으로는 계속되는 공업적 발전과 국내 시장의 성장. … 농업적인 향상은, E. L. 존스에 의하면 17세기 말에 영국 인구의 40퍼센트가 농업적 고용에서 공업적 일자리로 바꾸는 움직임을 가능케 한 발전적 과정의 뿌리에 있었다. … 영국으로 하여금 공업화를 경험한 첫 번째 국가가 되는 것을 가능케 한 것은 실로, 궁극적으로, 농촌에서의 자본주의적 계급관계의 등장에 기반한 농업혁명이었다(Brenner, 1985: 48~54).

이렇듯 자본주의적 경제 양식과 계급 분화가 발전해 간 영국 농촌에서는 더욱더 많은 부를 획득하기 위하여 농가에서 방적과 방직을 중심으로 한 수공업을 벌이게 되었는데 그것이 농가 공업(cottage industry)이다. 토지를 상실한 대중은 이제 공업노동자로서 고용되었다. 시간이 흐르면서 이러한 확대재생산의 경기는 도시로 이어졌는데 이른바 "매뉴팩처"(manufacture) 등 기존의 도시에서 나타났던 생산 형태는 농촌에서 시작된 그러한 발전의 역학 속으로 흡수되었다. 멈출 줄 모르고 늘어간 확대재생산의 욕구는 결국 본격적인 공장제 기계공업의 발전을 추동하게 되었는데 그것이 이른바 공업혁명(industrial revolution)이다. 이렇듯 농업 자본주의로부터 공업 자본주의에 이르는 근대 자본주의의 발전은 영국의 농촌에서 비롯되어 도시가 내포되어 간 "전국적" 발전이었던 것이다. 오랫동안 그 과정을 이끌었던 농촌의 유력평민으로서의 부농은 성공하여 젠트리가 되고 결국은 자본가가 되어 가는 과정에서 그러한 경제적 게임에 귀족도 끌어들이고 있었다. 자기 영지 내에서 백성을 정치적으로 지배하는 영주이자 그들을 부려 그 땅을 농업적으로 경영하는 지주이기도 했던 귀족들은 영주라는 정치적 역할은 버리고 지주라는 경제적 지위만을 취해 자본주의적 영농으로 부를 증식하려는 경기에 적지 않게 합류하게 되었다.

그렇듯 영국 농촌의 유력평민들이 신흥 엘리트로서의 자본가 계급으로 성장하면서 기존의 엘리트로서의 귀족 신분을 포섭해 가는 과정에는 쌍방적인 교환의 면모가 일정하게 있었다. 귀족이 자본가의 영리 게임에 합류하는 동안에 자본가는 지배신분으로서의 귀족의 사회문화적 위상을 계승해 가고 있었던 것이다. 하위 계급을 경멸하면서 그들과 사회적으로 철저하게 장벽을 쌓고 극도로 위신을 표출하는 생활양식을 귀족으로부터 접수한 것이다. 다만 그것은 더 이상 혈통적인 신분이 아닌 획득적인 신분이라는 점이 달라진 것이다. 그러나 하층 계급으로부터 성공하여 자본가 계급에 합류한 개인은 젊은 시절 자기와 함께 했던 하층 계급 성원들을 야멸차게 외면하는 삶을 사는 것이다. "올챙이 시절"은 철저하게 잊고 올챙이 위에 경제적으로뿐만 아니라 사회적으로도 군림하는 "개구리"가 되는 것이다. 그리하여 영국에서는 자본가는 단순히 경제적인 차원의 지배계급이 되는 것에 그치지 않고 지배신분의 성격을 강도 높게 겸하는 집단이 되었다. 이것이 이후 영국의 특징적인 극렬한 계급 간 적대를 낳게 된 것이다. 이 점을 간과하고 계급 간 사회이동이 영국에서 낮기 때문에 계급간 적대가 강렬하다고 본 가설은 경험적인 연구들에 의해 기각되었다. 영국의 사회이동은 서구 다른 사회들과 비교하여 결코 더 낮지 않았던 것이다(Goldthorpe, 1987). 폐쇄적인 것이 있다면 서로간의 그러한 물리적인 이동 정도에 있는 게 아니라 서로를 대하는 마음속에 있었던 것이다. 그러한 계급적 관계 속에서도 노동자 계급은 여러 측면에서 성장해 갔고 시간이 흐름에 따라 참정권은 자본가를 중심으로 한 유산자 계급에서 노동자 계급으로 확대되었다. 그리하여 이제 모든 남자가 영어로 gentleman으로 불리게 되었으며 20세기에 들어와 참정권은 여성에게도 주어지게 되었다. 그만큼 근대 공민사회가 확대되어 나간 것이다.

9) 공익지향을 이끄는 엘리트로서의 지식인

이렇게 영국에서 유력평민으로서의 부농이 귀족까지 포섭해가면서 사회의 지배계급으로 자리 잡아 가는 그 물결이 같은 유력평민으로서의 지식인 집단에게 상당히 강한 중력을 가하게 되었다. 우선 유력평민이 자본가라는 획득적인 지배 계급이 됨으로써 혈통신분을 현실 속에서 별로 의미가 없는 존재로 만들어 놓았다. 그리하여 영국에서는 혈통신분이 공식적으로 폐지됨이 없이 실질적인 시효가 사라지고 있었다(*Economist*, 1999: 353 참조). 따라서 영국의 지식인 집단은 프랑스에서처럼 신분철폐의 혁명을 지향하지 않게 되었다. 무엇보다도 그럴 필요가 없어진 것이다. 지식인들 가운데에는 국가에의 공헌을 이유로 영국왕에 의해 귀족작위를 수여받는 사람들이 소수 나마 계속 있었지만 귀족작위의 획득은 혈통의 승격이라기보다는 그들의 획득적 위상의 왕정에 의한 인정을 의미할 뿐이었다. 그러나 그것은 지식인 집단이 일찍부터 왕정을 위하여 기능적, 이론적 활동을 함으로써 그 반대급부로, 혈통적이든 획득적이든, 그에 상응하는 사회적 위상을 부여받아 누려온 것을 상징하는 일이라고 할 수 있다. 그리고 왕정의 내용이 민주적인 입헌군주정으로 변해옴에 따라 그것은 그만큼 더 진정한 의미에서의 "국가에의 공헌"을 의미하게 되었다. 국가 전체의 이익을 생각하는 지식인 집단의 이러한 면모가 홉스, 로크, 퍼거슨을 거치며 공민사회의 "공"이라는 요소를 계속 더 부각시킨 것으로 나타났다고 할 수 있다. 하지만 동시에 본래 같은 유력평민이었던 자본가 계급이 가하게 된 힘은 영국에서의 많은 지식인들로 하여금 자본가 계급의 이익에 부합 내지 봉사하는 지적 활동을 점점 더 하게 만들었다. 그 결과 영국에서 상당한 세력으로 부상하게 된 것이 자유주의의 이념적 경향이라고 할 수 있다. 그러나 그것이 지식인 집단이 원래 지녔던 공에의 지향이 소실된 것을 의미하는 것은 아니다. 공익 지향은 남아있지만 사익만을 강조하려드는 자유주의적 이념의 중력이 거기에 강한 편향적 작용을 하고 있다는 것이다.

한편 혁명을 일으켜 귀족을 몰아내고 일단 거의 유일한 엘리트 집단이 된 프랑스의 지식인들은 상당히 다른 모습을 보여 주게 되었다. 그들은 혈통적 지배신분이던 귀족 대신에 이제 획득적 지배신분으로 자리 잡게 되었다. 그러면서 귀족의 사회적 의식과는 상당히 다른 사회적 의식을 표출하는 새로운 성격의 엘리트 집단으로 자리 잡은 것이다. 영국의 자본가 계급처럼 귀족의 태도를 계승하지 않고 지식인으로서의 그들의 새로운 태도로 대체한 것이다. 그들은 일반적으로 하위 계층과의 차별성을 표방하지 않고 사회성원간 평등을 강조한다. 그것은 사회성원 전체를 생각하는 공에의 지향이 그렇게 표현된 것이라고 할 수 있다. 그들은 그러한 이유로 혁명을 일으켰던 것이었으며 그러한 태도를 유지해 간 것이다. 그리고 그러한 분위기는 다소간에 혁명의 확산과 함께 독일 등 이웃 사회로 점차 퍼져 나가게 되었다. 독일에서는 그것을 사회성원간 평등에의 강조 이전에 공익에의 강조로서 명시적으로 표현하려는 분위기가 자리 잡아 갔고 헤겔의 공민사회 개념은 그 결정체였다고 할 수 있다. 독일은 귀족집단이 그대로 존속했지만, 함께 교양공민(Bildungsbürgertum)이라고 불리게 된 관리, 학자, 법률가, 언론인, 그리고 다양한 문화산업 종사자 등 전문적 지식인들이 그 상층부에 있으면서 지도력을 발휘하는 지식인 계층이 그러한 새로운 사회문화적 태도를 발산하며 귀족을 실질적으로 누르고 새로운 지배 엘리트가 되었다(Bollenbeck, 2000: 69 참조). 혈통적 지배신분을 실질적으로 대체한 새로운 획득적 지배신분으로 자리 잡은 것이다.

이후 영국으로부터 프랑스와 독일에도 자본주의가 유입되어 자본가계급이 성장하게 되었다. 그러나 프랑스와 독일에서 지식인 집단은 지배신분으로서 지배계급인 자본가 집단과 다소간 어깨를 나란히 하고 공존하게 되었다. 그리고 사익을 강조하고 싶어 하는 자본가계급의 입장에 그만큼 구애받지 않고 공익을 강조하는 지적 환경을 유지하게 되었다. 원래 공익을 강조하는 지식인의 면모가 영국에서보다 더 강하게 구현된 것이다. 프랑스와 달리 영국처럼 왕정을 입헌적으로 변모시켜 계속 유지시킨 독일에서는 왕정을 실질적으로 관장하게 된 관료집단이 그로부터 나오는 권력을 바탕으로, 공식적으로 폐지되지 않은 귀족의 존재를 무력화시키고 새로운 엘리트로서의 지식인의 존립 기반을 먼저 닦아 나갔다. 그리하여 헤겔은 관료집단을 국가 운영을 통하여 공민사회의 공익을 수호하는 핵심적 집단으로 그리고 있었다. 그러나 점점 관료뿐 아니라 헤겔 자신 같은 학자 등 다른 종류의 지식인들도 포함하는 좀 더 광범위한 범주로서의 교양공민이 공익수호자를 자임하며 뿌리를 내려간 것이다. 이렇듯 학자와 관료를 포함하는 지식인 엘리트가 나라마다 강도는 다르지만 공익 지향의 지적 분위기를 조성한다는 것이 서구 근대의 공민사회가 고대 유럽의 공민사회와 닮게 된 중요한 한 가지 내용이다(Alexander, 2005 참조).

3. "다원주의"의 문제

1) 유교 공민사회 전통에 대한 필자의 언명

우리나라나 중국에서 과거 사대부가 이끌던 사회의 진면모를 아는 사람이라면, 필자가 지금까지 설명한 바와 같은, 서구에서 발전한 공민사회 개념의 핵심적 의미와 구도를 인식했을 때, 그것이 서구 근대사회 이상으로 "사대부 사회"를 규정해 주는 개념이라는 것을 바로 알아차릴 수 있다. 그것은 한마디로 선비가 공론의 과정을 통하여 아래로부터 이끌어 가던 사회였던 것이다. 조선조 선비의 무게 중심은 조정 밖 들에 있었다. 선비의 광범위한 저변을 이루고 있던 재야 사대부가 그 무게중심을 이루고 있었던 것이다. 재야 사대부들은 서원, 향청 외에도 각종 향약과 실로 다양한 차원의 계 등 흔히 공동체를 지향하는 결사체 조직에 기반을 두고 정부 밖 "향촌사회"의 자치를 이끌고 있었다. 서경덕,

이황, 조식, 김인후, 윤증 등 시대에 따라 그 이름을 다 열거할 수 없는, 가장 존경받던 선비들은 흔히 조정에 거하지 않고 이 들에 남아 선비의 열을 계속 확대 양성해 가는 동시에 그렇게 길러낸 선비의 두터운 기둥과 함께 그 자치를 이끌었던 것이다.

그렇게 양성되는 선비의 일부는 조정으로 진출하여 정부를 운영하는 담당 집단이 되었다. 이들 관료집단은 그들이 그 권위에 자발적으로 복종해 마지않는 그들의 스승과 동문이 이끄는 재야의 자치를 뒷받침했을 뿐 아니라 스승과 동문으로부터 발해지는 공론에 입각하여 아래서 위로 이어지는 정치과정을 정부 내에서 이끌었다. 그런 의미에서 그들은 사림의 조정 내 전초집단을 이루고 있었다. 조선의 국왕은 그렇듯 아래로부터 발해져 절차를 거쳐 올라오면서 선비 내에서 결정되는 사항을 재가하는 입헌적 군주였다. 사림은 이들 전초집단을 통해서 뿐 아니라 상소라는 완전히 일상화된 상향적 교신활동을 통하여 정부 밖 사회로부터 시작하여 정부를 움직여가는 기둥이었다. 그들은 그러한 활동을 할 때 단지 각지의 지역사회 수준이 아닌 전국적인 교신의 망을 통하여 하나의 보편적 지식인 엘리트 집단으로서 조선조의 사회와 정치를 이끌어 가는 주체라는 것을 여실히 보여주고 있었다. 붕당이란 이렇게 선비의 거국적인 내적 토의과정에서 나누어지게 된 정치적 분립체로서 오늘날의 정당에 해당하는 것이었다. 사림의 사회는 정부에 대해 자치를 누리고 있었을 뿐 아니라 바로 정부를 이끌어 가는 존재였던 것이다. 그런 의미에서 그 사회는 정부에 대한 완전한 자율성을 향유하고 있었다. 그런데 재야사대부, 재조사대부, 그리고 국왕 등 그러한 절차 속에서 행동하던 모든 사람들이 궁극적으로 따르고 있던 것은 바로 성리학이라는 이념이었다. 도덕적인 공동체 속에서의 백성의 복지를 근본적인 공익으로 규정하던 성리학이라는 이념이 분화된 국가와 공민사회의 경계를 넘어 그 모든 당사자들을 지배하면서 동시에 그들이 같이 받드는 그 이념 밑에서 그렇게 협력하도록 만들고 있었던 것이다. 그 이념이 바로 조정의 정치적 권력에 대하여 선비가 이끄는 조선조 공민사회의 자율성을 지키고 뒷받침한 궁극적 힘이었던 것이다.

조선조에 대해 공민사회의 존재를 단편적으로 운위하는 글들을 쓴 적이 있었던 필자는 이러한 요소들을 묶어 약간은 도식적으로 서구에서 개념화되어 온 것과 같은 공민사회를 이루고 있음을 발표하였었다(Cho, 1996; 1997). 필자의 그 논문들은 어떤 신기한 주장을 하고 있는 것이 아닌, 너무도 당연한 사실을 언명한 것에 불과한 것이었다. 여러 가지 자세한 논의는 다음에 나올 책에서 하겠지만 여기서 한 가지만 먼저 언급을 하자면 조선시대의 우리 사회가 공민사회였다는 것이 그 사회가 이상사회였다고 말하는 것은 아니라는 것이다. 당연히 그 사회에는 문제점들과 취약점들이 존재하였다. 그것은 서구 근대 공민사회가 문제점과 취약점을 지니고 있는 것과 다르지 않다. 조선시대의 선진적인 면모를 말할 때 흔히 접하게 되는 반응은 "선비들이 그렇게 백성을 위한 정치를 실제로 폈느냐?"와 같은 반문이다. 그들은 성리학의 민본주의를 내세우면서 실제로는 백성 위에 군림하여 공익이 아닌 사익을 추구하지 않았느냐는 것이다. 그리하여 말로는 농업이 천하의 큰 뿌리라고 하면서 농민을 지배하고 수탈하지 않았느냐는 것이다. 여기서 분명히 해 두고 싶은 것은 필자는 조선시대에 있었던 모순점들에 대해서 아마도 그렇게 반문하는 분들보다 결코 약하지 않은 비판적 관심을 가지고 직시해왔다는 것이다. 공민사회의 존재라는 사실을 직시할 수 있는 사람이 그 그늘은 왜 직시하지 않겠는가?

그런데 그 두 가지를 모두 직시할 수 있으면 한 걸음 더 나아가 그러한 그늘도 공민사회의 존재라는 틀 속에서 좀더 의미 있게 포착할 수 있게 되는 것이다. 다시 말해서 공민사회라는 틀의 인식은 조선사회에 대한 실천적 성찰을 진실로 의미 있게 할 수 있는 선결요건이 되는 것이다. 이것은 근대 서구사회들에 존재하는 문제들도 그 사회들이 지니고 있는 공민사회라는 틀 속에서 바라보면 그렇듯 진실로 의미 있게 성찰할 수 있는 것과 마찬가지이다. 서구 공민사회들은 계급간 갈등, 여성의 억압, 탐욕과 독직, 부의 편중, 범죄의 만연 등 많은 문제들을 노정해 왔다. 그러나 아무도 그 이유들 때문에 서구사회에 대해 공민사회라는 틀의 존재를 부정하지는 않는 것이다. 조선시대에 있었던 문제점들을 들어서 조선시대 공민사회의 틀의 존재를 부정하는 것은 그러한 논리적 비약이 되는 것이다. 아마 논리적 비약이 가장 엄중하게 담긴 문제제기는 "그렇게 조선조 사회가 뛰어 났다면 왜 일본한테 망했는가?" 류의 반문일 것이다. 그것은 그리스나 로마가 공민사회를 지닐 정도로 뛰어났다면 왜 마케도니아나 게르만족에게 망했는가라고 묻는 것이나 마찬가지인데 물론 유럽의 사례들에 대해 사람들은 그러한 논리적 비약의 반문은 하지 않는 것이다. 이러한 점들도 다음에 나올 책에서 상세히 다루어질 것이다.

국내의 여러 학자들이 필자의 발표에 대해 공감을 표시한 것은 무엇보다 조선시대에 관한 사실적 인식이 이제 상당한 정도로 공유되어 있기 때문이라고 할 수 있을 것이다. 그리하여 자신들도 주된 관심주제로서 지속적으로 따져 봤다면 스스로 할 수 있는 발표를 다른 사람이 해준 것에 불과한 것일 수 있는 것이다. 이제 그분들의 저술을 포함하여 그러한 발표들을 새로 접하는 기회가 늘어날수록, 공감의 표시도 그만큼 더 늘어날 수밖에 없다. 필자는 또 그 발표에 대한 평론들을 접하는 과정에서, 필자가 발표를 한 때보다 별로 뒤지지 않은 시점에서, 완전히 독립적으로 행한 것이 분명한 연구들이, 국외에서 과거 조선 내지 유교 전통에서의 공민사회 존재여부라는 문제에 대해 이루어졌다는 것을 알게 되었다. 필자의 발표에 대한 평론들과 함께 그 연구들에 대한 논의는 역시 다음에 나올 책에서 본격적으로 있게 될 것이다. 여기서는 필자의 발표에 대해 비판적 논평을 하는 과정에서 몇몇 서구 학자들이 공민사회 개념에 대해 많이 노정한 한 가지 중요한 오해를 다루려고 한다. 그것은 공민사회 개념의 구도를 구성하는 본원적 사항이 아닌 것을 본원적 사항으로 오해하고 있는 것이었다. 그것은 다원주의가 공민사회 개념을 이루고 있는 요소라는 오해였다. 공민사회 개념의 구도를 이루고 있는 요소들을 다루는 이 절에서 그러한 요소가 아니지만 그러한 요소로 오해되는 요소로서 다루려고 하는 것이다.

2) 공민사회 개념의 불가분의 요소가 아닌 "다원주의"

조선조 공민사회에 대한 필자의 언명을 수용하는 서구 학자도 있었지만 그에 대해 반대하거나 유보적인 태도를 표명한 학자들이 적지 않았다. 특히 미국학자들이 그렇게 부정적인 반응을 흔히 보였다. 그런데 그들도 대부분 조선조에 관한 역사적 지식이 상당한 수준에 도달해 있었다. 그들은 국내의 지식인들이 흔히 보여주는 자기나라에 대한 극히 결핍된 역사적 지식보다 훨씬 높은 수준을 보여주고 있었다. 그리하여 그들은 필자가 논한 조선조의 사실적 측면에 대해서는 근본적인 이의제기를 하지 않는 편이었고 그 점 대단히 반가웠다. 그들이 의문을 제기한 것은 조선조의 그러한 측면을 가지고 공민사회를 말할 수 있느냐 하는 것이었다. 필자가 제시한 조선조의 그 사실들이 공민사회라는 것을 구성하고 있느냐 하는 의문이었다. 다시 말해 그 사실들이 공민사회의 정의를 충족시켜 주느냐 하는 것이었다.

여기서 다시 한 번 반가웠던 점은 그들이 공민사회가 핵심적으로 "국가와의 관계에서 자율적인 사회"를 가리킨다는 필자의 개념정리에 대해서도 이의제기를 하지 않았다는 것이다. 그들은 공민사회 개념과 관련하여 가끔 벌어지는 잡다한 개념적 혼란에서 자유로운 모습을 전반적으로 보여주었다. 예컨대 그들 가운데 citizen이 "도시민"이라는 이유를 들면서 필자의 공민사회 개념의 사용에 의문을 제기하는 경우는 없었다. 다만 citizen이 자본가 계급과 등치되어야 한다는 맑스적 풍자를 인용한 경우가 한 경우 있었을 뿐이다. 국내에서 civil society의 "시민사회"라는 번역을 당연시하며 따라서 그것이 도시민의 사회를 가리킨다고 전제하고 필자가 전혀 말이 안 되는 주장을 한다고 말하던 것과 같은 반응은 전혀 없었던 것이다. 말할 것도 없이 그것은 미국인 학자를 포함하여 서구의 지식인들이 citizen과 civil society라는 말들의 의미에 일상적으로 노출되어 있을 뿐 아니라 그 역사적 유래에 대한 지식도 충분히 익히며 자라기 때문이다. 미국인 학자들이 조선조의 사회를 공민사회라고 부르는 필자의 논의에 쉽게 동의할 수 없는 주된 이유로 든 것은 뜻밖에도 조선조의 사회가 다원주의 사회가 아니었다는 데 있었다. 다시 말해서 미국인 학자의 많은 경우가 다원주의를 공민사회를 구성하는 본원적 요소라고 전제하면서 그것이 유교적 전통에 대해 공민사회를 말하는 데 있어서의 결정적인 결격요인이라며 필자의 언명에 이의를 제기하려고 하였던 것이다. 던컨의 비평을 보자.

> 조선에서의 공민사회의 가능성에 대한 조혜인과 데이비드 스타인버그 사이의 논쟁에서 중심 쟁점은 정통주의의 문제이다. 스타인버그는 한국에서의 공민사회 제도들에 대한 조의 개념화에 반대하는 몇 가지 매우 잘 취해진 지적을 하고 있는데 예컨대 조선 조정의 "견제와 균형"이 공민사회의 중요한 면모라는 조의 생각에 대한 그의 거부이다. 하지만 스타인버그 주장의 핵은 공민사회와 근대 민주주의의 주된 면모는 다원주의이며 조선조 한국에서의 강한 유교적 정통주의는 다원주의의 발전을 막았고 따라서 공민사회의 가능성을 유효하게 배제시켰다는 것이다(Duncan, 2002: 50).

먼저 여기서 조선조 정부의 견제와 균형이 공민사회의 중요한 면모가 아니라는 비평은 근대적 공민사회 개념을 실제로 말하기 시작한 로크나 근대적 공민사회 개념을 확립한 헤겔의 글을 조금이라도 읽어 보았다면 하지 않았을 것이다. 그리하여 로크가 국가에 대한 공민사회의 자율성을 논하는 데 있어서 입법권과 행정권의 분리를 얼마나 강조했는지, 또는 헤겔이 거기에다 "군주권"까지 더하여 삼권분립을 얼마나 역설했는지 알게 되었다면 그런 비평을 하지 않았을 것이다. 국가권력의 견제와 균형체계는 국가에 대한 공민사회의 자율성을 지켜주는 극히 중요한 기제인 것이다. 필자는 그러한 의의를 시사하면서 논의를 했었다. 로크나 몽테스키외가 상정한 것과는 다르게 독보적인 방식으로 강력한 권력분립체계를 조선조 정부는 지니고 있었다. 여기서 조선조 정부의 견제와 균형체계라는 사실 자체에 대해서는 이의를 제기하지 않은 것은 그만큼 우리 역사를 깊이 들여다 본 결과라고 할 수 있어서 반가운 일이다. 스타인버그는 그 의의 자체를 부정하니까 들여다볼 필요가 없다고 전제했다고 하더라도 적어도 여기서 던컨이 스타인버그를 인용하는 맥락은 그러한 것이다.

이처럼 근대 공민사회 개념 자체에 대해 자세히 들여다보지 않았기 때문에 잘못된 비평을 하게 되는 것은 다원주의에 관해서도 마찬가지이다. 다원주의는 공민사회 개념의 본원적 요소가 전혀 아니다. 다원주의가 공민사회의 본원적 구성요소라고 하면서 필자의 공민사회 개념 사용을 반대하려면 그들은 먼저 로크와 퍼거슨 그리고 헤겔의 공민사회 개념을 반대했어야 한다. 아니, 그들은 이들 학자들의 손을 거치며 정립되어 온 공민사회 개념의 사용 자체를 거부했어야 한다. 다원주의는 그렇게 정립된 공민사회 개념의 일부를 이루고 있는 요소가 전혀 아니기 때문이다. 다원주의는 근대 공민사회 개념이 사용되고 정립된 후 많은 시간이 흐른 후 그와는 다분히 상치되는 전통으로 출현한 개념이다. 그것은 공민사회 개념의 본원적 요소인 통합 지향성에 대해 위협을 줄 수 있는 이념이다. 앞서 살펴본 것처럼 로크는 다수결의 원칙에의 절대복종을 통한 공민사회의 하나로의 통합을 강조하면서 사회성원들이 여러 가지 다른 견해를 따라 행동하는 것은 공민사회를 해체시키게 된다고까지 경고하였다. 퍼거슨은 통합성의 당위를 더욱 강조하는 맥락에서 고대 그리스 로마의 공민사회를 규범적 원형으로 내세우면서 만약 그와 달리 사회 성원들이 제각각의 관심을 추구한다면 공민사회를 유린할 전제국가를 불러올 것이라고 역설하였다. 이러한 통합성에의 당위는 헤겔이 이들 선구자들이 실제로 사용했던 국가와 분화된 근대 공민사회의 개념을 이어받아 그것을 명시적으로 규정하며 체계화시킬 때 그 불가분의 요소로 같이 계승하며 공고히 하였음을 우리는 앞선 장들에서 자세히 살펴보았다. 그렇게 확립된 공민사회 개념의 기본골격이 이후의 공민사회 개념의 논자들 사이에서 계속 내려오는 가운데, 일부 논자들이 다원주의라는 새로운 이념적 "도전" 속에서, 그것과 원래 그렇듯 양립하기 쉽지 않은, 공민사회 개념을 양립시켜 보려는 시도를 하고 있음도 살펴보았다. 공민사회 개념의 이러한 측면을 모든 서구학자들이 다 명확히 인지하고 있는 것은 아니라고 할 수 있을 것이다. 필자의 연구에 그러한 비평을 가하는 미국인 학자들 역시 그것을 명확히 인지하지 못하고 있는 것이다.

하지만 그것을 명확히 인지하지 못한다고 하더라도 그들이 다원주의의 부재로 잘 알려져 있는 고대 그리스사회를 공민사회로 부르는 원천적 용례에 대해서는 아무런 문제제기를 하지 않으면서 조선조 사회가 "다원주의를 보여주지 못했기 때문에" 공민사회라고 부를 수 없다고 주장한다는 것은 그들에게 다른 사회의 "뒤떨어지지 않은 역사"를 인정하기 어렵게 만드는 초논리적인 자기방어적 정서가 작용하고 있음을 알 수 있다. 그들이 한국 같은 다른 사회의 역사와 문화를 애정을 가지고 깊이 연구하여도 뿌리칠 수 없는 이른바 서구중심주의가 작용하고 있는 것이다. 물론 그들이 한국을 연구하는 시간을 조금만 돌려서 공민사회 개념 자체에 대해 좀더 알아보았다면 이 문제에 대해 서구중심주의가 작용하는 것은 막을 수 있었을 것이다. 공민사회 개념에 대해 이 측면을 포함하는 정확한 이해를 한다면 조선조 사회가 아니라 오히려 다원주의가 넘치는 미국사회를 공민사회가 아니라고 문제 삼을 수 있다. 그들은 왜 현대 미국사회가 다원주의에도 불구하고 공민사회라고 부를 수 있는지를 변론해야 될 입장인 것이다. 사실 앞서 필자가 자세히 논했듯이 공민사회 개념에 본원적으로 들어 있는 공익으로의 통합 지향성은 자유주의자나 다원주의자가 공민사회 개념에 관심을 갖기 어렵게 만든다. 그것이 오늘날 미국사회에서 공민사회에 관한 논의가 그다지 많이 이루어지지 않고 있는 근본적인 이유이다. 필자의 조선조 공민사회론에 대해 논평을 가한 미국 학자들은 그 점에서 예외라고 할 수 있다. 그들은 미국사회의 다원주의에 대한 강한 자부심과 공민사회 개념의 사용의지라는 양립시키기 그다지 쉽지 않은 두 요소를 함께 노정하고 있는 것이다. 그러나 미국사회에서 공민사회 개념이 잘 사용되지 않는 만큼 그들은 평소에 공민사회 개념의 그러한 진면모를 알아볼 충분한 기회가 없었을 가능성이 크고 따라서 그것이 그렇듯 양립시키기 쉽지 않은 관계에 있다는 점을 깨닫지 못했을 가능성이 크다.

그렇다고 필자가 화살을 반대로 돌려 미국사회가 공민사회라고 전제하는 그들의 관점이 틀렸다고 공격하려는 것은 아니다. 미국은 아주 뛰어난 공민사회를 지니고 있다. 미국사회 성원들 자신이 다원주의를 너무 강조하다가 스스로는 잘 논하지 않는 공민사회의 실체가 미국에는 분명히 존재한다. 다원주의에 대한 그러한 의식적 강조에도 불구하고 미국사회에는 대단한 통합성에의 지향이 존재한다. 미국국민이 자발성에 기초하여 단결하여 공통분모를 도출해 낼 수 있는 경탄할 만한 역량은 많이 지적되어 온 사실이다. 그리하여 파슨스는 공민사회라는 개념 대신 오히려 그 점에서 좀더 강한 "사회 공동체"라는 표현을 쓸 정도였던 것이다. 그만큼 미국의 공민사회에는 두 가지 일견 상반되는 경향이 절묘한 맥락으로 독특하게 공존하고 있는 것이다. 또한 필자는 다원주의를 소중한 가치로 간주하고 있는 그들의 문제의식을 기본적으로 공유하고 있다. 그리하여 한국의 전통에서 약한 것이 다원주의이며 그것을 강화할 필요가 있다는 그들의 충고를 경청해야 한다고 생각하고 있다. 그러나 다원주의가 귀중한 가치인 것과 공민사회의 존재 여부는 일단 별개의 문제인 것이다. 다원주의는 공민사회의 본원적 구성요소가 아닌, 그와 관련시켜 논할 수 있는 중요한 가치적 요소이다. 그렇듯 공민사회의 본원적 구성요소는 아니지만 공민사회와 관련하여 논할 수 있는 많은 가치가 있다. 경제 발전, 복지, 보건 등 헤아릴 수 없이 많다. 다원주의도 그중 하나인 것이다.

3) 중요한 가치적 문제의식으로서의 "다원주의"

경제 발전은 공민사회의 존재와는 일단 별개의 덕목을 구성한다. 하지만 그것은 그 자체로서 성찰되어야 할 가치를 지닌다. 뿐만 아니라 경제 발전이 훌륭하게 이루어진다는 것은 공민사회의 성공적인 존속을 위하여 바람직한 일이다. 경제 발전이 공민사회의 본원적 구성요소는 아니지만 그런 의미에서 공민사회와 관련하여 논할 수 있는 가치가 되는 측면도 있는 것이다. 복지, 보건 등 수많은 덕목에 대해 같은 말을 할 수가 있다. 그리고 다원주의도 그 점에서 다르지 않은 것이다. 다원주의는 공민사회와는 일단 별개의 덕목으로서 그 자체로서 성찰되어야 할 가치를 지니지만 공민사회와의 관계 속에서도 그에 관한 성찰이 이루어질 수 있는 것이다.

다원주의는 공민사회에 긍정적인 작용을 할 수 있다. 공민사회의 통합성을 특히 강조하는 독일적 전통에서 다원적 인식의 중요성을 강조한 베버가 그 점을 잘 보여주었다고 할 수 있다. 통합성을 과잉 강조함으로써 야기될 압제의 가능성에 대해 베버는 끊임없이 고민하고 경종을 울리려 하였던 것이다. 그리하여 다원성에의 지속적인 강조를 통하여 그에 대한 교정력을 발휘케 하려고 하였다. 베버는 다원성을 강조하는 만큼 통합성을 전제하는 공민사회 개념을 잘 언급하지 않았지만 결과적으로 그것은 공민사회의 건강을 유지하게 하는 데 기여할 수 있는 것이다. 그러나 베버가 다원성을 일방적으로 강조한 것은 또한 아니었다. 베버가 통합성의 가치를 강조한 역사학파에 기본적으로 공명함으로써 실천적으로 동참한 점은 앞서 논한 바 있거니와, 통합성을 배제하고 그 자리에 다원성을 들여놓자는 것이 아니라 통합성을 다원성으로 보완하자는 것이었다.

통합성이 붕괴되는 이른바 "사회 해체"를 막아야 한다는 관점은 비단 독일의 지식인들뿐 아니라 다른 유럽사회의 많은 지식인들도 다소간 공유하는 것이었다. "무규범"(아노미, anomie)은 사회해체가 가져다줄 수 있는 심각한 사회적 병리들에 경종을 울리기 위하여 프랑스의 뒤르켕이 사용한 말이었다. 미국의 사회생태학자들은 사회해체가 범죄를 위시한 일탈현상을 만연시킨다는 점을 강조하였다. 다원성의 과잉 강조로 통합성이 너무 약화되면 공민사회에 그러한 부정적 영향을 끼치게 되는 것이다. 무엇보다도, 공에의 지향이 공민사회의 본원적 요소인 만큼 만약 공에의 지향을 뒷받침해 줄 최소한의 통합성을 배제하는 수준으로까지 다원성을 강조하면 공민사회의 존립 자체를 배제하는 것이 될 것이다. 공민사회의 건강한 작동을 위하여 긍정적인 기여를 할 수 있는 다원성이란 어떤 정도와 맥락의 것인가 하는 것은 이렇듯 다각적인 성찰을 필요로 하는 문제가 된다고 할 수 있다.

4) "다원주의"의 일원주의

여기서 본원적으로는 공민사회와는 별개의 가치로서의 "다원주의" 자체에 대해 일단 따로 조금 더 성찰해 본다면, 다원주의는 그것을 어느 수준 이상으로 강조하면 그것은 더 이상 다원주의가 아닐 수 있다는 점을 깨달을 수 있다. 다원주의라는 것은 다양한 개별적 가치 내지 이념 사이에서 각각에 대해 신봉할 권리를 서로 인정하자는 것이다. 그런데 그렇게 해야 한다는 것도 하나의 이념이다. 그 개별적 이념들보다 한 단계 높은 차원에 있는 이념인 것이다. 한 단계 높은 차원에 있긴 하지만 하나의 이념이기 때문에 그 점에서 그것을 외곬으로 강조하면 그것은 더 이상 다원주의가 아니게 된다. 이렇듯 다원주의란 이율배반성을 내포한 개념이라고 할 수 있다.

좀더 자세한 방식으로 설명한다면, 다양한 가치에 대해 신봉할 권리를 서로 인정한다는 것은 자신이 신봉하는 그 특정의 가치와 함께 그러한 다원주의적 이념도 신봉한다는 것이 된다. 이것은 자신이 신봉하지 않는 특정의 가치를 존중해 줘야 한다는, 심리적 갈등을 느낄 수 있어서 지니기 쉽지 않은, 태도를 요구한다. 그렇기 때문에 현실적으로 흔히 이것은 다음과 같은 양태들을 수반하게 된다. 한 가지는 그러한 심리적 갈등을 이기기 위해서는 서로 존중해주어야 한다는 그 가치를 아주 강하게 신봉하여 특정 가치들에 대한 불일치를 누르려고 하는 것이다. 또 한 가지는 모든 가능한 특정 가치들이 아니라 공통분모를 찾기 쉬운 가치들 사이에서 "다원주의"가 형성이 된다는 것이다. 거기서 그 "다원주의"라는 것은 정확히 말해서 원래 의미의 다원주의, 즉 모든 가능한 가치를 서로 존중해야 한다는 것이 아니라 그러한 공통분모적 가치에 대한 신봉에 불과한 것이 된다. 그리하여 그것은 그러한 공통분모적 가치에 대한 보다 추상적인 신봉과 각자의 개별적 특정 가치에 대한 보다 구체적인 신봉이라는 이층적 구조를 지니게 된다. 그런데 위에서 논한 이유에 의해 상층의 공통분모적 가치에 대한 추상적인 신봉이 아주 강해야만 하층의 개별적 가치에 대한 구체적인 신봉의 불일치를 억누를 수가 있게 된다. 이것은 그 공통분모적 가치 바깥에 있는 다른 가치에 대해서는 아주 배타적이 될 수 있다는 것을 의미한다. 이것이 서구의 "다원주의자들"이 자기 사회에서 익히 경험해 보지 못한 가치에 대해서는 극히 "비다원주의적"인 자세를 흔히 취하게 되는 이유이다.

다원주의가 내포한 이러한 이율배반성은 미국에서 공민종교의 불안정성과 결부되어 있다(Demerath and Williams, 1985 참조). 우리는 앞서 공민사회를 지원하는 이념적 지주를 종교의 수준에서 받드는 것을 공민종교라고 한다는 것을 보았다. 벨라는 오늘날 미국의 공민종교가 미국의 3대 종교인 개신교, 가톨릭, 유태교의 차이를 넘는 종교적 공통분모 위에서 자유 민주주의라는 세속적 이념을 신봉하는 모습을 보여주고 있음을 논하였다. 미국의 이 공민종교의 기원은 청교도들이 영국에서의 종교적 박해를 피해 미국으로 건너와 그들의 종교적 신념 위에서 자유 민주주의 국가를 세운 데서 비롯된 것이었다. 즉 그것은 하나의 종교 내지 교파적 신념 위에 세워진 것이었다. 그러나 인구의 증가와 함께 현대에 들어와 청교도 외의 개신교도들 및 더 나아가 천주교도들과 유태교도들도 미국의 인구를 같이 구성하게 되자, 그들을 포용하는 적응을 한 것이라 할 수 있다. 그리하여 그 각 종교집단이 자신의 종교를 자유롭게 신앙하는 것을 서로 인정하는 다원주의적 모습을 종교 자체에 대해서는 보이면서 자유 민주주의라는 세속적 이념을 함께 신봉하고 있는 것이다.

그런데 앞서 설명한 것처럼 그것은 종교적으로도 그 각각의 종교를 따로 따로 신앙하는 것에서 그치는 것이 아니라 묶어서 이른바 유태-기독교 전통이라고도 불리듯 같은 뿌리에서 나온 그 종교들의 공통점들이 하나로 모아진 체계를 함께하는 것이다. 그것은 애초의 청교도적 통합성이 유태기독교 전통 일반을 껴안도록 확대된 모습의 통합성이라고 할 수 있다. 건국할 때와 달라진 현대적 상황의 도전에 공민종교가 그렇게 적응했다고 할 수 있는 것이다. 이때 미국민들은 그 유태기독교의 통합적 체계를 함께 강하게 받아들이는 만큼 그 안에서 각 종교 내지 교파에의 다원적 신앙을 더 용이하게 인정할 수 있는 것이다. 이것은 앞에서 논한 이층적 구조의 역설을 잘 보여준다. 미국인들은 서로 간에 종교의 자유를 다원주의적으로 인정하는 강도에 비례해서 유태기독교의 공통분모와 결합된 미국적인 세속적 이념은 일원적으로 신봉하는 것이다. 그렇기 때문에 전자의 다원주의를 강조하다 보면 후자의 일원주의가 심화될 수가 있다. 벨라는 나중에 미국사회가 이념적으로 경화되어 있는 모습에 대해 자신의 공민종교 개념과 관련하여 상당히 비관적인 비평을 개진하게 되었다(Bellah, 1992). 미국 같은 상황에서 다원주의와 일원주의가 그렇게 역설적으로 연결되어 있기 때문에 "다원주의" 개념에 너무 집착하는 것은 착종적인 결과를 초래할 수가 있다.

제 4 장

헤겔 동방전제론이 거꾸로 가리키는 유교적 공민사회

1. 헤겔 "동방전제론"의 구도를 역이용하기

헤겔은 공민사회의 개념에 기반하여 서구가 중국을 비롯한 아시아보다 우월한 발전적 위상을 지니고 있음을 말하려고 하였다. 그에 의하면 서구에는 공민사회로의 역사적 발전이 이루어졌고 아시아에는 그러한 발전이 이루어지지 않았다. 그는 인류의 역사적 발전의 정점에 서구 특히 독일을 두면서 반대 쪽 나락에는 중국을 두었다. 유럽에서는 역사적 발전이 계속되어 국가와의 관계에서 자율적인 근대적 공민사회가 독일에서 활짝 피어난 데 반해 중국에서는 그러한 자율적 사회의 존재를 전혀 허용하지 않는 전제국가가 시종 존재해 왔다는 것이다. 헤겔에게 있어서 그처럼 독일 공민사회의 대척점에 놓여 있는 것이 중국의 전제국가였다. 헤겔의 대비는 그처럼 아주 강렬해서 그것이 그가 그 문제에 있어서 중국에 대해 어떤 자아방어적 반작용을 표출하고 있는 것이 아닐까 하는 의문을 품어 볼 수 있게 된다. 그리고 내막을 들여다볼수록 그러한 의문이 공연한 것이 아님을 깨닫게 된다. 그러한 반작용적 성격 때문에 헤겔의 "동방전제"(Oriental despotism) 론은 그것을 뒤집었을 때 중국의 공민사회 전통을 아주 효과적으로 가리키는 논의가 될 수 있다.

이 장에서는 중국에 대한 헤겔의 "전제론"을 사실에 기반하여 그렇게 뒤집어 보이는 작업을 하려고 한다. 서구 안에서도 그러한 관점에 대한 교정이 많이 이루어져 있다는 것을 같이 보여주기 위하여 여기서는 서구 학자들의 저술이 주로 이용될 것이다. 그렇듯 "뒤집는" 작업을 하지 않아도 유교적 공민사회의 전통을 보여주는 데에 아무런 어려움이 없고 실제로 필자는 이전에 이러한 방법을 사용하지 않고 유교적 공민사회의 전통을 논하였었다. 그럼에도 여기서 굳이 이러한 작업을 하려고 하는 데에는 대체로 세 가지 목적이 있다. 하나는 논의의 효율성이다. 헤겔이 공민사회 개념을 정립한 사람이면서 동시에 그러한 반작용적 논의를 하였기 때문에 그 논의를 뒤집는 것은 유교적 공민사회의 전통을 효율적으로 드러내 줄 수 있는 한 가지 좋은 방법이다. 또 하나는 헤겔의 "동방전제론"이 널리 유포되어 있다는 점과 관련된다. 독자들 가운데에는 "동방전제론"으로부터 비롯된 고정관념을 아주 강하게 내면화한 경우가 있을 수 있기 때문에 그것을 적극적으로 해소시켜 주는 작업이 필요할 수 있다. 그리고 또 하나는 헤겔이 사용한 공민사회 개념의 논리가 지니는 가치를 역으로 재확인하는 계기도 될 수 있다는 것이다. 그 논리에 부합하는 사례가 현실 속에 실제로 존재하는 일반적 가능성이 그만큼 크다는 것을 의미하기 때문이다.

이전에 필자는 유교적 공민사회의 전통을 논함에 있어 베버의 "가산제"(patrimonialism) 론을 약간 뒤집는 방법을 사용한 적도 있었다. 베버의 "가산제론"은 헤겔의 "동방전제론"의 "동방정체"(Oriental stagnancy)라는 주제를 궁극적으로 계승하면서도 크게 개선시킨 것이다. 어떤 점에서는 더 풍부한 내용으로 뒷받침해주면서도 적지 않은 점에서 크게 교정을 해주고 있었다. 그리하여 중국의 역사적 진실에 더 다가간 내용을 많이 지니게 되었다. 그 결과 그것은 그렇게 많이 뒤집지 않고도 중국의 역사적 진실을 드러내는 수단으로 사용할 수 있다. 앞선 장에서 논의한 바와 같이 베버는 공민사회 개념 자체는 다루지 않았지만 그러한 이유에서 베버의 가산제론을 "역이용"하는 것도 유교적 공민사회의 전통을 드러내는 하나의 효율적인 방법이 될 수 있는 것이다. 반면 헤겔의 "전제론"은 공민사회 개념에 바로 대비되어 있는 것이기 때문에 그것을 뒤집었을 때 더 즉각적인 역이용이 될 수 있다. 헤겔의 더 강렬한 반작용적 동기는 더 큰 뒤집기를 요구하지만 한편으로는 더 가까이 초점이 맞추어져 있는 것이다. 베버의 논의는 여기서도 몇 군데 이용될 텐데 여기서는 그것을 조금도 뒤집지 않아도 중국의 역사적 진실에 더 다가가 있는 그 내용 자체로 헤겔의 논의를 효과적으로 뒤집어 주는 대목에서 사용될 것이다.

2. 공민사회의 다양한 요구를 수렴하는 "민주적 국가"

헤겔이 그의 《역사철학》에서 집중적으로 전개하고 있는 "동방전제론"은 중국에는 서구의 자율적 공민사회와 정반대되는 체제가 자리 잡고 있다는 취지의 주장을 하려는 의도를 가지고 서술되어 있기 때문에 많은 경우 역사적 사실을 가지고 그것을 뒤집으면 중국에 공민사회가 있었음을 바로 보여주는 지름길이 될 수 있는 것이다. 우선 자율적 공민사회에서처럼 정치 과정이 공민사회에서 올라와 국가의 관료기구를 거쳐 군주가 최종적으로 재가하는 것과는 정반대의 모습을 중국의 정치 과정은 보여주고 있다는 주장을 하려는 다음과 같은 서술부터 살펴보자.

> 〔우리나라에서〕 사람들은 허다한 이익들과 별스런 특전(privilege)들을 지니고 있는데 자유라고 우리가 부르는 것을 우리가 갖기 위해서는 그것들이 보장되어야 한다. 그러나 중국에서는 이러한 특별한 이익들은 그들 자체로서 존중을 받지 못하며, 통치는 황제로부터만 개시될 뿐인데 그가 관리, 다른 말로 만다린의, 서열체계로서의 정부를 움직이게 하는 것이다(Hegel, 1956: 125).

헤겔은 여기서 하나하나의 행정 내지 정치 행위가 독일에서는 국민들로부터의 요구에 의해 "아래로부터" 나와 정부는 그것을 수렴해 나가는 것이 일반적이라는 전제를 깔고서 그에 비해 중국에서는 늘 황제가 "위로부터" 개시하여 아래로 내려가는 반대의 방향을 취한다고 주장하고 있다. 우리는 앞서 좀더 구체적으로 독일의 공민사회가 다양한 이해관계를 지니는 집단 내지 계층들로 구성되어 있고 그들이 국가를 향해 위로 요구들을 발하면 국가는 그들의 다양한 요구를 수렴하여 전체의 이익을 위해 최선의 처분을 하도록 되어 있다는 것이 그의 공민사회 개념의 핵심적 구도를 이루고 있음을 살펴보았다. 그러한 구도가 중국에는 완전히 결여되어 있다는 것인데 이것은 그에게 있어 중국이 전제국가를 지니고 있다는 생각을 구체적으로 풀어서 말하는 핵심적 대목에 속한다. 하지만 그것이 중국사에서의 사실을 반대로 말한 것이라는 것은, 예컨대 20세기 후반까지 중국학에서 이루어진 학문적 성과의 집대성자의 하나로 간주되는 프랑스의 역사학자 제르네의 다음과 같은 묘사에서 잘 드러난다.

> 모든 경우에, 정부는 수많은 의견을 청취하였고, 결정은 상이한 의견들이 표출되는 논의과정 후에야 이루어졌다. 황제는 다만 채택된 제안들을 비준하거나, 마지막 순간에 캐스팅 보트를 행사할 뿐이었다. 세 기구〔삼사, 三司〕가 관리들이나 일반 사적 공민들(ordinary private citizens)의 의견, 제안, 불만을 청취하는 임무를 띠고 있었다. 이 기구들은 서로 독립되어 있었고 그 구성원들은 황제조차도 물을 수 없는 완전한 불간섭권(complete immunity)을 향유하고 있었다. 그리하여 일정한 객관성이 보장되어졌다. 아주 다양한 계층들의 국민들로부터 나오는 모든 종류의 기획과 제안이 부서들로 유입되어 바로 조정에까지 이르고 있던 것이 송 대의(특히 11세기에는 더욱더) 일상적 현실이었다(Gernet, 1982: 303).

헤겔이 공민사회의 핵심적 구도로 규정하고 근대 서구 특히 독일이 현실 속에서 그것을 전형적으로 보여준다고 자부하던 것과 정확히 같은 모습이 그보다 여러 세기 앞선 중국 송 대에 이미 잘 자리 잡고 있었던 것이다. 사회의 실로 다양한 계층 내지 집단의 국민들로부터 나오는 정책적 요구가 정부가 행동을 개시하는 일상적인 입력원이며 정부는 그것을 잘 확립된 절차에 의해 말하자면 민주적으로 처리한다는 것이다. 중국의 군주로서의 황제는 그것을 최종적으로 비준하는 존재일 뿐이었다는 것이다. 그렇게 아래에서 결정되어 올라온 정책 중 복수의 대안이 경합하고 있는 경우에는 하나를 선택해야 하며 그것이 그가 보유하고 있는 유일한 실권이었다. 임금이 자의적으로 정부를 이끌어 가기는커녕 정부를 이끌어 가는 존재조차 아니었던 것이다. 모든 것이 사회로부터 나와 정부를 거치며 자율적으로 결정되는 과정의 끝에 자리하는 존재일 뿐이었다는 것이다. 특기할 점은 제르네는 헤겔 등의 공민사회론은 전혀 염두에 두지 않은 채 이러한 묘사를 하고 있다는 것이다. 그럼에도 그것은 헤겔의 공민사회 개념의 구도와 정확히 일치하고 있는 것이다. 그것은 헤겔의 공민사회 개념이 지니는 이론적 가치도 역으로 말해주는 것이라고 할 수 있다. 만약 제르네가 공민사회론을 염두에 두었다면 그는 그가 서술하려는 것을 공민사회라는 압축적인 개념을 이용하여 경제적으로 표현할 수 있었을 것이다. 다시 말해서 제르네는 여기서 송 대의 중국에는 공민사회가 자리 잡고 있었다는 서술을 실질적으로 하고 있는 것이다.

3. 입헌군주적 관료제 국가

1) 공익수호자를 자임한 관리의 위상

어떻게 보면 헤겔이 그린 근대 공민사회의 구도는 전통적 중국의 모습을 이론적으로 개념화한 것같이 느껴지기까지 한다. 공민사회의 다양한 집단으로부터 나오는 요구를 수렴하여 관료제 국가가 공익을 위한 결정을 한다는 헤겔 공민사회 개념의 핵심 구도부터가 마치 중국을 염두에 두고 이론화한 것인 양 되어 있는 것이다. 관리 집단이 이끄는 그러한 국가의 제반 사무의 수행에 있어서 모든 것이 법과 제도화된 절차에 따라서 진행되는데 군주 역시 그에 따라 비준하거나 대안 중에서 선택하거나 할 뿐이었다. 군주가 그렇듯 최종적으로 재가하는 것도 법과 제도화된 절차에 따라서 하고 그러한 맥락에서 최소한의 실권을 보유하고 있는 것이 바로 헤겔이 말하는 입헌군주정이었다. 헤겔이 서술한 입헌군주적 관료제 국가가 이미 존재해 오던 중국의 현실을 구도화해 놓은 것 같은 것이다.

헤겔이 이론화한 근대 공민사회 개념의 많은 세부사항들에 대해서도 같은 얘기를 할 수 있다. 국가 관료제를 운영하는 집단으로서의 관리 집단에 대해 헤겔이 역할 규정한 것도 마치 유교 전통에서의 관리 집단의 역할에 대해 서술하고 있는 것 같은 것이다. 유교 전통에서 규정되어 있는 관리의 역할은 특히 우리 쪽에서는 너무도 잘 알려져 있기 때문에 따로 설명이 필요 없을 것이다. 그리하여 관리 역할에 대한 헤겔의 규정은 마치 유교에서의 규정을 번안해 놓은 것 같이 되어 있는 것이다. 관리 집단의 역할에 대한 헤겔의 규정은 이미 앞선 장에서 그 요체를 살펴보았다. 그런데 그뿐 아니라 공익 내지 국민의 복리를 위해 근무해야 하는 관리의 역할을 제대로 수행하게 하기 위해서 그러한 마음가짐 및 행동거지를 내면화시킬 소양교육이 필요하다는 점을 강조하는 다음과 같은 언명도 헤겔은 《법철학》에서 하고 있었다.

> 〔관리집단의〕 감정절제, 염직성, 그리고 예모 있는 행동이 습관화되느냐의 여부는 윤리와 사고의 직접적인 교육에 한편으로 달려 있다. … 관리가 속해 있는 중산층은 정치적 의식을 지니고 있고 가장 현저하게 교육받은 계층이다. 그 때문에 염직성과 지성에 관한 한 그들은 국가의 중심이다(Hegel, 1991: 335~336).

이러한 언명은 앞선 장에서 이미 인용한 바 있는, 그러한 역량을 검증을 통해 뽑힌 사람들로 충원되어야 한다는 헤겔의 언명과 함께 유교 전통에서 관리 교육 및 충원의 논리를 거의 그대로 번안한 것처럼 느껴질 정도인 것이다. 그런데 헤겔은 그러한 관리 집단에게는 그에 상응하는 위상이 부여되어 있어야 한다고 보았다. 그의 이러한 관점은 그가 중국의 "전제국가"를 말할 때 특히 잘 드러나 있었다. 앞에 든 인용문에서와 같이 헤겔은 중국에서는 군주를 제외한 그 누구도 별도의 계층적 위상 내지 "특전"을 지니지 않는다고 강조하였다. 그런데 그는 무엇보다도 관리 집단이 그러한 "특전"을 지니지 않는다는 점을 특히 강조하였다. 그는 심지어 고위 관료에게도 여하한 특전이 허용되지 않는다고 다음과 같이 부연하였다.

> 황제는 모든 것이 그 주위를 도는 중심이라는 것이 명백하다. … 황제의 감독과 감시를 제외하고 어떤 다른 법적 힘과 제도도 존재하지 않는다. 정부의 관리들을 근무에 임하게 하는 것은 그들 자신의 양심이나 명예심이 아니라 그들 외적인 〔황제의〕 명령 및 그 명령을 지탱하는 엄한 형벌이다. … 중국에서는 모든 관리는 대나무 곤장형을 받을 수 있다. 가장 높고 가장 빼어난 관리조차도 — 장관, 태수, 그리고 황제 자신의 애첩조차도 — 이 방식으로 처벌받는다. … 중국에서는 … 모두가 황제 앞에서 동등하다, 즉 모두가 마찬가지로 비천하다(Hegel, 1956: 127~31).

군주 한 사람만이 자유인이고 나머지는 모두 그의 전제 속에 예속되어 있는 부자유한 사람들인 체제에서는 관리조차도 군주의 인치적 명령을 이행하는 수족에 불과하다는 것이다. 하지만 헤겔의 주장은 다시 한 번 사실과 반대되는 것이었다. 중국에서 관리집단, 더 나아가서는 그들이 갖추어야 할 소양을 획득한 좀더 광범위한 지식인 집단으로서의 선비 계층은, 헤겔이 앞선 인용문에서 염직성과 지성을 교육받고 있다고 상찬하고 있는 독일의 "중산층"에 상응하는 계층적 위상이 부여되어 있었던 것이다. 베버는 중국에 대한 좀더 풍부한 지식 위에 뛰어난 통찰력으로써 관리 내지 선비 집단에 부여된 특별한 위상을 잘 파악하고 있었다.

> 그들의 문헌 속에서 선비는 "관직"의 개념, 무엇보다도 "관리의 의무" 및 "공적 복리"(public weal)의 윤리의식을 창출하였다. … 다른 한편으로 그들은 그들 자신을 위해, 군주에게 자율적 행정으로의 길을 보여준 것으로 주장하였다. … 신분 집단으로서 선비는 특전이 부여되어 있었다. 그들의 위치가 강화된 얼마 후부터 선비는 신분 특전들(status privileges)을 누렸다. 그것들 중 가장 중요한 것은 첫째, 강제 부역의 면제, 둘째, 체벌의 면제, 셋째, 봉록이었다(Weber, 1964: 111, 129).

여기서 베버는 선비 집단이 공적 복리의 수호자라는 스스로 부여한 의무와 엘리트로서의 신분적 위상을 교환하고 있었음을 예리하게 간파하고 있다. 그리하여 그는 더 나아가 유교가 바로 관리의 윤리라고까지 규정하게 된다. 또한 베버에게 관리는 자율적 행정의 길을 군주에게 보여주는, 중국체제의 기둥이었다. 헤겔의 동방"전제론"에서 그리고 있는 것처럼 군주의 수족이 전혀 아니었던 것이다. 하지만 여전히 중국의 "정체"를 전제했던 베버는 그 원인을 관리가 따르는 종교로서의 유교가 "전통주의적"이라는 오해에 기반하여 풀려고 하였다. 그러나 적어도 관리가 군주의 수족일 뿐이며 특별한 계층적 위상조차 향유하지 못했다는 중국에 관한 헤겔의 좁은 안목은 훨씬 넘어서 있었던 것이다. 여기서 체벌의 면제 여부 같은 너무도 명백한 관찰사항에 대해서도 서로 다른 사실적 서술을 하는 데에는 또 다른 이유가 있었는데 이에 관해서는 이 장의 맨 뒤 쪽에서 논의가 이루어질 것이다.

2) 최종결정권을 보유한 입헌적 군주

물론 중국에서 황제는 최종결정권을 보유하고 있었다. 앞서 송 대 중국의 정책과정에 대해 제르네가 잘 묘사하고 있듯이, 황제는 국민 일반으로부터 나와 관리들 사이의 절차를 거쳐 올라오는 정책을 최종적으로 비준하는 권한을 보유하고 있었다. 이것이 성구화되어 있듯 “군림하되 통치하지 않는다”는 근대 영국의 입헌군주정과는 차이가 나는 점이다. 오늘날 영국을 입헌군주정의 모형으로 간주하는 사람이라면 중국에 관한 사실을 본 후에도 군주에게 최종결정권이 남아 있는 그러한 정체를 입헌군주정이라고 정확히 부르는 데는 주저할 수 있다. 여기서 당대 독일의 정체를 입헌군주정이라고 확고히 규정하고 있는 헤겔은 중국의 정체 역시 입헌군주정이라는 변론을 훌륭하게 해주고 있는 셈이 된다.

그런데도 헤겔은 중국의 정체를 입헌군주정과 정반대의 “전제군주정”으로 격하시키려 하였다. 그의 동방전제론은 중국에서 국가가 공민사회라는 자율적 공간을 허용하지 않고 국민 생활의 전 영역을 속속들이 통치하고 있다는 명제와 더불어 그 국가가 통치하는 방식이 군주에 의한 전제라는 명제를 같이 담고 있는 것이다. 그런데 헤겔은 중국의 황제가 보유하고 있던 실권에 비해 결코 더 약하지 않은 실권을 지니고 있던 자신의 조국 독일 프로이센의 황제는 손색없는 입헌적 군주임을 자부한다. 그는 《역사철학》의 종결 부분에서 그러한 자부심을 토로하면서 자신의 국가는 그 수장인 황제가 최종 결정권을 견지하고 있음에도 공정성을 확보하는 데 아무 어려움이 없다고 변론한다.

> 〔독일에서〕 통치는 관리의 세계에 놓여 있으며 군주의 개인적 결정이 그 정점을 이루는데 왜냐하면 최종 결정은 … 절대적으로 필수적이기 때문이다. 하지만 잘 확립된 법과 정착된 국가조직이 있어서, 군주의 단독 재량에 남겨지게 되는 것은 실질적으로는 큰 사항이 아니다. 고귀한 성품의 군주가 그 운명을 맡게 되었다는 것은 한 국가를 위해 분명히 아주 다행한 상황이다. 그러나 위대한 국가에는 이것도 그렇게 중대한 점은 아닌데 그러한 국가의 힘은 그 속에 축적된 이성에 놓여 있기 때문이다(Hegel, 1956: 456).

정부가 역사 발전을 통하여 축적된 이성의 산물인 법과 관료제에 의해 작동하는 한 군주가 실권을 보유하고 있다는 사실이 국가의 공정성 내지 합리성을 가로막지 못한다고 헤겔은 말하고 있는 것이다. 그러면서 당대의 황제가 그 최종결정권을 공정하게 사용할 고귀한 성품의 군주이니까 더욱 그렇다고 덧붙이고 있다.

그런데 실은 헤겔에게 독일의 군주가 실권을 보유하고 있다는 점은 변론해야 할 사항 이상의 적극적인 의의를 지니고 있었다. 그에게 있어 최종 결정권을 지니고 있는 군주를 수장으로 하는 독일의 관료제 정부는, 성구화되어 있듯이 군주가 "군림하되 통치하지 않는" 영국의 의원내각제 정부에 비해 더 공정한 존재였던 것이다. 주어진 시점에서 특정 정파에 의해 지배되는 의원 내각제 정부와는 달리 실권을 보유한 군주하에서 통합성을 유지하는 관료제 정부야말로 일체의 편파성을 배제할 수 있다는 것이었다. 영국에서 군주 대신 실권을 행사하는 수상은 출신 정파의 편에 서지만 실권을 보유한 독일의 군주는 늘 국가 전체를 생각한다는 것이다. 그리하여 군주가 실권을 보유하면서 덕성을 갖춘 군주가 그것을 공정하게 사용하게 할 수 있는 독일의 정체는 입헌군주정일 뿐 아니라 더욱 뛰어난 입헌군주정임을 역설하고 있는 것이다.

그렇다면 헤겔은 중국의 정체야말로 뛰어난 입헌군주정이라는 변론을 해주고 있는 셈이다. 중국은 군주가 최종적 실권을 보유할 뿐 아니라 그것을 공평무사하게 사용할 수 있는 덕성을 끊임없이 함양케 하는 것을 강조하는 유교라는 이념의 권위하에 놓여 있는 정부를 갖고 있었다는 너무도 진부한 사실을 고려에 넣는다면 더욱 그러한 것이다. 그 군주가 수많은 현자들의 이성의 축적물인 유교 그리고 관료제 속에서 통치를 했다는 사실은 더 말할 필요도 없을 것이다. 그 점에서 그는 중국의 정체가 그가 독일에 대해서 말하는 모범적인 입헌군주정의 예라고 말할 수 있었을 것이다. 그리하여 그는 서구 내에서 영국과 비교하여 독일이 누리는 우월성이라고 자부하는 것을 중국을 원용하여 변론할 수도 있었을 것이다. 그러나 그러기는커녕 헤겔은 중국의 군주는 그 자신 외에는 어떤 원칙도 준거하지 않고 인치적인 명령으로 백성 모두를 노예처럼 부리는 전제군주라고 강변하고 있었던 것이다.

반면에 베버는 중국의 황제가 자신의 인치적 명령으로 지배하는 전제 군주가 아니라 유교라는 이념의 권위하에 놓여 있음을 잘 인식하고 있었다. 그리고 그 이념의 담지자로서의 선비에 의존하여 통치하지 않으면 안 되는 존재였음을 정확히 인식하고 있었다. 그리하여 정부 내 선비로서의 관리가 군주에 부착되어 있는 수족이 아니라 반대로 군주가 관리의 꼭대기에 놓여 있는 존재임을 그는 또한 날카롭게 식별해 내고 있었다. 관리가 다른 준거 없이 군주의 명령을 실행하는 존재가 아니라 근본적으로 유교라는 이념을 준거하는 존재임을 잘 인식하고 있었다. 그 관리 내지 선비가 준거하는 그 이념에 같이 복종하는 존재가 중국의 군주임을 간파한 것이다. 뿐만 아니라 또한 선비를 군주가 준거하라는 것이 그 이념의 가르침이었다.

> 황제는 오랜 경서의 윤리적 명령들에 따라 행동해야 했다. 고로 중국의 군주는 본원적으로 〔유교의〕 최고위 성직자로 남아 있었다. … 공적 질서 및 국가의 기둥인 관리 집단도 카리스마를 공유하고 있는 것으로 여겨졌다. 군주와 마찬가지로 관리 집단도 신성한 제도로 여겨졌다. … 이천 년 이상 선비는 결단코 중국의 지배 계층이었고 지금도 그렇다. … "국헌적으로"(constitutionally) — 바로 이것이 유가의 이론이었다 — 황제는 검증된 선비를 관리로 써서만이 통치할 수 있었다. 그러한 통치로부터 조금이라도 벗어나면 재앙이 초래될 수 있고, 황제의 몰락과 왕조의 쇠퇴로 이어질 수 있다고 생각되었다(Weber, 1964: 31~32, 108, 141).

설령 관리 내지 선비와 군주가 일체를 이룬다고 하더라도 중심이 군주 쪽에 있는 것이 아니라 반대로 선비 쪽에 있음을 베버는 명확히 하고 있는 것이다. 그리고 무엇보다도 중국에는 자기 자신 외에 아무것도 준거하지 않는 군주의 자의적인 명령에 의해 움직이는 정부가 아니라, 군주도 따르지 않으면 안 되는 국헌(constitution), 즉 유교적 가치 및 그것을 구현한 법률질서의 체제가 있음을 그는 말하고 있었다. 그리하여 베버는 실질적으로 중국에 입헌군주정(constitutional monarchy)이 있음을 말하고 있는 것이 되었다. 다만 그 국헌의 핵심으로서의 유교가 전통주의라는 오해를 여기서도 노정하고 있는 것이다. 유교가 핵심적으로 내포하고 있는 전통주의는 유교를 넘어 친족 등 중국의 다양한 영역에 확산되어 있었다고 본 베버는 가산제(patrimonialism) 개념을 그러한 맥락에서 사용하였다. 그가 중국이 순수 가산제(pure patrimonialism)라고 말할 때는 헤겔의 동방전제와는 달리 초점이 군주에 의한 인치적 지배가 아니라 바로 이 전통주의에 의한 지배의 문제로 바뀌어 있었다. 유교가 전통주의를 지향하고 있다는 오해를 해소시키는 많은 세밀한 연구들이 서구에서도 20세기 후반에 많이 이루어지게 되었다. 그러나 그 국헌의 성격이 어떤 것이냐 하는 것과는 상관없이 중국의 정체가 입헌군주정이었음을 베버는 서구에서 20세기 전반에 이미 시사하고 있었던 것이다.

4. 국가 밖 자율적 사회

사실 베버는 동방전제론의 "전제군주"의 명제뿐 아니라 국가 밖 "자율적 사회의 부재"라는, 더 궁극적인 명제까지도 중국에 대해 교정을 가하고 있었다.

> 공식적인 제국의 행정은 사실상 도시구역 및 하위구역의 행정에 머물렀다. 그곳에서는 상인과 장인의 길드들을 존중하면, 행정은 효과적으로 이루어졌는데 그 바깥에서 맞닥뜨리는 것 같은 집안(sib)들의 강한 친족 유대와 맞닥뜨리지 않았기 때문이다. 도시 성벽 너머로는 행정적 권위가 좁게 제한되었다. 왜냐면 집안들의 힘에 더하여, 그것도 크지만, 행정은 촌락의 조직화된 자치(self-government)를 또한 면대하였기 때문이다. … "도시"는 관리의 주재지였고 자치를 하지 않고 있었다. "촌락"은 관리가 없는 자치 마을이었다. … 원래, 그리고 지금도 종종, 촌락들은 요새화되어 있었다. 촌락들은, 고대 도시들처럼, 울짱에 의해 방어될 뿐 아니라, 흔

> 히 성벽으로 둘러싸여 있었다. 촌락은 유급 파수꾼들을 고용하였다. … 도시들에는, 개별 장인들의 가게 말고도 특수한 기업가적 공동체들이 있었다. 성격상 소자본가적인(small-capitalist) 이들은 밀도 있는 육체노동의 분업이 있는 공동체적 상회로서 조직되어 있었다. … 큰 규모의 경제적 단위들을 조직하는 이러한 방식들은 그 사회적 측면에서 특수하게 민주적인(democratic) 성격을 지니고 있었다. 그러한 단위들은 개인들을 무산자화 및 자본적 예속의 위험에 대해 보호해주었다. … 최근까지 중국에는(과거에는 외부인이 그 확실한 증거를 갖지 못했었다) 동호 결사체(club association)(회, 會)들이 집안들 그리고 상인 및 장인 길드들과 나란히 번성하였다 … 이러한 사정들은 영리적인 자본가 기업(bourgeois enterprise)의 자유로운 발전에 매우 우호적으로 보이지만, 서구적 성격의 자본가 계층은 발전하지 못했다(Weber, 1964: 91~100).

베버는 도시가 자치를 향유하던 서구와 대조적으로 중국에서는 농촌이 자치를 향유하고 있었다고 그 "이상함"을 토로하려고 한다. 그러나 그는 서구의 농민이 봉건 영주에 예속되어 있던 농노인데 반해 중국의 농민은 자유민이었음을 여기에서 고려에 넣지는 않고 있다. 그 대신 중국의 촌락들에서 같은 부계적 성씨로 이루어진 커다란 친족집단들이 주민들에 대해 발휘하는 영향력을 정부가 면대해야 하는 어려움이 촌락 자치의 큰 이유라고 설명한다. 여기서 베버의 주장 자체에 대해서까지 세밀하게 교정을 가하려는 것이 우리의 목적은 아니고 그 주장만 갖고도 헤겔의 "전제론"은 쉽게 부정이 됨을 보이려는 것이다. 만약 중국의 정부가 강권적인 "전제군주"의 정부였다면 촌락에서의 집안들의 영향력을 결코 그렇게 놓아두지 않고 자신을 강요하였을 것이다. 집안들의 영향력 자체만으로는 충분조건이 되지 못한다는 것이다. 정부쪽에서 그것을 존중하는 자세가 없고는 그렇게 되기가 힘든 것이다. 실은 정부로 하여금 주민 자치를 존중하게 하는 지향이 유교 전통에 있었고 촌락에서 활동하는 재지 선비들을 포함하는 선비들이 전반적인 자치를 이끌며 또한 뒷받침하고 있었던 것이다. 그리하여 여기서 베버도 말하고 있는

"촌락의 조직화된 자치"가 집안들의 영향력 이상으로 전반적인 원리가 되었던 것이다.

여기서 베버의 주장 자체만 그대로 취한다 하더라도, 그 이유가 무엇이었든, 현실적으로 중국의 농촌은 정부 바깥에서 고도의 자치를 누리고 있었다는 사실은 정부 바깥에 자율적 공간이 없었다는 헤겔의 주장을 바로 부정해 주고 있다. 설사 중국의 도시에 그에 상응하는 자치가 없었다고 하더라도 그것만 가지고도, 이른바 "공업혁명"이 일어나기 전, 아직 중국에서도 독일에서도 인구의 대부분이 농촌에 살고 있던 시대에, 이것은 중국 사회 전체에 대해 그렇게 말하는 것과 거의 진배가 없다. 그런데 베버는 어쨌든 서구의 농촌이 누리지 못하던 자치를 중국의 농촌이 누리고 있었다는 사실을 도시에서 어느 정도 "만회"하려는 서술법을, 아마도 어쩌면 서구의 독자들을 배려해서, 취하고 있었다. 그는 중국의 도시가 관리의 주재지라는 점을 그러한 맥락에서 강조하고 있다. 여기서 중국의 도시가 자치를 하지 않고 있었다는 그의 말은 중국의 도시가 중세 서구의 많은 도시들처럼 자신의 자치적 정치조직을 가지고 있지 못했다는 말이다. 그는 그렇게 말할 때 그 자신도 자세히 논했었던, 중국에서 고대의 봉건 제후들이 오래 전에 도태되고 중앙집권화된 정부를 갖게 된 변화를 여기서 고려에 넣지 않고 있다. 중앙집권화되지 못했던 중세 서구 국가의 도시들에는 중앙 정부의 "관리"가 주재할 수가 없는 것이다. 중국의 도시를 중세 서구의 도시와 비교하는 것은 중국의 농촌을 중세 서구의 농촌과 비교하는 것과 마찬가지로 서로 다른 발전 수준을 비교하는 것이 되는 것인데 그 점에서 중국이 서구보다 변화를 먼저 겪었다는 것을 계속 유념하고 있기란 베버도 쉽지 않은 일이었을 것이다. 하지만 그는 이 인용문에서도 중국의 "고대 도시"들은 방어 성책 등 자치적 면모를 지니고 있었다는 점을 인정하고 있는 것이다.

우리는 앞 장에서 중세 서구도시들의 자치라는 것 자체가 자율성을 뜻하는 것이 아님을 살펴보았지만, 이후 서구에서도 절대왕정에 의한 중앙집권화가 진행되면서 봉건영주도 자치도시도 대체로 도태 내지 무력화되어 가고 중앙 정부의 주재관이 파견되어 와 있게 되었다. 독일도 중앙집권화 및 통일로 나아가면서 그러한 모습을 띠어 가게 되었다. 헤겔이 국가와 분화된 근대의 자율적 공민사회를 말할 때는 그렇듯 통일체로서의 중앙집권화된 정부와 대면하며 총체적으로 자율성을 누리는 전국적인 사회를 말하는 것이었고 정부가 자치도시 같은 지역적 정부들로 나뉘어 있는 것을 의미하는 것은 전혀 아니었다. 그렇게 전국적인 사회가 되어서야 중앙집권화된 정부와 대면하며 자율성을 지닐 수 있었던 것이다. 그 전국적인 공민사회는 도시와 농촌을 포괄하여 다양한 차원의 단체들이 일차적으로 사익을 추구하며 정부에 대해 오늘날의 표현으로 이익집단으로서의 목소리를 내는 공간이었다. 물론 베버는 위에서 말한 것처럼 여기서 중세 서구의 자치도시와의 비교를 의식하고 있었지 근대 독일의 공민사회와의 비교를 의식하고 있었던 것이 아니다. 의식하지 않고 있었지만 베버가 구체적인 차원에서 언명하고 있는 것은, 헤겔이 말하는 근대 공민사회의 자율성을 이루는 모습들에 해당된다. 위 인용문에서 베버는 중국에서 도시의 주재관이 각종 길드, 나아가서 그가 "소자본가적" 경제조직이라고 부르는 단체들을 존중하는 방식의 행정을 일반적으로 수행한다고 시사하고 있는 것이다. 뿐만 아니라 중국에는 도처에서 동호 결사체가 번성을 누리고 있는데 서구인들이 과거에는 확보하지 못한 그에 관한 증거를 새로이 입수하고 있음을 베버는 부언하고 있다. 결국 구체적인 수준에서는 농촌에서든 도시에서든 중국의 정부는 사회 속 각종 단체들의 자율성을 수용하는 방식으로 통치하고 있었다는 말을 하고 있는 것이다. 이것은 이 장에서 맨 처음 인용한 제르네의 중국정부 활동방식을 그 사회 쪽의 과정에 초점을 맞춰 제르네보다 훨씬 이른 시기에 자세히 말해주고 있는 것이 된다. 한마디로 중국에는 그처럼 자율적인 사회가 정부 바깥에 잘 발달해 있었고 정부는 그 위에서 활동하였다는 것이다. 그리고 그것은 헤겔이 서구에서 근대의 공민사회와 정부가 맺는 관계로 도식화시킨 것이었다.

베버는 특히 "소자본가적" 경제조직에 대해서는 그것들이 "특수한 민주적 성격"을 지니고 있다고까지 말하고 있다. 헤겔이 공민사회의 단체들이 그 안에서의 민주적 과정을 통하여 "국가" 전체의 공익으로 수렴해 가는 기초작업을 한다고 말한 것까지 생각나게 하는 대목이다. 그런데 헤겔과 달리 베버에게는 자본주의가 궁극적인 비교 주제였다. 그는 이러한 중국의 여건들이 근대 자본주의의 "호조건"을 이루고는 있으나 서구의 근대 자본주의와 같은 발전을 이루지는 못했다고 주장한다. 무엇보다도 서구와 같은 자본가 계급의 부상이 결여되어 있었다는 것이다. 이러한 베버의 주장이 틀린 것이라고 할 수는 없다. 사실로도 중국에는 지배 계층으로서의 자본가 계급의 부상이 없었기 때문이다.

베버의 시대에는 이렇게 자본주의가 동서 간 비교의 대상이 될 수 있을 정도로 자본주의 개념이 뿌리를 내리고 있었다. 우리는 앞선 장에서 어떻게 헤겔의 공민사회 개념을 맑스가 새로이 자본주의 개념에 접목시켜 희화화시키려고 했는지 살펴보았다. 베버는 이제 공민사회가 아닌 자본주의 개념에 초점을 맞추었고 그 연장선상에서 사회간 비교를 행하였다. 베버는 맑스와는 조금 다른 관점에서 자본주의를 바라보지만 이 인용문 같은 곳에서는 부르주아를 자본가 계급의 별명으로 맑스처럼 사용하고 있다. 자본주의 발전에 뒤쳐져 있었던 독일도 베버의 시대에는 자본주의의 발전이 이루어져 있게 된 것이 한 몫을 하였다고 할 수 있다. 말하자면 독일 공민사회가 자본주의의 면모를 많이 지니게 되었던 것이다. 그리하여 헤겔의 공민사회 개념에서 초점을 맞추고 있었던 관리를 위시한 "중산층"으로서의 교양공민 대신에 자본가 계급에 초점을 맞추는 일이 의미를 갖게 될 수 있었던 것이다.

이렇듯 근대 공민사회는 자본주의를 품는 발전을 이룰 수가 있다. 어떻게 자본주의가 공민사회 속에서 발전할 수 있는지, 그 둘 사이의 관계를 고찰하는 것은 사실적으로도, 실천적으로도 중요한 문제가 된다고 하겠다. 우리는 이 글에서 일단 공민사회에 초점을 맞추어 왔지만 공민사회가 자본주의와 어떻게 관계를 맺을 수 있는지 추가적으로 살펴볼 수 있다면 더욱 풍요로운 논의가 될 수 있을 것이다. 어쨌거나 여기서 베버가 서술하고 있는 명제는 우리가 다음과 같이 그 의미를 취할 수 있다. 즉 중국의 공민사회는 근대 자본주의가 발전할 수 있는 호조건일 수 있었지만 특히 자본가 계급이 그 주역으로 부상하지 못했다는 점에서 실제로 서구에서와 같은 근대 자본주의를 발전시키지는 않았다는 것이다. 중국 공민사회의 주역은 선비라는 이름의 지식인 엘리트였던 것이다. 그런데 그렇다면 교양공민을 주역으로 삼고 있는 헤겔의 공민사회 개념은 오히려 더욱 중국에 대해 적의성을 지니는 것이 된다. 그럼에도 헤겔은 중국을 근대적 공민사회의 원형이 아닌 반면교사인 것처럼 다루었던 것이다.

5. 공민사회의 이념

1) 사적 관조의 영역을 내포한 국교

헤겔은 중국에서 유교가 군주가 따라야 할 준거점이었다는 인식을 전혀 보여주지 못한 채 오히려 유교를 전제군주 자체의 표현에 불과하다고 말하고 있었다. 군주가 속속들이 전제하는 국가의 표상에 불과하다는 것이다. 그가 유교를 "국가종교"라고 부른 것은 바로 그런 의미에서였다.

> 황제는 국가의 최고 우두머리이듯이 이 종교의 수장이기도 하다. 그리하여, 중국에서 종교는 본질적으로 국가종교이다. … 그 중국의 종교는, 고로, 우리가 종교라고 부르는 것이 될 수 없다. 우리에게 종교란 정신이 자신 속으로 물러나서 정신의 본질적 성격, 정신의 내부 깊숙한 존재를 관조하는 것을 의미한다. 이 영역에서는 인간은 국가와의 관계로부터 물러나 그렇게 물러난 상태 속에서 세속적 정부의 권력으로부터 자신을 풀어 놓을 수 있다. 그러나 중국에는 종교가 이 수준에 오르지 못했는데 진

> 정한 신앙이란 개인들이 자신을 은둔시킬 수 있을 때 — 어떤 외적 강제력으로부터도 독립하여 스스로 존재할 수 있을 때에만 가능한 것이다. 중국에서 개인은 그런 삶을 갖지 않는다 — 이런 독립성을 향유하지 않는다. 고로 어느 방향에서나 그는 종속되어 있다. 종교에서도 그렇고 다른 것들에서도 그렇다(Hegel, 1956: 131~132).

헤겔은 중국 사회가 전제군주의 국가에 완전히 포섭되어 그 바깥에 아무런 자율적 공간이 존재하지 않는 것도 유교가 그대로 반영하고 있다고 말하고 있다. 그리하여 중국에서는 종교가 사람들에게 국가에서 물러나 사적인 관조 활동을 할 수 있는 공간을 전혀 제공해 주지 못한다. 서구에서 종교가 그러한 공간을 제공해 주고 있는 것과는 대조적이라는 것이다. 우선 여기서 헤겔은 아마도 동시대의 영국의 군주가 영국 국교회의 수장을 겸하고 있다는 사실을 깜빡 잊고 있었던 것 같다. 영국에서 그러한 체제는 헨리 8세의 절대 군주정하에서 출현한 것이지만 이후 같은 구도하에서 영국의 군주정은 입헌 군주정으로 존재하게 되었던 것이다.

헤겔은 여기서 다시 한 번 원형으로 대해야 할 중국을 반면교사로 대하고 있다고 할 수 있다. 여기서 헤겔이 중국에는 없다고 한 "개인이 국가로부터 물러나 관조하는 영역" — "종교" — 이 반대로 아주 오랜 발전의 역사를 가지고 존재하고 있었던 것이다. 그리고 그것은 국가로부터 자율성을 지니는 사회적 공간, 즉 공민사회의 기반이었던 것이다. 20세기 후반 서구에서 성리학 연구의 대가이자 대부로서 활동해 온 드배리로부터 인용해보자.

> 이 시기에는 계속 중앙집권화된 공민 관료 체제(civil bureaucratic regime)로의 추세심화도 재개되었는데, 그것은 몇몇 역사학자들이 "초기 근대"(early modern)라고 명명한 시대의 문턱에 중국을 11세기에 정치적으로 올려놓고 있었다. 하지만 우리는 이 발전에 나란히 새로운 정신성(spiritualities)과 새로운 신비주의가 그 오래된 것들을 대체하고, 새로운 형태의 인본주의가 그 자체의 종교적 표상을 발전시키고 있는 것을 보게

> 된다. 그리하여 우리는 크리스텔러(Kristeller) 교수가 이탈리아 르네상스 인본주의의 "강하게 종교적이고 신학적인 맥락"이라고 서술한 것에 해당하는 것을 중국에서 발견한다. … 주희는 "하루의 절반은 독서에, 절반은 정좌(靜坐)에" 바칠 것을 말하고도 있었다. … 중국의 정신성에 대한 불교와 도교의 심대한 영향이, 철학적으로는 이들 종교에 강하게 반대하고 있었던, 성리학자들의 정좌 채택에서만큼 드러나는 데는 없다. 주희 자신이 그의 시간의 절반을 정좌에 바쳤을 것 같지는 않지만 그가 하루의 절반을 관조 활동에 할애할 것을 말한 것은 그것에 대해 강렬한 지원과 광범위한 수용을 부여했다. 결과적으로 성리학적 수양은 … 현저하고 유례없는 정도로 자기를 중심에 두는(self-centered), 즉 개인에 초점이 맞추어진 채 상대적 고립 속에서 추구되는 것이었다(de Bary, 1979: 9~12).

중국 전통 자체에도 있었던 사적 관조의 영역은 불교의 반작용적 영향에 의해 심화되면서 유교 속에서도 홀로 정좌(靜坐)하는 모습으로 나타나게 되었다. 그리하여 한 사람 한 사람의 선비들이 하늘이 마음속에 들어 있는 존재로서의 이(理)를 외경심 속에서 마주하는 이른바 거경궁리(居敬窮理)를 수행하는 것이었다. 중국 황제가 하늘에의 제사를 집전하는 것이 그가 하늘과의 관계에서 독점적 위치를 차지하는 것을 의미하는 것처럼 전제하는(Hegel, 1956: 132) 헤겔의 극히 단순한 인식은 너무도 진상과 동떨어진 것이다. 그리하여 선비들은, 헤겔의 표현을 차용하자면, "국가로부터 물러나 그 권력으로부터 자신을 풀어 놓는" 개인적 공간 속에서 이성을 종교적으로 관조하고 있었던 것이다. 이러한 인성적으로 자율적인 공간은 사회적으로 자율적인 공간으로서의 공민사회를 뒷받침하는 강한 힘이 되는 것이었다.

하늘과 이의 연계는 서구 르네상스의 문턱에서 토마스 아퀴나스가 그의 신학 속에 신과 이성을 공존시킨 것과 닮았지만 성리학에서는 이성을 종교적인 자세로까지 대했던 것이다. 그것이 예컨대 르네상스의 미술가가 성서 속 인물들을 좀더 인간적인 모습으로 그려 내면서도 강한 종교적인 열정 속에서 그리하였던 것과 궤를 같이 하는 것이다. 중국의 선비들이 이성을 종교적인 헌신으로 받들었다는 것은 그들의 이성의 누적적 산물인 국가 관료제 그리고 나아가서 국가와의 관계에서 자율성을 행사하는 각종 사회적 제도를 그러한 헌신을 가지고 지키려 하는 것으로 이어지고 있었다.

헤겔은 유교가 전제군주정의 즉각적인 합일적 표상이듯이 중국은 제도를 지도하는 어떤 추상적 이론도 지니지 못한다고 주장하였었다. 그리하여 그는 중국에 설령 좋은 제도나 사물이 있다하더라도 그것은 중국인들의 단순한 경험적 산물에 불과하며 서구의 제도나 문물들과 같은 지적 가치를 지니지 못한다고 강변하였다. 그의 이러한 명제는 중국의 어떤 선진 제도나 문물도 무의미하게 만들 수 있는 고안이 되는 것이었다. 그는 그렇듯 중국이 일반적으로 "정신이 결여된" 즉각적 존재양식만을 지니고 있다는 점이 정치부문에서 구체적으로 나타난 것이 단순한 힘에 의한 지배체제이며 정치적 군장이 종교적 수장을 겸하는 것은 그 반영이라고 하였다.

헤겔이 그렇듯 중국이 "정신" 내지 이성을 결여하고 있다고 확대해서 말한 것은 그에 대한 사실 전도를 그만큼 크게 한 것이라고 할 수 있다. 그리하여 그것을 그만큼 크게 뒤집으면 이 문제에 관한 중국의 사실이 된다. 중국의 국가 관료제나 공민사회를 비롯한 많은 선진 제도와 문물은 중국인들이 이성을 종교적인 헌신의 자세로써까지 따른 결과였던 것이다. 중국인들은 그러한 맥락에서 수많은 추상적 이론들의 전통도 발전시켜 왔다. 공교롭게도 헤겔이 변증법이라는 이름하에 그가 강조하는 "정신"을 독특하게 개념화한 이른바"정-반-합"의 구도조차도 중국은 그보다 훨씬 앞서 "음-양-태극"으로 정교하게 이론화시키고 있었다.

2) 공민종교

정확히 말해서 서구 르네상스 시기의 인본주의와 종교의 관계에 비해 유교에는 한 가지 차원이 더 있었다. 그것은 유교가 국가의 지도 이념이기도 하였다는 것이다. 중국의 군주가 국민을 속속들이 전제하는, 헤겔의 표현으로, "국가종교"가 아니라 중국의 군주도 따라야 하는 "국가"의 지도 종교였던 것이다. 황제가 하늘에 제사를 지내는 것은 국가를 대표해서 그 종교를 따르겠다는 자세의 표현이었다. 한편으로는 국가의 지도 종교인 차원과 또 한편으로는 개인들이 홀로 정좌하는 개인 종교의 차원이 같이 들어 있는 "종교"였던 것이다. 그런데 국가가 따르는 지도 종교로서의 유교의 역할 속에도 다시 정확히 종교적인 요소와 세속적인 이념의 요소가 같이 들어 있었다. 하늘에의 제사 등은 정확히 종교적인 요소지만 아주 많은 부분은 정치적, 사회적 교설 등 세속 이념적인 요소들로 이루어져 있었다.

국가 지도 종교로서의 유교 속에 들어 있는 정확히 종교적인 요소는 하늘에의 제사 등 종교로서는 가장 기본적인 요소들 몇 가지만 남겨 갖고 있는 것이었다. 국가 지도 종교로서의 역할 속의 그러한 "축약된" 종교적 요소가 위에서 논한 개인적인 종교의 차원과 함께 유교의 종교적 차원을 이루고 있었다. 그러한 종교적 차원을 제대로 보지 못할 때 유교는 진정한 종교가 전혀 아니라는 주장을 할 수도 있는 것이다. 뿐만 아니라 국가 지도 종교로서 작용할 때의 그 "압축된" 종교적 요소는 개인들이 정좌하는 내면적인 종교적 차원과 연결되어 유교의 세속 이념적인 차원을 의식 깊은 곳에서 지원해 주는 역할을 하였다. 그런데 그것이 바로 헤겔이 근대 공민사회에서 종교와 "국가"가 관계 맺는 바람직한 모습으로 그리던 것이었다.

> 종교는 국가를 〔그 공민들의〕 기질의 가장 깊은 수준에서 통합하기 때문에, 국가는 그 모든 공민에게 종교적 공동체에 속하도록 요구하기까지 해야 한다. … 국가는 종교로부터 그 정당화를 도출해야 한다고 주장된다. 절대관념(Idea)은 종교 내에서는 정서 속에 내면화된 정신이다. 그러나 이 동일한 관념이 국가 안에서는 세속적으로 표현되는 것이다. … 고로 국가는 종교 위에 수립되어야 한다고 말하는 것은 국가가 합리성에 기반을 두고 발전해야 한다는 것을 의미할 수 있다. … 만약 종교성이 자신의 영역에

> 서 통상 채택하는 방식으로 국가 안에서도 자기를 표명하려 한다면 그것은 국가의 조직을 뒤흔들어 놓을 것이다(Hegel, 1991: 295, 303~304).

위 인용문의 마지막 문장이 잘 보여주는 것처럼 헤겔은 국가가 종교의 강한 간섭하에 놓여 있던 서구 중세와 같은 상태로부터 벗어나려는 동기를 강하게 표출하고 있었다. 그는 근대 공민사회에서 국가가 합리성에 의해서 운영된다는 것을 기본 명제로 삼고 있었다. 그에게 있어 그것은 국가가 종교의 강한 간섭하에 더 이상 놓이지 않는다는 말과 같은 말이었다. 하지만 그는 동시에 종교가 그러한 국가의 합리성을 국민정신의 가장 심층부에서 정서적으로 지원해야 한다고 주장하고 있는 것이다. 그럴 때 그것은 근대적 국가를 진정 정당화할 수 있다. 종교가 그럴 수 있다는 것은 그 종교가 합리적인 종교라는 것을 의미한다. 그리하여 헤겔에게 근대 공민사회에서 종교와 국가는 합리성이 하나는 인간 내면의 차원에서 하나는 "세속"의 차원에서 구현된 것이었다.

그런데 기본적으로 같은 구도의 관계를 유교 전통에서도 그리고 있었던 것이다. 그것이 중국에서 유교가 "국교"인 맥락이었다. 그것은 종교와 국가의 그러한 연계를 이념적으로 공식화시켜 놓은 것이었다. 중국에서 흔히 내성외왕(內聖外王)이라고 부르는 유교의 두 측면이다. 유교는 헤겔의 구도에서 더 나아가 하나의 이념 안에 종교적인 차원과 세속적인 차원이 같이 들어 있었던 것이다. 조금 달리 표현하자면 그것은 합리성이 세속적으로 표현된 것을 가장 심층적인 의식의 차원에서 "종교적"으로 지원하는 부분을 같이 담고 있는 이념이었다. 그 외의 내용은 그 "종교적" 부분에서 많이 사상되어 있는 그러한 이념이었다. 그것을 종교라고 부른다면 그것은 "공민종교"라고 불리는 것과 같은 것으로서, 공민종교 개념에 관해서는 앞 장에서 자세히 설명한 바 있다. 그리하여 우리는 헤겔이 말하려는 것도 실질적으로 "공민종교"에 관한 것이었음을 알 수가 있다.

헤겔이 중국에 "국가종교"가 있다고 한 말은 이렇듯 뒤집어서 중국에

"공민사회종교" 줄여서 "공민종교"가 있다는 말이 되는 것이다. 헤겔이 서구에 대해 좀더 적극적으로 말하지 못한 "공민종교"가 그렇듯 중국에 있었다는 것이 한 가지 의미하는 것은 헤겔이 인식하려 한 것과는 달리 국가가 아닌 공민사회가 존재적 우선권을 지니는 공민사회의 전통이 중국에 있었다는 것이다. 서구에서도 영국에서는 국가가 아닌 공민사회가 존재적 우선권을 지니는 공민사회가 발전해왔다. 영국의 공민사회와 비교하여 독일의 공민사회에 있어서의 공익의 중요성을 강조하려 하는 가운데 헤겔은 그만 공민사회가 아닌 국가에 존재적 우선권을 부여하려는 우를 범하고 말았다. 그런데 국가가 아닌 공민사회에 존재적 우선권을 부여하면서도 공익을 강조하는 전통이 중국에는 있어 온 것이다. 그것은 국가 밖에서 선비들이 홀로 정좌한 채 거경궁리하는 그 곳에 뿌리를 내리고 있었다.

6. 개방적 계층과 엘리트주의

1) 개인의 "특전"과 자유

헤겔이 중국이 결여하고 있다고 말하는 요소들이 우리 쪽에서는 중국 전통의 핵심적 요소로 잘 알려져 있는 것일 때가 적지 않다. 앞서 살펴본 것처럼 헤겔은 개인의 "특전"(privilege)을 근대 공민사회의 필수적 기반으로 간주하고 있었다. 그는 거기에서 그것이 자유를 보장하는 중대한 요소라고 강조하고 있다. 여기서 "특전"을 비유적인 의미로 해석하면 그 말뜻을 현대적인 맥락에서 쉽게 이해할 수 있을 것이다. 각 개인이 지니는 그만의 특별성을 존중해 주어야 한다는 것이다. 한마디로 개인으로서의 존엄성을 누릴 수 있어야 한다는 것이다. 하지만 헤겔은 특전이라는 말을 원래의 직설적인 의미 그대로 사용하고 있는 측면도 있었다.

먼저 특전이라는 말의 원래 뜻을 살펴본다면, 그것은 일반인이 갖지 못하는 어떤 권리 등을 특정 개인 내지 특정 집단에게 부여한 것을 가리킨다. 서구에서 이 말은 전형적으로 중세 때 귀족을 중심으로 하는 상위 신분에게 부여된 것을 가리키는 데 쓰였다. 귀족에게는 평민과 구별되는 특별한 권리가 그에 상응하는 특별한 의무와 묶여 부여되어 있었다. 그 특별한 권리를 영어로 privilege라고 하는 것인데 보통 "특권"이라고 번역하지만 오늘날 우리말에서 "특권"이라는 말은 정당한 권리가 아닌 그 이상 내지 이외의 것을 추구하는 의미로 많이 쓰기 때문에 현실적으로 좋은 번역이 되지 않는다. 영어의 privilege는 그런 부당한 것을 가리키지는 않는 말이다. 그것은 상위 신분에 부여된, 특별하긴 하지만 "정당한" 권리를 가리키는 말이다. 그 사회 자체가 그런 것을 정당한 것으로 간주하는 사회인 것이다.

그리하여 헤겔은 여기서 근대 서구에서 자유를 말할 때 흔히 결부되어 있지만 또한 흔히 뒤로 숨어 있는 동기를 드러내고 있다. 예컨대 영국의 계몽주의 사상가들이 자유 개념을 이념적인 가치로 내세웠을 때 그 한 가지 중요한 연원은 영국에서 귀족들이 왕의 중앙 정부의 커지기 시작한 권력에 대해 자기들의 주어진 신분적 특전을 위시한 기득권을 지키려던 전통이었다. 마그나카르타는 그 효시라고 할 수 있을 것이다. 정부에 대해 지배계층으로서의 기득권을 지키려는 지향은 영국의 엘리트가 귀족에서 젠트리로 그리고 자본가로 확대되는 과정에서 계속 유지되었다. 그러나 그 기득권의 내용은 엘리트의 성격이 그렇게 변해 가면서 귀족의 신분적 기득권이 아닌 자본가의 경제적 기득권으로 변모했다.

기득권을 지키려는 지향은 공민권이 모든 국민에게 확산되어 가는 과정에서도 유지되었다. 모든 국민이 자신의 기득권을 지키려고 하게 된 것이다. 그리하여 영국에서의 자유 개념은 국가로부터 자신의 권리를 지키려고 하는 지향을 핵심으로 하고 있는 것이며 그것을 필자는 다른 글에서 영국에서의 원심적 자유 개념의 전통이라고 불렀다. 그러나 어쨌든 공민권이 모든 국민에게 확산되어 가는 과정은 평등 개념의 성장과 맞물려 있었다. 영국에 이어 민주화를 이룬 미국과 프랑스에서는 평등을 자유와 더불어 민주주의의 기본가치로서 성문화하기에 이르렀다. 그리하여 "특전"은 더 이상 적극적으로 옹호될 수 없는 개념이 되었다. 경제적 기득권조차도 평등의 이름으로 변론되게 되었다. 예컨대 산술적 평등이 아닌 합리적 평등을 말함으로써 지켜지게 되었던 것이다. 그것은 혈통신분에서 계급이라는 개방적 계층체계로의 발전에 연계되었다.

2) 엘리트의 특전과 국민의 복지

헤겔이 "특전"을 내놓고 말하는 것은 그 점에서 독일이 처한 다른 상황을 반영하는 측면이 있었다. 당시의 독일은 "특전"을 그렇게 내놓고 주장할 수 있도록 아직 민주화의 역사가 일천한 측면이 있었던 것이다. 하지만 헤겔이 그렇게 내놓고 논할 수 있는 데에는 역설적인 측면도 있었다. 즉 "특전"을 당당하게 얘기할 수 있는 만큼 그 "특전"에 대한 의무를 언명하는 점이 있었던 것이다. 관리집단의 경우 관리의 특전을 주장하는 만큼 관리의 의무를 강조하는 것이었다. 앞선 장에서 논한 것처럼 헤겔은 공익수호자로서의 관리의 역할을 강조하였는데 그것은 국가관료제의 발전이라는 독일의 상황과 맞물려 있었다. 관리가 공익수호라는 중차대한 의무를 지고 있는 만큼 그 반대급부로서 "특전"이 또한 부여되어야 한다는 것이었다.

좀더 넓게는 관리가 소속된 계층으로서 헤겔이 "중산층"이라는 개념으로 부르는 엘리트 계층에 대해 그러한 위상과 의무의 복합체를 설정하고 있었다. 앞서 설명한 대로, 이후 독일의 이 새로운 엘리트 계층은 교양공민(Bildungsbürgertum)이라는 이름으로 알려지게 되었다. 그들은 그들이 획득한 지식을 기반으로 엘리트의 지위를 누리게 된 계층이었다. 독일에서는 이러한 지식인 계층이 혈통에 토대를 두던 귀족이라는 기존의 신분을 제치고 새 지배 엘리트로 자리 잡아가고 있었던 것이다. 영국에서는 엘리트로서의 기존의 귀족 신분이 경제적 자산에 일차적으로 토대를 두는 자본가라는 계급으로 탈바꿈하였으나 독일에서는 귀족이 교양공민이라는 지식에 토대를 두는 획득적 신분에 의해 대체되어 간 것이다.

모두 개방적 계층으로 바뀐 것은 같지만 영국에서는 지배 엘리트가 혈통 신분에서 계급으로 바뀐 반면 독일에서는 혈통 신분에서 획득 신분으로 바뀐 것이다. 근대 자본주의가 거의 발전하지 않았던 독일에서 근대 공민사회가 모색되었다는 것이 독일이 다른 발전의 길로 가게 된 한 가지 요건을 조성해 주고 있었다고 할 수 있다. 그리하여 영국에서는 더 이상 신분적 특전을 말함이 없이 계급적 이익을 실질적으로 추구하게 된 반면 독일에서 헤겔은 신분적 특전을 내놓고 강조할 수 있었다. 여기서 헤겔이 개인의 "특전"을 말할 때에는 개인의 신분적 "특전"을 말하는 측면이 있었던 것이다. 교양공민에 속하는 개인의 경우 엘리트 신분의 "특전"이 되는 것이었다. 그리하여 헤겔에게 이 말은 모든 개인의 존엄성을 가리키는 맥락 위에 엘리트의 특전을 가리키는 의미가 중첩되어 있었던 것이다.

물론 그 인용문에서 헤겔이 특전과 함께 "이익"을 말하고 있고 이는 공민사회가 일차적으로 사적 이익을 추구하는 영역이라는 그의 구도와 궤를 같이 하는 것이지만 그것은 특전이라는 말에 의해 상대화되고 있었던 것이다. 그리고 관료집단을 위시한 교양공민층은 엘리트 신분으로서의 특전을 향유하는 만큼 개인들로서의 사적 이익이 아닌, 공민사회와 국가가 궁극적으로 추구해야 할 전체의 공익을 수호하는 의무를 질 것이었다. 이것은 구체적으로 무엇보다도 국민 공동체의 복지를 책임지는 자세로 나타날 것이었다. 이것은 영미의 발전해 가는 의회민주주의에서 국민 각자가 "인권" 의식을 가지고 자신의 이익을 지키는 것을 처음부터 대신해 주는 작용을 독일에서 하였다고 할 수 있다. 엘리트의 "권위"를 차등적으로 향유하는 만큼 나머지 성원들의 복지를 책임지려고 하는 것이다. 결과적으로 그것이 그들, 즉 "대중"의 복지가 더 확보될 수 있는 방법일 수도 있었다. 왜냐면 각 국민 성원이 스스로의 이익을 지키는 구도에서는 각자 이익의 크기에 차이가 있기 때문에 "대중"은 그들의 작은 이익 내지 상대적으로 "박탈된" 상태를 지킬 수밖에 없을 수 있기 때문이다. 그리고 물론 자긍심을 가지고 다른 국민의 복지도 함께 생각하는 그러한 지향도 종국적으로 전 국민적인 "보편화"로 나아갈 수 있는 것이었다. 그렇게 되면 모든 국민이 각자의 이익뿐 아니라 국민 공동체의 복지를 함께 지향하게 될 것이다.

독일 같은 구도에서 교양공민이 국가에 대하여 자율성을 확보하는 터전으로서의 엘리트적 "특전"은 바로 이 공동체 복지에 대한 책임의식이 맞물려 있는 것이었다. 헤겔 자신이 그런 "복지주의"의 맥락을 표출하고 있는 측면이 있었지만 이후 독일의 "교양공민"의 중심세력들은 독일 민족공동체의 복지를 지키려는 강한 동기를 점점 더 구체적으로 표출하고 있었다. 헤겔의 전통을 따르는 많은 신헤겔주의자들이 그러한 대열을 이끌고 있었다. 그들의 활동으로, 경제학을 비롯한 다양한 분야에서 자유방임을 강조하는 영국에서의 강한 자유주의적 흐름과는 상반되는 "공동체주의"적 흐름이 이후 독일에서 강하게 자리 잡게 되었다. 그러한 흐름 속에서 독일은 서구 최초의 사회복지 국가로 부상할 수 있었다. 독일의 "교양공민"이 국가의 권력에 대해 자율성을 확보할 수 있는 권위의 중요한 측면이 바로 공동체의 복지에 대한 책임이었던 것이다. 그런데 유교의 선비야말로 지식인 엘리트로서의 위상과 국민복리의 책무라는 역할복합체가 부여된 전형적인 계층으로서 독일의 교양공민에 역사적으로 선행하는 존재였다. 국민복지 수호는 선비가 국가에 대해 누리는 자율성의 근거였다. 그리고 그들은 그것을 이념적으로 강조하고 있었다.

3) 오랜 개방적 계층체계

중국에서 그러한 선비라는 획득적 지식인 엘리트가 혈통 신분으로서의 귀족을 대체하고 보편적 엘리트로 자리 잡은 것은 이미 아주 오래된 일이었다. 그리하여 획득적인 지식인 엘리트를 정점에 두는 전반적으로 개방적인 계층 체계가 깊이 뿌리를 내리고 있었다. 그런데 이렇게 역사적으로 진전된 중국의 계층적 개방성에 대해서조차도 헤겔은 부정적인 태도를 보이고 있었다고 할 수 있다. 앞서 살펴본 바와 같이 헤겔은 중국에서 엘리트에 대한 특전이 존재하지 않는다는 인식을 하고 있었는데 그는 중국의 계층체계를 "절대적인" 평등지향성이라고까지 부르며 강한 반감을 표출하고 있었다.

> 중국에는 절대적인 평등(absolute equality)이 현실로 존재하며, 차등(differences)의 존재는 정부와의 관계에서만, 개인이 정부에서 높은 자리를 차지할 수 있는 능력에 의해서만, 가능해진다. 중국에서는 평등이 압도하지만 자유가 없는 것이므로 필연적으로 전제가 통치의 방식이다. 우리 사이에서는, 사람들은 단지 법 앞에서만, 각자의 소유에 대한 존중에 따라 평등할 뿐이다. … 중국에는 상하 계층 사이의 형벌조항 차이가 없다(Hegel, 1956: 124~230).

헤겔이 여기서 중국의 계층체계를 "절대적인" 평등이라고 부르는 맥락은 복합적인 것이라고 할 수 있다. 우선 거기에는 그가 명언한 대로 엘리트의 특전 결여 등 불평등 자체가, 특전과 자유를 연결시키는 그의 관점에서 보았을 때, 있어야 하는 대로 있지 않았고 무엇보다도 상태를 중국에서 지향하고 있었다는 맥락이 들어 있다. 그런데 그것이 정말 있어야 하는 것인지는 논외로 치더라도 우리는 중국에서도 엘리트의 특전은 인정이 되었었다는 것을 살펴보았었다. 우리는 여기서 헤겔로 하여금 중국 계층체계가 "과도한" 평등지향성을 지니고 있다는 인상을 갖게 한 한 가지 중요한 요인이 중국 계층체계의 높은 개방성에 있었다고 추정해 볼 수 있다. 당대 독일을 포함한 서구보다 훨씬 많이 진전되어있던 중국 계층체계의 개방성이 엘리트로서의 신분적 특전에 대한 위협으로 느껴졌을 수 있는 것이다. 서구에서는 근대에 들어와 혈통신분이 계급이나 획득 신분으로 대체된 이후에도 얼마 동안은 사회이동이 그렇게 많이 증가하지 않았다. 그리하여 엘리트 신분을 새로 획득한 사람들의 입장에서도 그들이 경험한 계층간 사회이동보다 현저하게 높은 계층간 사회이동은 그들의 신분에 대해서 위협으로 느껴질 수 있는 것이다. 그리하여 그것을 앞에서 본 것처럼 헤겔뿐 아니라 다른 서구인들도 자유 개념에 실제로 결부시키던, "특전"에 대한 위협으로 간주할 수가 있었다. 그들이 서구보다 훨씬 앞서 있었던 중국의 사회이동에 대해 거부감을 보일 수 있는 이유이다. 홀쿰이 그 맥락을 보여주고 있다.

〔중국에서는〕 6세기부터 시작하여 필기시험체계가 후보자들의 정부업무를 위한 자질을 좀더 공정하게 심사하기 위하여 창출되었다. 10세기에 이르면 이 시험체계는 관직에 진출하는 정상적인 통로로 부상했다. 부정할 수 없이 합리적인 이 체계는 근대 이전의 기준으로는 비교적 높은 수준의 사회이동을 만들어 냈다. 원칙상 누구라도 출신과 관계없이 능력에만 기반하여 관료제 안에서 최고의 직위들까지 올라갈 수 있었다. 17세기와 18세기 유럽인들에게 이것은 계시였다. 계몽사상가들은 중국의 능력주의의 이 사례를 유럽에 깊이 틀어박혀 있는 귀족적 특전에 대한 그들의 공격에서의 탄약으로 사용하였다. … 사회이동이라는 점에서, 중국은 오랫동안 서구보다 더 민주적이었다고 할 수 있다. … 본래 약간의 대귀족들의 이기적인 봉건적 특전들의 서술이었던 대헌장은 "영국의 법률은 개인의 자유를 제한하기보다는 보호한다는" 대단한 원칙을 수립했다. 관습적 특전들이 대헌장에 의해 비준되었고 제후들의 계약적 관행이 지지되었다. 이것은 영국에서의 정치적 자유〔개념〕의 발전에 중대한 역할을 하였다. 마르크 블로쉬(Marc Bloch)가 유럽에 대해 좀더 일반적으로 관찰했듯이, "대의정치 체계가, 봉건적 단계에서 막 올라와서 아직 그 각인이 남아 있는 국가들에서, 영국 의회, 프랑스 삼부회, 독일 신분회, 그리고 스페인 신분의회의 바로 귀족적인 형태로 기원했다는 것은 확실히 우연이 아니

다."비슷하게, 19세기 말 중국의 개혁가들은 근대 서구의 의회적 대의정을 그들의 고대 봉건제 개념에 명시적으로 연결시켰다(Holcombe, 1992: 3~5).

홀쿰은, 앞서 우리가 설명한 바와 마찬가지로, 영국에서 자유의 개념이 어떻게 봉건적 귀족이 기득권을 지키려고 하는 지향이 발전한 것인지를 논하면서 서구 전반에 걸쳐 근대의 대의 정치가 다소간 그렇듯 봉건적 요소가 막 탈바꿈한 맥락을 갖고 있다고 말하며 바로 그것이 19세기 말 어떤 중국인들이 서구의 대의 정치를 기원전의 봉건제에 연결시켜서 생각하려고 한 이유임을 시사하고 있다. 중국에서는 봉건제가 일찍부터 사라지기 시작해서 10세기경 송 대에 이르면 엘리트가 봉건 귀족같이 혈통에 의해서 주어지던 신분이 아니라 과거라는 문관시험에 통과한 사람이 갖게 되는 획득적 신분으로 완연히 변모해 있었던 것이다. 그리하여 프랑스의 볼테르 등은 이를 혈통 신분제를 청산하지 못한 서구가 지향해야 할 중국의 선진적 면모의 하나로 찬양하면서, 중국의 그렇듯 높은 사회이동의 사례를 가지고 귀족의 신분적 특전을 비판하였던 것이다. 그러나 결국 귀족들의 혈통적 신분이 새로운 엘리트의 획득적 신분에 의해 대체된 후에도 특전을 알게 모르게 자유에 필수적인 것으로 여기는 태도가 있게 된 것은 봉건제의 잔재라는 설명을 홀쿰은 하고 있는 것이다.

그리고 그뿐만이 아니라, 중국에서와 같이 서구보다 현저하게 높은 사회이동에 대해서는 이제 엘리트 신분을 획득한 서구인들도 막상 신분적 위협을 느낄 수 있다는 것이 당시 서구가 봉건제에서 막 탈바꿈한 데서 비롯된 일이었던 것이다. 2장에서 언급한 것처럼 헤겔은 영국 공민사회의 어떤 면모는 영국이 봉건주의 시대로부터 물려받은 유산이라고 말하면서 그 점에서 오히려 독일이 앞서 있다는 시사를 하고 있었다. 하지만 더 크게 보면 독일도 그 점에서 예외일 수 없었던 것이다. 그리하여 그는 영국에 대해서 문제 삼는 그 모습과 크게 보면 같은 상황에 독일이 있던 것에 대해서는 중국과의 비교 시 거꾸로 방어적 태도를 보였던 것이다. 사회 계층의 불평등 현상에 있어서 계층간 사회이동이라는 개념을 생각하게 된 것은 현대로 한참 들어온 후의 일이고 그러한 개념적 자원이 전혀 없었을 때에 헤겔은 그것을 그가 "절대적 평등"이라고 뭉뚱그려 힐난하는 것에 포함시켜 중국을 공격했던 것이라 할 수 있다. 그리고 그것은 그렇듯 신랄한 어조 속에서지만 결국은 중국에서 그만큼 공민사회 발전의 역사가 더 오랜 것임을 인정하는 것이 된다.

4) "절대적 평등"이라는 말에 덧붙여진 헤겔의 자기 모순적 반감

그런데 헤겔이 "절대적 평등"이라는 말로 반감을 표출하고 있는 대상으로 한 가지를 더 분간해 낼 수 있다. 그것은 오늘날 흔히 "전체주의"라고 불리는 상황이다. 그는 위 인용문에서 "절대적 평등"에 바로 이어서 "차등이 정부와의 관계에서만" 나타난다고 단서를 달고 있다. 모든 사람들이 군주의 정부에 포섭되어 있어 그 바깥에 자율적인 사회는 존재하지 않는다는 동방전제론의 기본명제를 평등 여부의 문제에 연결시켜 재천명하려 하고 있는 것이다. 그리고는 "평등이 압도하지만 자유가 없는 것이므로 전제가 통치의 방식이다"라고 선언하고 있다. 우리는 앞에서 중국에서 군주의 정부 바깥에 자율적인 사회가 존재하지 않는다는 그러한 헤겔의 주장이 전혀 사실과는 동떨어진 것임을 살펴보았기 때문에 평등에 있어 더 앞서 있는 중국의 모습을 전제라는 말에 연결시켜 뒤집으려는 이러한 시도는 오히려 평등에 있어 앞서 있는 그만큼 중국에서 공민사회의 앞선 발전을 인정하는 것이 되는 것이라고 할 수 있다.

하지만 그가 여기서 평등과 자유를 대치시키고 있는, 좀더 일반적인 함의를 지닐 수 있는 문제제기에 대해서는 따로 더 논할 필요가 있다. 그러한 헤겔의 공격은 마치 그가 살던 다음 세기에 유럽에 출현한 사회주의 체제에 대해 행해진 공격인 것같이 느껴지는 측면이 있는 것이다. "국민을 속속들이 지배하는 정부하 자유의 부재 속 절대적 평등 지향",

이것은 20세기에 출현한 사회주의 체제를 비판하는 데 쓰이게 된 전형적 문제제기 방식이다. 그 체제는 "절대적 평등"이 아닌 헤겔이 상찬하는 "다만 법 앞에서의 평등"을 "형식적 평등"이라고 경멸하고 "절대적 평등" 내지 "실질적 평등"을 강조하면서 헤겔의 변증법을 "유물론적"으로 전도시킨 맑스의 신봉자들이 만든 것이었다. 헤겔은 자신이 "발전의 부재"의 표현이라고 공격하던 모습이 그의 뒤에 서구에서 자신의 "변증법"이 "발전"하여 나타나게 될 모습이라는 것을 알지 못했던 것이다. 2장에서 자세히 논한 것처럼 "프롤레타리아 '독재'"를 실시한다는 취지하에 창출된 사회주의하에서 지향되던 그러한 모습은 관료제 국가가 공익을 수호하는 절대적 주체라는 헤겔적 신념의 연장선상에 자리 잡은 것이라고 할 수 있다. 바로 그 신념을 "유물론적"으로 뒤집는 풍자를 한 맑스가 결국은 실제로 전승 내지 심화시킨 연속성이었던 것이다.

그런데 헤겔이 당시 중국에 대해 이 문제에 관해 갖는 인상으로 발하려고 했던 것에 진실로 가까운 현대 서구의 체제는 파시즘 내지 국가사회주의라는 이름의 또 다른 전체주의일 것이다. 헤겔이 "절대적 평등"이라고 말하는 것은 그 말의 직설적 의미에 구애되지 않고 "개인적 구별이 없이 국민 전체를 하나의 집단으로 묶어 놓은 상태"를 가리키는 인상주의적 표현의 측면도 있는 것이다. 그렇다면 "평등이 압도하지만 자유가 없는" 상태라는 부연설명은 나중에 독일에서 부상하게 된 그 전체주의적 체제를 무엇보다도 잘 그려내고 있는 표현일 수 있는 것이다. 그런데 그러한 체제는 관료제 국가하에서 전 국민이 하나의 유기체로서 존재한다는 헤겔적 관점이 큰 흐름으로 자리 잡아 간 지적 환경 속에서 출현하였던 것이다. 헤겔이 중국을 향하여 그리려한 비판적 그림은 실은 자신이 상찬한 독일의 국가 관료제가 시간이 흘렀을 때 보여주게 된 모습이었던 것이다.

역시 앞선 장에서 논한 것처럼 그러한 구도의 위험성에 대해 경종을 울리고 그에 대해 강렬한 교정적 문제제기를 한 사람이 베버였다. 베버는 한편으로는 관료제에 대해 본격적인 사회과학적 분석을 통하여 그

합리성을 분명히 드러내 보여주면서 또 한편으로는 국가 관료제 및 그 관료집단이 일방적으로 지배하는 체제의 위험성에 대해 지속적으로 비평을 가했던 것이다. 그러한 비판적 고찰을 바탕으로 베버는 견제와 균형의 기제 위에서 관료집단을 민주적으로 통제하는 한편으로 그들의 전문성을 활용하며 국가를 이끌어 나갈 "소명"의식을 지닌 정치가들의 역할을 강조하였다. 우리는 그것이 헤겔의 국가우선적 공민사회관을 개선해 줄 수 있는 해독제가 될 수 있음을 말했던 것이다. 그런데 우리는 여기에서 헤겔 자신도 그의 국가우선주의가 가져다주게 될 그러한 결과에 행복해 하지는 않았으리라는 것을 알 수 있다. 그런 점에서 베버의 교정작업은 그로서도 환영하였을 일일 것이다.

실은 유교 전통에는 법가의, 오늘날의 표현으로 전체주의적인 경향에 반대하는 강렬한 지향이 내포되어 있었다. 그것이 유교 전통하에서 국가의 역할을 중시하면서도 헤겔과 같은 국가우선주의마저 다스려진 뛰어난 공민사회가 발전할 수 있었던 이유였다. 그럼에도 헤겔은 중국에 대해 그와 정반대의 그림을 그리려 했던 것이다. 중국에 대한 헤겔의 여기서의 이러한 선언을 뒤집으면 헤겔적 국가우선적 공민사회관에 대한 베버적 교정의 맥락까지 포함하는 측면에 대해서까지 유교적 공민사회를 역으로 보여줄 수 있을 것이다. 하지만 그것까지를 여기에서 본격적으로 하기에는 너무 큰 작업이 되기 때문에 그 점은 유교적 공민사회를 역사적으로 직접 고찰하는 작업이 주가 될 다음에 나올 책에서 같이 다루려고 한다.

7. 이민족 지배하 중국사회 속 실체적 측면

그런데 헤겔이 중국에 대해 부정적으로 서술한 내용 중에는 실체적 측면이 전혀 없는 것은 아니었다. 당시 중국은 만주족이 침략해서 세운 청조의 지배하에 있었다. 만주족은 그 전에 중국을 지배했던 이민족인

몽고족과 달리 중국의 전통을 상당히 존중하는 태도를 취했다. 예컨대 관직의 반은 만주족이 차지하였지만 나머지 반은 중국인으로 하여금 과거를 보게 하여 그에 합격한 사람으로 충원하였다. 만주족 지배자들은 또한 정치철학 등 유교적 요소들을 준거하는 태도를 취했다. 황제의 의자 뒷벽에는 "정대광명"(正大光明) 이라는 문구의 편액을 걸어 놓았는데 통치의 공정성을 강조하는 이러한 자세는 헤겔이 강조하는 국가 관료제의 공정성을 웅변해 주는 것 같은 인상을 줄 정도이다.

이러한 만주족 지배자들의 방침 때문에 유교적 공민사회의 전통이 청조에서 완전히 자취를 감추지는 않고 있었다. 관직으로의 문은 훨씬 좁아졌지만 중국인들 사이에는 유교적 교양을 쌓아 과거를 보는 일이 유지되고 있었고 그 과정에서 많은 수의 선비가 양성되어 정부 밖 중국인들의 삶을 이끈 모습도 어느 정도 유지되고 있었다. 또 그들의 일부가 정부 관직의 절반에 앉아 근무를 하는 과정에서 이러한 사회 속 관계가 관리들에게 연결되어 작용하는, 기존의 공민사회-국가의 접속관계도 어느 정도 나타나고 있었다. 그러나 그것이 옛날처럼 정부를 움직이는 일차적 힘은 아니었다. 정부를 움직이는 일차적 힘은 이민족 위에 군림하여 지배하려는 만주족의 비교적 원시적인 권력 기제였다. 이민족 위에 군림하여 지배하려는 것 자체가 필연적으로 압제를 의미하는 것이지만 설상가상으로 만주족 자신이 공민사회를 가능케 하는 것과 같은 발전된 통치문화를 거의 갖추지 못하고 있었던 것이다. 그것이 유교와 그 정치문화를 존중하는 자세를 취하면서 그 일부를 채용한다하여 의미 있게 개선되는 것은 아닌 것이다. 그리하여 만주족이 들어차 있는 거대한 궁궐조직과 과거 없이 충원된 만주족 관리들이 황제의 인치적 지배를 뒷받침하는 밑에 예속되어 중국인 관리들은 기능적인 도구로 쓰였다. 중국인 관리들이 그들과 같은 선비가 이끄는 공민사회 속 다양한 집단들의 목소리를 수렴하여, 정부를 이끄는 일차적 입력으로 삼는 유형이 아니었던 것이다. 다만 그들의 기능이 쓰이는 가운데 그들과 사회의 그러한 끈이 현실적으로 작용할 수 있는 여지가 어느 정도는 남아 있었던 것이다.

만주족 통치자들은 어디까지나 중국인을 지배의 객체로 간주하였다. 중국인을 지배하는 데 있어 만주족 통치자들의 일차적 목표는 이민족인 자신들에 대한 중국인들의 봉기를 완전히 봉쇄하는 것이었다. 그리하여 서슬 퍼렇게 각지에 주둔하고 있는 만주족 군대 외에도 모든 곳의 중국인들을 철통같이 감시하는 만주족 비밀경찰조직이 전국에 걸쳐 밀도 높게 깔려 있는 체제였다. 오늘날 중국인 가운데에는 예컨대 청조의 강희제 같은 군주는 "이민족이지만 훌륭한 통치자였다"고 말하는 사람들이 있다. 그가 비밀경찰을 크게 활용하여 예컨대 관리들의 부패사범을 추상같이 처단했다는 것이다. 그렇게 그는 정부조직을 완전히 장악하고 "효율적인" 국가경영을 했다는 것이다. 그것이 그러한 경찰국가 안에 내포된 수많은 부조리를 얼마나 포착한 위에 내린 평가냐 하는 것은 차치하고서도, 지배자의 개인적 선의조차 완전히 사라졌을 때, 동일한 체제가 얼마나 흉측하게 부패하고 무능한 모습을 노정할 수 있는지 청조의 후반부에 여실히 보여주게 되었다.

관리를 포함한 모든 중국인을 철저하게 통치의 객체로 간주하는 만주족 지배자들의 모습은 법 앞의 평등이라는 적극적 가치를 부여할 수 없는, 국민에 대한 일체의 배려가 결여된 무단통치에 불과한 것이었다. 그것이 헤겔이 중국에는 절대적 평등이 존재한다고 풍자한 것의 실체적 근거가 되고 있었던 것이다. 고관도 곧바로 엎드리게 해놓고 매질을 한다는 것은 모두에게 법은 평등하다는 신조의 발로가 아니라 모든 피지배민족의 성원을 하찮게 여기는 이민족 지배자의 태도가 적나라하게 드러난 것이었다. 그러한 가학적인 모습은 이민족에 대한 냉혈적 지배의 맥락이 추동하는 것이었다.

이민족 압제에 의해 야기된 이러한 요소들이 덧칠을 한 속에서 중국 전통 자체의 틀을 식별해 내기 위해서는 당대 중국에 대한 피상적인 정보 이상의 것이 필요하였다. 중국 역사에 대한 기본적 지식을 갖추거나 아니라면 당대의 상황에서 엿볼 수 있는 긍정적인 면모들에 대해 최대로 공감하는 것이 필요하였다. 최소한 당대의 중국이 이민족 지배하에 있다는 것이 야기할 수 있는 왜곡 가능성에 대한 인식이라도 하고 있다면 나았을 것이다. 실은 만주족이 중국을 정복하고 이민족 왕조를 세운 사건은 그것이 벌어진 17세기부터 상당 기간 동안 많은 서구인들의 관심을 끌었던 소식이었다. 당대 세계 최대의 문명제국 중국에 쏠려 있던 서구인들의 다대한 관심은 그 사건에 대해서 수많은 논저, 소설, 희곡을 쓰게 하였다. 앞선 장에서 보았듯이 로크도 퍼거슨도 그 사건에 대해 논하고 있었다. 서구인들이 지녔던 가장 큰 문제의식은 그것이 중국 문명의 파괴냐 아니면 계승이냐 하는 것이었다. 두 가지 대답이 모두 나타났었지만 시간이 흐르면서 계승으로 보는 시각이 우위를 점해 간 것으로 보인다. 반클레이는 그 과정을 다음과 같이 압축적으로 서술하고 있다.

> 위대한 네덜란드 시인 요스트 반본델(Joost van Vondel)의 1667년에 출판된 《숭정제》(崇禎帝, *Zungchin*)는 명의 패배와 청의 승리를 대재앙, 즉 중국제국의 파괴로 그리고 있다. … 그 희곡의 인쇄본 헌정사에서 그는 만주족의 정복을 5세기 로마에 대한 야만족의 침략에 견주었다. … 마갈랑이스(Gabriel de Magalhães)는 예부(禮部)에 관한 묘사에서, '중국인들이 자기들 자신의 국가의 주인이었을 때는 과거합격자들만이, 그들의 지식과 능력으로 인해 가장 명성 있는 자들만이 이 청사에 자리할 수 있었다. … 그러나 지금은 만주족들이 자리에 앉아 모든 일을 내키는 대로 처리하고 있고 중국인 관리들(mandarins)은 그들 사이에서 말 못하는 조각상들 이상의 의미를 갖지 못한다. … 우리는 이것이, 이 국민의 대단한 자존심을, 그들을 한줌의 가난하고, 무식하고, 조야한 야만족에게 굴종 및 복속시켜, 벌주고 무너뜨리기 위한 신의 뜻이었다고 참으로 믿게끔 된다. 마치 신이 유럽을 벌주기 위하여 앙골라나 모잠비크의 추장들의 권력에 내맡기는 것 같다고나 할까'. … 〔그러나 점점〕 유럽의 독자들은 만주족의 정복을 중국의 전통으로부터 크게 벗어나지 않은 단지 또 하나의 왕조로 보기 시작했다(Van Kley, 1973: 578~581).

시간이 흐르면서 계승으로 보는 시각이 우세해져 간 것은 두 가지 상반된 의미를 지닐 수 있는 것이었다. 하나는 청의 체제가 자리를 잡아 가면서 앞에서 말한 중국 전통을 존중하는 자세를 보여주려고 한 것과 관련하여 만주족이 중국의 발전한 사회문화를 살려가게 된 것이라는 의미이다. 다른 하나는 거꾸로 만주족에 의해 현재 보여주게 된 부정적인 모습들이 원래 중국 자신의 모습이라고 전제하는 것이다. 이 두 번째의 부정적인 의미가 시간이 더욱 흐르면서 커져 가는 경향이 있었고 개인적 동기의 특성이 거기에 작용하는 측면이 있었다. 헤겔의 경우처럼 강한 반작용의 동기를 지닌 경우에 그러한 부정적 전제가 특히 강하게 이루어졌다. 앞선 장에서 우리는 이미 어떻게 퍼거슨이 공민사회 개념에 관해서뿐만 아니라 중국에 대한 그러한 반작용에 있어서까지도 헤겔의 선구적인 모습을 보여주는지 논했었다. 퍼거슨은 만주족에 정복당한 사건 자체를 분석해 보면서, 그럴 수 있다는 점을 중국이 원래 훌륭한 체제를 가졌던 것이 아니라는 증거로 삼으려 하였다. 마치 로마가 야만족들에게 망할 수 있다는 점을 원래 로마가 야만족들보다 발전한 것이 아니었었다는 증거로 삼으려는 것처럼. 그 사건에 대한 관심조차도 사라지고 없는 상태에서 헤겔은 그러한 반작용을 극대화시킨 측면이 있는 것이다.

중국 자신의 전통 위에 만주족에 의해 비롯된 왜곡된 면모들이 덧씌워 있을 때 옥과 돌을 구별해 낼 수 있는 세심한 접근이 요구되고 있었던 것인데 그렇듯 심화된 반작용적 동기가 그것을 방해하고 있었던 것이다. 독일 전통에서도 옥과 돌은 어느 정도 혼재해 있었다. 헤겔이 그의 공민사회 개념의 현실 속 대상으로 삼고 있었던 프러시아의 관료제 정부에도 비밀경찰조직이 감시자로서 존재하고 있었다. 무엇보다도 이민족이 아니라는 점에서 그것을 청조의 만주족 비밀경찰조직과 동렬에 둘 수는 없는 일이지만 경찰국가적 요소를 보여주고 있었다는 점에서는 궤를 같이 하는 측면이 있었다. 독일 자신에 대해서는 옥석을 가리거나 또는 돌의 존재를 간과 내지 무시할 수 있어도 중국에 대해서는 그러지 못했던 것이다.

8. 일찍이 중국에서 벌어진 같은 방향의 발전과 문제의식

그런데 합리적인 국가 조직으로서의 관료제의 발전, 그리고 그것의 일방적 지배가 의미하는 "압제"로부터 사회의 수호라는 문제의식 모두가 독일에서 벌어지기 오래 전인 기원전 중국에서 벌어지고 있었다. 적지 않은 점에서 춘추전국시대의 중국은 18세기의 독일을 포함한 유럽과 비슷한 모습을 보여주고 있었다. 그것은 그만큼 서구의 역사가 늦게 시작했기 때문인 점이 있다. 서구(Western Europe)는 고대 로마가 문명의 꽃을 피울 때 이른바 야만족(barbarian)으로 불리던 원시상태에 있던 게르만부족들이 로마 문명을 파괴하고 5세기경에 새로 시작한 문명이다. 기독교와 교회가 두 문명을 이어 주는 역할을 하였지만 많은 영역에서 원시상태로부터 새로 시작하게 되었다. 정치영역에서 왕국들이 수립된 후에도 유력자들이 각 지방에서 완력으로 군림하는 이른바 봉건제를 넘어 왕의 중앙정부가 제대로 된 통치기구를 갖추게 되기까지는 천 년이 넘는 세월이 걸렸다. 그 세월 동안에 경제영역에서도 로마의 번영하던 화폐경제를 대체했던 부락간 물물교환의 원시적 "자연 경제"가 다시 화폐를 사용하는 전국적 "시장"들로 자라날 수 있었다.

서구는 고대 로마와는 다른 환경에서 시작한 점이 있었다. 고대 로마가 지중해 연안에 터 잡고 각 지역의 표피적 거점들 사이에 교역이 벌어지는 "국제적" 사회를 형성하게 되었던 데 반해 서구는 알프스 산맥 이북의 유럽 내륙지대에 주로 터 잡고 각 나라 속에서 심층의 농촌으로부터 도시를 아우르는 "국내적" 사회들을 형성하게 되었던 것이다. 그런데 이 "국내적" 사회들이 천 년여 동안 앞서 말한 정치적, 경제적 성장을 하여 국민국가들(nation-states)로 자리 잡아가면서 상호간에 "부국강병"의 패권 경쟁이 벌어지게 되었다. 그것이 바로 춘추전국시대의 중국의 모습이기도 하였다. 역시 내륙지대에 터 잡고 심층의 농촌으로부터 도시를 아우르는 "국내적" 사회들인 주 왕조의 제후국들이 봉건제하에서 천 년여의 세월이 흐르는 동안 실질적으로 독립국으로 되어 가면서 서로 "부국강병"의 패권 경쟁을 벌이는 쪽으로 점점 변천해 나갔던 것이다. 사실 그 후반부인 춘추전국시대에 그러한 패권 경쟁이 벌어지던 중국의 주 왕조는 그 이전에 있던 왕조의 문명을 정복하고 일정하게 새로 시작했었다는 점까지도 유사한 것이었다. 고도로 유사한 발전 과정을 서구가 상당한 시차를 가지고 서쪽에서 되풀이하고 있었던 것이다.

아무런 변화도 인지할 수 없을 정도로 짧은 역사적 지식으로 중국의 정체를 단순 강변한 헤겔과 달리 그렇듯 기원전 주대의 중국이 봉건제로부터 중앙집권적 정부로 발전한 역사적 사실을 인지하였던 베버는 그러나 헤겔의 정체론을 청산하는 대신 기원전에 있었던 그러한 발전의 기간이 이후 2천 년간 계속될 "순수 가산제"적 관료제의 "정체로 진입하는" 발전의 기간이었다는 역설적 명제로 절충하는 선택을 하였다. 그리고 그것이 봉건제적 가산제에서 "순수 가산제"로 역사적 궤도 이전을 한 것이 아니라 중국 자신의 본원적 특성이 역사적으로 발현된 것에 불과한 것이라는 맥락에서 중국의 봉건제는 봉건제적 가산제로서의 서구의 완전한 봉건제에 조금 미달하는 모습을 갖고 있었다고 말하였다. 베버로서도 기원전에 중국이 걸어갔던 발전의 도정을 자신의 조국을 포함하는 서구가 이제야 완료해가고 있다는 점을 마주하기는 쉽지 않았을 것이다. 만약에 베버가 그 점을 마주할 수 있었다면 그는 자기와 같은 문제의식을 지닌 지식인의 존재까지도 기원전의 중국에서 마주할 수 있었을 것이고 그 점에 관한 안타까움을 필자는 다른 글에서 피력한 바 있다.

베버는 조국 독일을 강대국으로 이끈 비스마르크의 "현실정치"(Realpolitik)에 대해 많은 논평을 남기고 있었다. 주지하다시피 당대의 독일을 군주정하에서의 개혁을 통해 관료제의 발전을 완성해가며 민족국가로 정립시키고 부국강병의 노선을 따라 강대국으로 이끌어 간 대표적 지도자는 비스마르크였다. 비스마르크는 동시에 독일을 복지국가로 발전시켜간 인도주의적 지도자이기도 하였다. 공교롭게도 비스마르크의 이러한 모습은 중국 춘추시대 제나라의 관중의 모습과 거의 정확히 일치하는 것이었다. 당시 중국 제후국들의 정부는 관료제화가 상당히 진행되어 있었으며 오랜 기술혁신의 누적 위에 화폐가 널리 사용될 정도로 경제적 수준도 높아져 있었다. 관중은 조직과 제도를 정비하여 부국강병의 노선을 따라 주군인 환공을 패자의 지위에 올려놓으며 제나라를 강대국으로 만들어 놓았다. 관중은 그러면서도 백성의 복지를 정치의 주된 목표로 삼고 그 제도화를 극력 시행해 나갔다.

이후 제후국들은 관료제를 부국강병의 목적을 위해 계속 키워가며 더욱 치열한 패권 경쟁을 벌여 나가게 되었다. 나중에 "패도"라는 공식적인 개념으로 불리게 된 지향이 더욱 심화되어 간 것이다. 패도란 군주가 자연적으로 갖게 되는 대내적 권력욕과 대외적 팽창욕, 혹은 한마디로 패권욕을 거리낌 없이 추구해 나가는 것이다. 중세 말부터 서구의 군주들 역시 패도의 전형적인 모습을 보여 왔다고 할 수 있다. 절대주의가 그 정치적 표현이라면 중상주의는 그 경제적 표현이라고 할 수 있을 것이다. 바로 그러한 흐름을 춘추전국시대의 중국의 제후국들이 보여주고 있었던 것이다. 공자의 유교는 바로 그러한 패도의 흐름을 정면에서 비판하고 나섰던 전통이었다. 이에 대한 자세한 논의를 포함하여 유교 전통에서의 공민사회 발전에 대한 역사적 고찰은 이 쪽의 자료를 직접 활용하여 다음에 나올 책에서 하게 될 것이다.

•맺음말•

우리는 크게 "자율적인 국민의 사회"라는 의미의 공민사회 개념의 어원이 고대 그리스 로마에 있으며 그것이 근대 서구에서 "국가에 대해 자율적인 국민의 사회"라는 뜻으로 발전하였음을 살펴보았다. 우리는 홉스가 고대의 야만 대 공민사회의 대비법을 자연상태 대 국가사회의 대비법으로 치환하면서 그린 근대적 분화구도의 밑그림 위에서 로크가 자유 개념을 주창하며 자연상태 대 공민사회의 대비법을 마침내 도입했음을 보았다. "자율적인 국민의 사회"라는 고대의 개념이 국가와 분화된 근대적 맥락으로 일신된 것이다. 이제 각 개인은 자유를 향유하며 사적 관심을 정당하게 추구할 수 있는 것이다. 하지만 공민사회 개념 속에서 고대에 강조되었던 공익으로의 통합성 역시 살아나게 되었는데 퍼거슨은 그것에 일차적인 초점을 맞추어 강조하는 속에서 공민사회 개념을 널리 보급하게 되었다. 공익을 위해 단결하지 못한 채 각자 오로지 사익만을 추구하면 그것을 기화로 전제국가가 다시 등장하여 자유 자체를 앗아갈 수 있는 위험성을 역설하였던 것이다. 그러나 이들은 그러한 근대적 공민사회 개념을 고대 유럽의 공민사회 개념과 명시적으로 구분하지 않고 사용하였는데, 독일의 헤겔이 그 성원들이 국가에 대한 자유 위에 사익을 추구할 수 있는 근대적인 의미의 공민사회 개념을 명시적이면서 체계적으로 규정하면서 동시에 사익을 넘는 공익으로의 통합성이 그 궁극적인 지향임을 분명히 함으로써 근대적 공민사회 개념을 확립한 것을 우리는 살펴보았다. 다만 그러면서 국가가 공익에의 통합성을 수호하는 것에 더해 그것을 주도까지 하는 것으로 보는 국가우선주의를 포함시킴으로써 그것을 풀어야 할 과제로 이후의 학자들에게 남겨놓았음도 알게 되었다.

맑스는 공민사회라는 말에서 공민의 의미를 먼저 오로지 사익을 추구하는 "부르주아"에, 그리고 "부르주아"를 다시 자본가계급에 등치시킴으로써 그 말이 결국 "자본가계급의 사회"라는 말이라고 풍자적으로 풀이하며 국가가 사회의 지배계급에 종속되는 도구에 불과하다고 주장하였다. 그는 그렇게 하여 헤겔의 국가우선주의를 뒤집어 놓으려 하였는데 그가 제시한 "프롤레타리아의 독재"라는 지침은 오히려 국가우선주의를 심화시킨 것에 불과한 것이었다. 그에 비해 이후 베버는 공민사회를 언급함이 없이도 국가우선주의가 내포한 과도한 통합성에 대해 보다 근본적인 문제제기를 하였다. 헤겔이 공민사회의 공익성을 담보할 중심축으로 보았던 관료제의 합리성을 본격적으로 분석해내면서도 한편으로는 관료가 일방적으로 지배하는 상태가 가져다줄 수 있는 위험성에 대해 엄중하게 경종을 울리려 하였다. 그는 그러한 상태를 견제와 균형이라는 의회민주주의의 원리를 활성화시킴으로써 교정하려는 처방을 제시하였다. 이후 서구가 현대로 들어오면서, 통합성에의 지향 자체를 적대시하고 특히 경제적인 자유를 과도하게 강조함으로써 많은 폐해를 낳게 된 자유주의의 위협에 대해, 공민사회 개념의 본원적 요소로서의 공익을 강조하는 흐름이 부상하고 그럼으로써 공민사회 개념의 논의 자체가 활발해지게 되었는데 하버마스의 공적 영역론은 그 촉매적 역할을 하였다. 이후 여러 가지로 공민사회의 공익지향을 살려 내려는 개념적 노력이 이어졌는데 그러는 과정에서 국가/공민사회의 이분법에 대해 다시 공민사회로부터 경제를 분리시키는 삼분법이나 또는 그 이상의 구분법을 도모하는 다소 무리한 시도가 이루어지기도 하였다. 자유주의뿐 아니라 그와 연계되어지기도 했던 다원주의라는 새로운 이념적 요소의 도전에 대하여 그것과 양립될 수 있는 공민사회 개념을 모색하려는 시도도 일부에서는 이루어지고 있음을 우리는 살펴보았다.

헤겔은 근대적 공민사회 개념을 확립하면서 동시에 중국이 역사적 발전에 있어 서구의 대척점에 있으면서 그러한 방향으로의 도정이 조금도 전개되지 않은 정체된 사회였다는 주장을 체계적으로 한 사람이기도 하였다. 우리는 이것이 중국의 역사적 사실을 거꾸로 한 것이기 때문에 헤겔의 그러한 주장을 사실에 기반하여 뒤집으면 중국에 근대적 공민사회가 있었다는 것을 보여주는 하나의 효과적인 방법이 된다는 점도 살펴보았다. 우리는 중국의 정부운영이 맨 위 황제의 인치적 명령으로부터 시작하여 그것을 수족처럼 집행하는 관리들을 통해 국민들에게 부과되는 하향식 과정이라는 헤겔의 전제론과는 반대되는 사실로서 중국에도 헤겔이 규정한 바와 같이 국민들로부터 나와 관리를 거쳐 군주에게서 최종적으로 결재가 이루어지는 근대 공민사회의 핵심구도로서의 상향적 절차가 자리 잡고 있었음을 효과적으로 인식할 수 있었다.

그렇듯 상향적인 절차를 통하여 공익을 수렴해 나가는 과정에서 헤겔이 강조한 관리의 중심적 역할 역시 유교에서 전형적으로 찾아지는 모습이었다. 관리는 황제의 수족이 아니라 국가운영을 이끄는 주된 담당세력이었으며 황제는 그 과정의 끝에서 결재하는 것에 불과한 입헌군주로서 헤겔이 "군림하되 통치하지 않는다"는 영국식 입헌군주보다 우월한 형태라고 자부한, 최소한의 필수적인 실권을 가지고 공익구현을 불편부당하게 하도록 되어 있는 독일식 입헌군주와 같은 존재였다. 관리는 광범위한 엘리트 계층으로서의 선비의 일부였는데 선비는 헤겔이 중산층이라고 부른 독일의 교양공민처럼 국가를 넘어 사회의 공익실현을 이끌어가는 존재였다. 그들은 엘리트로서의 위상과 공익 수호의 의무를 묶어서 자임하고 있었다. 한편 중국의 농촌과 도시에 존재하는 다양한 조직과 계층들은 국가와의 관계에서 폭넓은 자율성을 누리고 있었다. 또한 유교는 전제군주의 표상에 불과한 국가종교이며 중국에는 개인들이 국가로부터 물러나 관조하는 영역으로서의 진정한 종교가 없다는 헤겔의 주장과는 반대로 유교는 개인들이 바로 그렇게 국가로부터 물러나 정좌하며 관조하는, 자율적 사회의 거점 역할을 하고 있었다. 그것은 종교로서는 최소한의 요소만을 간직하면서 사람들에게 그러한 체제를 정당한 것으로 받들게 하는 맥락에서의 국교였다. 그리하여 그것은 궁극적으로 국가와 공민사회의 분화를 넘어 사람들의 의식을 지배함으로써 그들이 국가에 대한 공민사회의 자율성을 협력적으로 연출하도록 뒷받침해 주는 신념적 힘도 제공하고 있었다.

종교 쪽을 놓고 볼 때 우리는 기독교 말고도 그 이전에 유교가 이렇듯 공민사회를 뒷받침해주는 작용을 하는 발전을 했음을 알게 되었다. 종교가, 국가로 하여금 공민사회의 자율성에 기반하여 운영되도록 만드는 세속적 원리와 결합할 수 있게끔 그 종교적 요소가 최소화되거나, 또는 그 본체를 유지하면서도 그러한 세속적 원리를 배경에서 지원하는 구도로 발전한다면 어떤 종교적 전통에서도 공민사회의 발전은 가능하다고 할 수 있다. 그렇게 되면 그 종교는 "공민종교"가 되는 것이라고 할 수 있다. 다시 말해서 유교나 유태기독교 외의 다른 종교적 전통들에서 공민사회의 발전이 불가능한 것이었다고 말할 수는 없다는 것이다. 그리고 그만큼 일반적 개념으로서의 공민사회 개념의 가치는 더욱 클 수 있다. 또한 우리는 그러한 일반적 면모뿐 아니라 그렇게 출현하는 각각의 공민사회들의 특성들도 논할 수 있을 것이다. 유교전통에서 출현한 공민사회와 기독교 전통에서 출현한 공민사회의 사이에서도 그 공통점과 함께 차이점이 다뤄질 수 있다. 그러나 이 책에서는 그러한 비교까지 본격적으로 하지 않았다.

마지막 맺음말로서 "서구중심주의의 극복"이라는 주안점의 의의에 대해 명확히 해둘 필요가 있을 것 같다. 필자가 조선시대의 공민사회를 언명한 것과 같은 논의에 대해 그것이 "서구중심주의에 역으로" 사로잡힌 것이기 때문에 타당하지 않다고 비판하는 경우가 있다. 서구에 공민사회가 발전해 온 것을 "선모"한 결과 그렇게 주장하려 든다는 것이다. 여기서 우리가 잊어서는 안 되는 것은 과학적 연구의 궁극적인 목적이 사실의 추구에 있다는 점이다. "서구중심주의의 극복"은 그 목적을 달성하는 데 도움을 줄 수 있는 주안점의 하나이지만 그 자체가 목적인 것은 아니다. 서구중심주의는 사실 추구라는 목적을 달성하는 길에 놓여 있는 하나의 장애물이라고 할 수 있다. "국수주의" 등도 마찬가지이다. 그 장애물을 만나 목적으로 나아가지 못하게 되는 일이 종종 있기 때문에 그 장애물에 주의하라는 것이다. 그러나 그것을 주안점이 아닌 목적으로 오인하여 정신을 온통 그것에만 쏟다 보면 오히려 목적으로 나아가는 길에서 벗어날 수가 있다.

사실 추구가 과학적 연구의 목적이라는 것을 확고히 인식하고 있으면 서구중심주의라는 것은 사실 추구에서 벗어나는 만큼의 장애물임을 확실히 해둘 수 있다. 따라서 사실 추구라는 목적을 달성한다면 더 이상 서구중심주의라는 장애물은 거기에 존재하지 않는 것이다. 사실 추구가 과학적 연구의 목적이라는 것을 명확히 인식하지 못할 때 그것을 기준점으로 한 장애물로서의 서구중심주의를 논하지 못하고 그 자체만을 가지고 설왕설래할 수 있는 것이다. "서구중심주의에 역으로" 사로잡혔다고 공격하는 것은 흔히 그러한 모습을 보여준다. 어떤 주장이 서구중심주의에 "바로" 사로잡힌 것이든 "역으로" 사로잡힌 것이든 그 궁극적인 판단의 기준은 그 주장이 사실이냐에 두어야 하는데 그것은 논하지 않고 오로지 "서구중심주의에 역으로" 사로잡혔다고만 비난하는 것이다. 우리의 경우 만약 필자가 공민사회를 언명하며 근거로 제시한 사실들에 대해서 그것이 사실이 아니라는 것을 보여주면서 그러한 비판을 한다면, "서구중심주의에 역으로" 사로잡혔다는 주장이 필자가 그렇듯 사실적인 오류를 범한 원인의 진단으로서 의미를 지닐 수도 있다. 그러나 필자가 제시한 사실들에 대해서 그것이 사실인지 아닌지를 논하지 않고 "서구중심주의에 역으로" 사로잡혔다고만 공격하는 비판은 무의미한 것이다.

그런데 많은 경우 "서구중심주의에 역으로" 사로잡혔다는 비판을 하는 사람들은 "서구중심주의의 극복"이라는 문제의식을 평소에 갖고 있지 않을 때가 많다. 그들이 평소에 "서구중심주의의 극복"이라는 문제의식을 갖고 있었는데 "서구중심주의에 역으로" 사로잡힌 것으로 보이는 경우를 만나게 되어 그것도 마저 극복하자는 동기에서 그런 비판을 하는 것이 아닌 것이다. 그들은 신분, 계급, 가부장주의, 일탈 등 가치판단의 차원에서 흔히 "부정적"인 현상으로 여겨지는 많은 것들에 대해 서구적인 개념을 우리 쪽에 적용하여 그런 것이 우리 쪽에도 있다고 말하는 수많은 연구들에 대해서는 "서구중심주의에 사로잡혀서" 서구적 개념을 적용하려 한다고 말하지 않는다. 그러다가 공민사회같이 가치판단의 차원에서 흔히 "긍정적"으로 여겨지는 현상에 대해 그것을 우리 쪽에 적용하려 하면 서구중심주의에 "역으로" 사로잡혀서 서구적 개념을 적용하려고 한다고 비난하는 것이다. 그들은 그것을 "서구중심주의를 극복하겠다는" 생각 자체가 무리한 것임을 토로하는 계제로 삼으려 하는 것이다.

그들은 또 흔히 서구중심주의를 극복하겠다는 연구들의 많은 경우가 서구인들이 시작한 것이라고 힐난한다. 서구중심주의를 극복하겠다는 그 연구의 많은 부분이 서구에서 수입한 것이라는 점에서 자가당착이라는 것이다. 서구를 극복한다고 하면서 또 다른 서구 추종을 하고 있는 것에 불과하다는 것이다. 또는 서구를 극복했다는 사람들도 결국은 서구를 벗어나지 못하고 있을 정도로 서구는 우리보다 앞서 있다는 것이다. 그렇기 때문에 서구에 대해 애초에 불가능한 저항 시도를 그만두고 일관성 있는 자세로 서구가 앞서 있었고 우리는 뒤져 있었음을 받아들이라는 것이다. 그들은 우리가 일관성 있는 자세를 견지해야 하는 것은 사실추구라는 과학적 연구의 목적에 대해서이지 그 목적으로 나아가기 위한 수단으로서의 어떤 주안점에 대해서가 아니라는 것을 놓치고 있는 것이다. 그 점을 놓치면 평소에 서구중심주의의 극복이라는 문제의식을 지니고 있던 사람도 서구중심주의에 관해, 사실이라는 기준점 없이 한없이 부유할 수 있는 무의미한 비평의 미로 속으로 빠져들어갈 수 있다.

필자는 우리 쪽 전통에 대해 공민사회의 존재를 언명한 것이 "서구중심주의의 극복"을 목적으로 삼은 결과가 아님을 분명히 해두려고 한다. 필자의 목적은 사실을 밝히려는 것이었을 뿐이다. 그러는 데 있어 서구에서 확립된 공민사회라는 개념이 아주 유용했기에 사용했던 것이다. 또한 우리 전통에 대해 공민사회의 존재를 언명한 것은 아직 서구인들이 하지 않은 것이지만 이 책에서 잘 드러난 것처럼 어떤 서구학자들은 공민사회의 존재로 연결될 수 있는 사실들을 인식하였다. 필자가 공민사회의 존재를 언명하게 된 데에도 서구인들의 어떤 연구들이 영향을 미쳤다. 실은 서구는 이러한 인문 내지 사회과학적 분석을 일반적으로 먼저 시작했기 때문에 우리의 전통에 대해서도 우리보다 먼저 밝혀 낸 것들이 있다.

그러한 발전이 이루어지게 한 한 가지 동력은 오늘날 서구인들 사이에 존재하는 일정한 자기비판의 열린 마음이다. 한두 세기 전의 극히 자기방어적이던 분위기가 적지 않게 개선되어 있는 것이다. 그것이 어떤 서구학자들로 하여금 다른 곳의 역사적 성취를 인식하도록 만들었다. 서구인들은 그러한 자기비판을 통해 더욱 나아가는 발전을 아직 우리가 채 그들의 성취를 다 활용할 수 있기 전에 먼저 이룩했던 것이다. 우리가 주체성을 충분히 회복하여 우리에 관한 사실을 제대로 보고 말할 수 있기 전에 그들의 자기비판이 그 사실의 일부를 먼저 말하고 심지어 보기까지 하게 만들었던 것이다. 그 자극을 받아 우리는 개념적 내지 이론적 격상을 본격적으로 이룩할 수 있으며 그것은 다시 서구인에게 환류적 자극이 될 수 있다. 필자는 그러한 진리추구의 발전 과정에서 자기 할 일을 다하자는 것뿐이며 그렇게 하는 데 서구중심주의가 걸림돌일 수 있는 가능성에 유의는 해왔지만 그 점에 과도하게 정신을 쏟는 나머지 진리추구의 길에서 더욱 나아갈 수 있는 기회를 놓칠 수는 없었다.

• 참고문헌 •

Alexander, Jeffrey C., 2005, "Public Intellectuals and Civil Society," Paper presented for "Public Intellectuals and Europe — European Public Intellectuals? Sociological Perspective," UCD Dublin, Oct. 7~8.

______, 2006, *The Civil Sphere*, Oxford: Oxford University Press.

Anderson, Perry, 1974, *Passages from Antiquity to Feudalism*, London: Verso.

Bellah, Robert N., 1970, "Civil Religion in America," *Beyond Belief: Essays on Religion in a Post-Traditional World*, New York: Harper & Row, pp. 168~189.

______, 1992, *The Broken Covenant: American Civil Religion in Time of Trial*, Chicago: University of Chicago Press.

Brenner, Robert, 1985, "Agrarian Class Structure and Economic Development in Pre-Industrial Europe," in *The Brenner Debate*, ed. by T. H. Aston and C. H. E. Philpin, Cambridge: Cambridge University Press, pp. 10~63.

Bollenbeck, Georg, 2000, "German Kultur, the Bildungsbürgertum, and its Susceptability to National Socialism," *The German Quarterly*, 73, 1: 67~83.

Chang, Chung-Li, 1955, *The Chinese Gentry: Studies on Their Role in Nineteenth-Century Chinese Society*, Seattle: University of Washington Press.

Cho, Hein, 1996, "The Confucian Tradition of Civil Society As a Rich Terrain for Sociological Discourse," Paper presented at the international conference on *The Future of Sociology in East Asia*, jointly organized by International Sociological Association and Korean Sociological Association.

______, 1997, "The Historical Origin of Civil Society in Korea," *Korea Journal*, vol. 37, no. 2: 24~41.

Cole, G. D. H., 1950 "Introduction," Jean Jacque Rousseau, *The Social Contract* (and *Discourses*), New York: E. P. Dutton and Company.

Cohen, Jean L. and Andrew Arato, 1994, *Civil Society and Political Theory*, Cambridge, Mass.: The MIT Press.

de Bary, Wm. T., 1979, "Introduction," de Bary and Irene Bloom eds., *Principle and Practicality: Essays in Neo-Confucianism and Practical Learning*, New York: Columbia University Press.

Demerath, N. J. III and Rhys H. Williams, 1985, "Civil Religion in an Uncivil Society," *Annals of the American Academy of Political and Social Science*, 480: 154~166.

Duncan, John, 1992, "The Problematic Modernity of Confucianism: the Question of 'Civil Society' in Choson Dynasty Korea," in C. A. Armstrong ed., *Korean Society: Civil Society, Democracy and the State*, London: Routledge, pp. 36~56.

Economist, 1999, "The End of the Peer Show," vol. 353, Issue 8143 (10/30/99).

Edwards, Michael, 2004, *Civil Society*, Cambridge: Polity Press.

Ehrenberg, John, 1999, *Civil Society: The Critical History of an Idea*, New York: New York University Press.

Ferguson, Adam, 1995, *An Essay on the History of Civil Society*, Cambridge: Cambridge University Press.

Fergusson, David, 2004, "Church and State after Christendom," *International Journal for the Study of the Christian Church*, 4, 1: 64~79.

Finley, M. I., 1982, *Economy and Society in Ancient Greece*, ed. by B. D. Shaw and R. P. Saller, New York: Viking.

Frank, R. I., 1998, "Translator's Introduction," Max Weber, *The Agrarian Sociology of Ancient Civilizations*, London: Verso.

Friedland Lewis A., 2007, "Book Review of *The Civil Sphere* by Jeffrey Alexander," *Journal of Communication*, 57: 599~611.

Gernet, Jacques, 1982, *A History of Chinese Civilization*, trans. by J. R. Foster, Cambridge: Cambridge University Press.

Goldthorpe, John H., 1987, *Social Mobility and Class Structure in Modern Britain*, Oxford: Clarendon Press.

Greenouch, J. B., 1902, "Vocabulary," in Cicero, *Select Orations and Letters of Cicero*, rev. by J. B. Greenouch and G. L. Kittredge, Boston: Ginn and Company.

Habermas, Jürgen, 1991, *The Structural Transformation of the Public Sphere: An Inquiry into a Category of Bourgeois Society*, trans. by Thomas Burger, Cambridge, Mass.: The MIT Press.

Hefner, Robert W., 1998, "Civil Society: Cultural Possibility of a Modern Ideal," *Society*, 35, 3: 16~27.

Hegel, G. W. F., 1956, *The Philosophy of History*, trans. by J. Sibree, New York: Dover Publications.

______, 1986, *Grundlinien der Philosophie des Rechts oder Naturrecht und Staatswissenshaft im Grudrisse*, Frankfurt am Main: Suhrkamp.

______, 1991, *Elements of the Philosohpy of Right*, trans. by H. B. Nisbet. Cambridge: Cambridge University Press.

Heller, Henry, 1977, "The French Nobility and the State in the Late Middle Ages," *Canadian Journal of History*, 12, 1: 1~18.

Hobbes, Thomas, 1991, *Leviathan*, ed. by Richard Tuck, Cambrige: Cambridge University Press.

Hodgson, Marshall G. S., 1993, *Rethinking World History*, Cambridge: Cambridge University Press.

Holcombe, Charles, 1992, "The Bonds of Empire: Liberty in Early Medieval China," *Historian*, 54, 4: Academic Search Premier Database HTML, 1~14.

Katz, C. J., 1989, *From Feudalism to Capitalism: Marxian Theories of Class Struggle and Social Change*, New York: Greenwood Press.

Krüger, D., 1987, "Max Weber and the Younger Generation in the *Verein für Sozialpolitik*," in W. J. Momsen & J. Osterhammel eds., *Max Weber and His Contemporaries*, London: Unwin Hyman, pp. 71~98.

Lefebvre, Henri, 1982, *The Sociology of Marx*, trans. by Norbert Guterman, New York: Columbia University Press.

Locke, John, 1976, *A Second Treatise of Government (An Essay Concerning the True Original, Extent and End of Civil Government) and A Letter Concerning Toleration*, Oxford: Basil Blackwell.

______, 1997, *Political Essays*, ed. by Mark Goldie, Cambridge: Cambridge University Press.

Marx, Karl, 1978a, "On the Jewish Question," *The Marx-Engels Reader*, 2nd Ed., ed. by Robert C. Tucker, New York: W. W. Norton, pp. 26~52.

______, 1978b, "The German Ideology: Part I," *The Marx-Engels Reader*, pp. 146~200.

______, 1978c, "The Eighteenth Brumaire of Louis Bonaparte," *The Marx-Engels Reader*, pp. 594~617.

______, 1978d, "Critique of the Gotha Programme," *The Marx-Engels Reader*, pp. 525~541.

Midlarsky, Manus I., 1992, "The Origins of Democracy in Agrarian Society: Land Inequality and Political Rights," *The Journal of Conflict Resolution*, 36, 3: 454~477.

Millett, Paul, 2005, "The Trial of Socrates Revisited," *European Review of History*, 12, 1: 23~62.

Nichols, D. L. and T. H. Charleton, eds., *The Archaeology of City-States: Cross-Cultural Approaches*, Washington, DC: Smithsonian Institute Press.

Oz-Salsberger, Fania, 1995, "Introduction," Adam Ferguson, *An Essay on the History of Civil Society*, Cambridge: Cambridge University Press.

Painter, Sidney, 1947, "Magna Carta," *The American Historical Review*, 53, 1: 42~49.

Parsons, Talcott, 1977, *The Evolution of Societies*, ed. by Jackson Toby, Englewood Cliffs, N.J.: Prentice-Hall.

Rahe, Paul A., 1994, *Republics Ancient and Modern I: the Ancient Régime in Classical Greece*, Chapel Hill: The University of North Carolina Press.

Raaflaub, Kurt, 1983, "Democracy, Oligarchy, and the Concept of the "Free Citizen" in Late Fifth-Century Athens," *Political Theory*, 11, 4: 517~544.

Rhodes, P. J., 2003, "Nothing to Do with Democracy: Athenian Drama and the Polis," *The Journal of Hellenic Studies*, 123: 104~119.

Rosenblum Nancy L., 1994, "Civil Societies: Liberalism and the Moral Uses of Pluralism," *Social Research*, 61, 3: 539~562.

Rousseau, Jean Jacque, 1950, *The Social Contract* (and *Discourses*), trans. with an introduction by G. D. H. Cole, New York: E. P. Dutton and Company.

Rowley, Charles K., 1998, "On the Nature of Civil Society," *The Independent Review*, 2, 3: 401~420.

Schluchter, Wolfgang, 1989, *Rationalism, Religion, and Domination: A Weberian Perspective*, Berkeley, Cal.: University of California Press.

Schön, Manfred, 1987, "Gustav Schmoller and Max Weber", in W. J. Momsen & J. Osterhammel eds., *Max Weber and His Contempo-*

raries, London: Unwin Hyman, pp. 59~69.

Smith, William, 1875, *A Dictionary of Greek and Roman Antiquities*, London: John Murray.

Soboul, Albert, 1988, *Understanding the French Revolution*, trans. by April A. Knutson, New York: International Publishers.

Stambaugh, John E., 1974, "The Idea of the City: Three Views of Athens," *The Classical Journal*, 69, 4: 309~321.

Tawney, R. H., 1941, "The Rise of the Gentry, 1540~1640," *The Economic History Review*, 11, 1: 1~38.

Tönnies, Ferdinand, 1957, *Community and Society*, trans. and ed. by Charles Loomis, East Lansing, Mich.: The Michigan State University Press.

Toynbee, Arnold, 1957, *A Study of History*, 2 vols., abridged by D. C. Somervell, New York: Oxford University Press.

Van Kley, Edwin J., 1973, "News from China: Seventeenth-Century European Notices of the Manchu Conquest," *The Journal of Modern History*, 45, 4: 561~582.

Weber, Max, 1946a, "Politics as a Vocation," in *From Max Weber*, trans. and ed. by Hans H. Gerth and C. Wright Mills, New York: Oxford University Press, pp. 77~128.

______, 1946b, "The Protestant Sects and the Spirit of Capitalism," in *From Max Weber*, pp. 302~322.

______, 1946c, "Class, Status, Party," in *From Max Weber*, pp. 180~195.

______, 1951, *The Religion of China: Confucianism and Taoism*, trans. and ed. by Hans H. Gerth, New York: Free Press.

______, 1958, *The Protestant Ethic and the Spirit of Capitalism*, trans. by Talcott Parsons, New York: Charles Scribner's Sons.

______, 1968, *Economy and Society: An Outline of Interpretive Sociology*, 3 Vols., trans. and ed, by Guenther Roth and Claus Wittich, New

York: Bedminster Press.

______, 1971, "Socialism," *The Interpretation of Social Reality*, ed. by J. E. T. Eldridge, London: Nelson, pp. 191~219.

______, 1998, *The Agrarian Sociology of Ancient Civilizations*, trans. by R. I. Frank, London, Verso.

용어

ㄱ

ㄷ

ㄹ · ㅁ · ㅂ

ㅇ

ㅈ · ㅊ

ㅋ·ㅌ·ㅍ·ㅎ

원어

인명

ㄱ·ㄷ·ㄹ

ㅁ·ㅂ·ㅅ

ㅇ·ㅈ·ㅊ

ㅋ·ㅌ·ㅍ·ㅎ

원문표기

조혜인

서울대학교 사회과학대학 사회학과 및 동대학원 졸업
미국 펜실베이니아대학교 사회학 박사
현재 서강대학교 사회학과 교수

저서 및 논문

《상처받은 절개, 날개접은 발전: 유교적 자산과 한국 자본주의의 부침》
《현대사회문제》(공저), 《한국사회사의 이해》(공저)
《한국사회학》(공저), 《의료의 사회학》(역)

"세속적 지성계에서 보는 그리스도교"
"막스 베버의 종파 및 당파 이론의 확충"
"유교적 유산과 중국 경제발전의 관계", "유교와 포스트모더니즘"
"공동체적 토대 위의 참된 자유", "이념형의 차별적 다원성"

"The Historical Origin of Civil Society in Korea"
"Yangban as an Upwardly Open Elite Status Group"
"El Confucianismo De La Sociedad Civil Como
Un Terreno Fertil Para El Discourso Sociologico"
"Confucianism and the Democratization of Korea"(공저)